Schulz

Clever kaufen & verkaufen mit eBay

FRANZIS TASCHENBUCH

Sabine Maria Schulz

Clever
kaufen & verkaufen mit
eBay

ESPRESSO!

Bibliografische Information der Deutschen Bibliothek
Die Deutsche Bibliothek verzeichnet diese Publikation in der Deutschen
Nationalbibliografie; detaillierte Daten sind im Internet über http://dnb.ddb.de
abrufbar.

Wichtiger Hinweis

Alle Angaben in diesem Buch wurden vom Autor mit größter Sorgfalt erarbeitet bzw. zusammengestellt und unter Einschaltung wirksamer Kontrollmaßnahmen reproduziert. Trotzdem sind Fehler nicht ganz auszuschließen. Der Verlag und der Autor sehen sich deshalb gezwungen, darauf hinzuweisen, dass sie weder eine Garantie noch die juristische Verantwortung oder irgendeine Haftung für Folgen, die auf fehlerhafte Angaben zurückgehen, übernehmen können. Für die Mitteilung etwaiger Fehler sind Verlag und Autor jederzeit dankbar.

Internet-Adressen oder Versionsnummern stellen den bei Redaktionsschluss verfügbaren Informationsstand dar. Verlag und Autor übernehmen keinerlei Verantwortung oder Haftung für Veränderungen, die sich aus nicht von ihnen zu vertretenden Umständen ergeben.

Evtl. beigefügte oder zum Download angebotene Dateien und Informationen dienen ausschließlich der nichtgewerblichen Nutzung. Eine gewerbliche Nutzung ist nur mit Zustimmung des Lizenzinhabers möglich.

© 2003 Franzis Verlag GmbH, 85586 Poing

Alle Rechte vorbehalten, auch die der fotomechanischen Wiedergabe und der Speicherung in elektronischen Medien. Das Erstellen und Verbreiten von Kopien auf Papier, auf Datenträger oder im Internet, insbesondere als .pdf, ist nur mit ausdrücklicher Genehmigung des Verlages gestattet und wird widrigenfalls strafrechtlich verfolgt.

Die meisten Produktbezeichnungen von Hard- und Software sowie Firmennamen und Firmenlogos, die in diesem Werk genannt werden, sind in der Regel gleichzeitig auch eingetragene Warenzeichen und sollten als solche betrachtet werden. Der Verlag folgt bei den Produktbezeichnungen im wesentlichen den Schreibweisen der Hersteller.

art & design: www.ideehoch2.de
Realisation: www.jordanstext.de
Satz: artech G. Osenberg,
Druck und Bindung: Oldenbourg Taschenbuch GmbH,
Hürderstr. 4, 85551 Kirchheim

ISBN 3-7723-6455-1

Vorwort

Liebe Leserin, lieber Leser,

erfreulich groß war der Erfolg meines ersten eBay-Ratgebers beim Franzis Verlag, *Clever kaufen und verkaufen mit eBay – weniger zahlen – mehr kassieren*. Geradezu überrannt wurden der Verlag und ich mit Anfragen, Hilferufen, aber auch eigenen Tipps und Tricks rund um eBay. An dieser Stelle möchte ich mich daher bei allen Leserinnen und Lesern bedanken. Viele Ideen konnten in dieses neue Buch eingebracht werden. Der konzeptionelle Aufbau dieses Buches ist daher komplett anders als beim vorangegangen. Zudem hat sich innerhalb von eBay recht viel im Verlauf des letzten Jahres geändert, sodass eine gründliche Überarbeitung ohnehin notwendig gewesen wäre. Der vorliegende Titel teilt sich nun in drei voneinander unabhängige Bereiche:

Teil 1, *eBay für Einsteiger*: Erklärt Ihnen die Grundlagen, die *Basics*, um erfolgreich bei eBay mitmischen zu können. Wie melde ich mich richtig an, wie optimiere ich meine Suchen, wie verkaufe ich gut? Ich will clever einkaufen, denn so macht eBay erst richtig Spaß. Teil 1 empfiehlt sich als Pflichtlektüre für alle, die keine oder nur wenig Erfahrung mit eBay haben sammeln können. Hier teile ich Ihnen nicht nur meine Erfahrungen über erfolgreiches und sorgenfreien Verkaufen und Kaufen mit, hier erfahren Sie weiterhin, wie Sie Gaunereien im Vorfeld entlarven und Auktionen sicher abschließen.

Teil 2, *FAQs – Fragen – Antworten – Tipps & Tricks*, zeigt anhand konkreter Fragestellungen geeignete Lösungen und Verhaltensweisen. Dieser Teil eignet sich besonders zum Nachschlagen. Sie als interessierter Anwender werden sicherlich auch diesen Teil zunächst einmal durchlesen, da Sie so viele Anregungen *on the fly* mitnehmen können.

In Teil 3 zeige ich Ihnen, wie Sie ansprechende Artikelbezeichnungen formulieren, verkaufsfördernde Beschreibungen verfassen und professionell anmutende Fotos anfertigen. All dies zählt zum A und O für einen erfolgreichen Verkauf. Alle Basics, alles Wissen rund um eBay nutzen nichts, wenn diese drei Dinge nicht stimmen: Verkaufen müssen Sie nämlich immer noch selbst. Anhand eines kompakten Workshops zeige ich Ihnen, wie Sie Ihre Ware mit »Bordmitteln« ins rechte Licht setzen.

Anschließend stelle ich Ihnen die besten Softwaretools rund um eBay vor. Angefangen von der eBay-Toolbar über *TurboLister*, dem Verkäufertool von eBay, bis hin zu speziellen Werkzeugen wie etwa *Profiseller für eBay*, eine Software, die nicht nur Ihre Auktionen besser aussehen lässt, sondern Ihnen darüber hinaus einen Haufen Geld einspart.

Profis erfahren das Wichtigste über den *Auktionator*, die Verwaltungs- und Abwicklungssoftware, eine ideale Software für Verkäufer, die mehr als 20 Auktionen im Monat abwickelt.

Brandneu ist der *Schnäppchenjäger 4.0* für eBay: Ein reinrassiges Werkzeug für Einkäufer, die eBay konsequent nach Schnäppchen durchforsten.

Auch nach den eBay-Grundsätzen als illegale Tools eingestufte Programme wie den *Auctionsniper* bringe ich Ihnen näher: Hierbei handelt es sich um ein Onlinetool der Gattung »Sniper«, ein Bietagent. Nach der Lektüre verstehen Sie dessen Arbeitsweise besser und wissen endlich, wieso Sie bislang bei vielen Auktionen keine Chance auf Gewinn hatten, weil Sie nicht den zu hohen Preis im Vorfeld bieten wollten.

eBay hat im letzten Jahr einen wahnsinnigen Boom erlebt. Es bietet jedem unzählige Chancen, gut und günstig einzukaufen oder, ein bisschen Ideenreichtum und Cleverness vorausgesetzt, gute Geschäfte zu tätigen. Eine ganze Reihe von Verkäufern haben auf eBay ihre Selbstständigkeit aufgebaut. Aber nicht nur kleine Unternehmen nutzen eBay als neue Vertriebsform, auch Großunternehmen wie etwa *Quelle* setzen auf eBay als strategischen Partner.

Nutzen Sie den Erfolg von eBay, das sich nach eigenen Angaben als die Schweiz des Internets bezeichnet, für sich selbst. Denn eBay bietet allen dieselben Chancen und Möglichkeiten und verhält sich nach eigener Auskunft absolut neutral.

Für weitere Anregungen, Verbesserungsvorschläge, die Sie einfach an den Verlag richten, bin ich Ihnen dankbar.

Ich wünsche Ihnen viel Erfolg, Spaß und gute Geschäfte mit eBay.

Angelbrechting, im September 2003

Sabine Maria Schulz

Inhaltsverzeichnis

Vorwort 5

Teil 1: eBay für Einsteiger

1 **Einleitung** 19

2 **Grundlagenwissen eBay** 21
   2.1 Was ist eBay? – Fakten und Regeln................ 21
   2.2 Handelsplatz eBay – so finden Sie, was Sie suchen ... 24
       So suchen Sie gezielt Produkte 24
   2.3 Das Vertrauenssystem von eBay – das Bewertungssystem 34
       Achtung, Trickser! 37
       Geprüftes Mitglied 39

3 **So werden Sie eBay-Mitglied** 41
   3.1 So melden Sie sich bei eBay an 41
   3.2 Das Verkäuferkonto einrichten 48
   3.3 Ihr persönlicher Bereich bei eBay – Mein eBay 50
       Die Kaufen- / Beobachten-Seite 52
       Die Verkaufen-Seite 52
       Die Favoriten-Seite 53
       Die Konto-Seite 53
       Bewertungen 53
       Meine Daten / Einstellungen 53

Inhaltsverzeichnis

4 So kaufen Sie gut und günstig ein 55

- 4.1 Mitbieten oder direkt kaufen – die Angebotsformate bei eBay 55
  - Auktionen – Kaufen zum Höchstgebot 56
  - Kaufen zum Festpreis – Auktionsrisiken umgehen 56
  - Sonderfall: Auktion mit Sofort-Kaufen-Option 57
- 4.2 So geben Sie Ihr Gebot ab 58
  - Der Bietagent bei eBay 59
  - So können Sie Gebote zurückziehen 60
- 4.3 So beobachten Sie bequem Artikel, die Sie interessieren 61
- 4.4 Und das unternehmen Sie nach Auktionsende 62
- 4.5 Tipps für Käufer 63
  - Der beste Zeitpunkt, ein Gebot abzugeben 63
  - So entscheiden Sie eine Auktion für sich 63

5 Die eBay-Winner-Strategie 65

- 5.1 Vorbereitungen zum erfolgreichen Bieten 65
  - Garantiert Letzter und Bester sein 67
  - Winner oder nicht – der Vergleich 69
- 5.2 Die richtige Gebotshöhe 70

6 Verkaufen bei eBay – Erste Schritte 73

- 6.1 Und so geht's – Verkaufen Step-by-Step 73
  - Angebotsformular Seite 1: Kategorie auswählen 74
  - Angebotsformular Seite 2: Artikelbezeichnung & Beschreibung 77
  - Angebotsformular Seite 3: Bilder, Preis, Darstellung .. 82
  - Angebotsformular 4: Zahlung & Versand 87
  - Angebotsformular Seite 5: Überprüfen & Senden 91

Inhaltsverzeichnis

6.2	Und das unternehmen Sie nach Angebotsende	94
6.3	Das sollten Verkäufer grundsätzlich beachten	94
	Welche Gebühren darf ich an den Käufer weiterreichen?	94
	Vorsicht mit den eBay-Zusatzoptionen: Gebührenfallen!	95
	Waren oder Dienstleistungen, die bei eBay verboten sind	95

7 Was Sie als eBay-Profi wissen sollten 97

7.1	Die richtige Digitalkamera	97
7.2	Webspace – der verlängerte Arm Ihrer Auktionen	98
7.3	Power-Auktionen – so verkaufen Profis effektiv	100
	Power-Auktion für Heimwerker – ein Beispiel	100
	Gebühren sparen mit Power-Auktionen	101
	Power-Auktion bei Festpreisangeboten	102
7.4	Heißes Thema mit Langzeitwirkung: So sieht es mit der Gewährleistung aus	104
7.5	Beispielkalkulation – was vom Umsatz übrig bleibt ...	104
	Cult-Boots ohne Gewinn? – Ein Beispiel	105
7.6	Warenbeschaffung	107
7.7	Kaufwarnung! Kaufen Sie nie zu günstig via eBay ein! – Vorsicht, Hehlerware!	108
7.8	Kriminalität bei eBay: Vorsicht vor Trickbetrügern!	108
	Die Vorgehensweise der Betrüger	109
	Die Tricks der Betrüger	109
7.9	Käuferschutz bei eBay	110
7.10	Probleme mit der Abwicklung – rechtliche Grundlagen	110
	Was unternehmen bei Problemen?	112

8 Die zehn goldenen Regeln 115

Teil 2: FAQs – Fragen – Antworten – Tipps & Tricks

9 Sie fragen, wir verraten die Lösungen 119

9.1 FAQs Anmelden, Datenschutz und Schufa 119
1. Wie gelangt die Schufa an meine Daten? 119
2. Ist die Prüfung der Schufa ein wirkungsvoller Schutz gegen Betrug? 120
3. Kann ich mehrere Mitgliedsnamen unter meiner Person anmelden? 121
4. Wie gelange ich an eine weitere E-Mail-Adresse? .. 123
5. Wie kann ich meinen eBay-Mitgliedsnamen ändern? 129
6. Was ist ein Fake-Account? 129
7. Welche Sicherheiten bietet der Status Geprüftes Mitglied? 130
8. Was ist die Mich-Seite und welche Vorteile bietet sie mir? 131

9.2 FAQs Suchen, Einstellen, Kaufen und Verkaufen 132
1. Ich habe Probleme, passende Suchbegriffe einzugeben 132
2. Wie kann ich nachträglich ein Bild zur Artikelbeschreibung hinzufügen? 133
3. Wie ändere ich die Artikelbeschreibung bei einem Artikel, der noch nicht aktiv ist? 139
4. Kann man doppelt eingestellte Auktionen kostenlos wieder herausnehmen? 140
5. Kann ich eine E-Mail-Adresse in die Artikelbeschreibung einbinden? 142
6. Kann ich zwei identische Artikel hintereinander verkaufen? 143

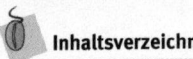

Inhaltsverzeichnis

7. Wie kann ich einen bereits angebotenen Artikel erneut einstellen? 144
8. Können Artikel vor Ablauf der Auktion »verschwinden«? 146
9. Ist der Gewährleistungsdisclaimer bei Auktionen von privat notwendig? 147
10. Wann sind die besten Auktionszeiten? 147
11. Wie kann ich bestimmte Bieter für Auktionen sperren? 148
12. Kann ich Auktionen einsehen, die älter als 30 Tage sind? 151
13. Wie kann ich einen zweiten Account einrichten? . 151
14. Wer zahlt die eBay-Gebühren? 152
15. Gibt es Rückgaberecht bei Kauf eines Geräts vom Profihändler? 152
16. Wie kann ich mein Maximalgebot (Bietagent) erhöhen? 153
17. Was kann ich unternehmen, wenn der Käufer sich nicht meldet? 153
18. Was kann ich unternehmen, wenn ich die Ware nicht mehr abnehmen möchte? 154
19. Wie kann ich prüfen, ob der Verkäufer seriös ist? . 155
20. Was bedeutet Powerseller? 156

9.3 FAQs Kaufabwicklung, Bezahlung und Versand 157

1. Welche Möglichkeiten der Bezahlung haben Käufer an den Verkäufer? 157
2. Wie funktioniert der eBay-Treuhandservice? 158
3. Bezahlung mit PayPal – was ist PayPal überhaupt? 159
4. Wie teuer und aufwändig sind Überweisungen innerhalb der EU? 161
5. Wie überweise ich in ein anderes EU-Land? 161

6. Kleines Versandkosten 1 x 1: So versenden Sie am günstigsten 162

      7. Die Freeway-Paketmarke – Geld sparen beim Versand von Paketen 165

9.4   FAQs Bilder und HTML 166

      1. Was ist ein FTP-Client und wozu benötige ich dieses Tool? 167

      2. Welche Größe dürfen Bilder bei eBay besitzen? ... 168

      3. Was ist Webspace, wozu benötige ich ihn, wo erhalte ich ihn? 169

      4. Wie kann ich einen Link auf der Angebotsseite erstellen? 170

      5. Meine Bilder lassen sich nicht richtig ansehen, das Laden dauert zu lange 173

9.5   Die wichtigsten HTML-Befehle in einer Kurzübersicht 175

Teil 3: Workshop für angehende Profis

10 Klasse präsentieren = erfolgreich verkaufen ..181

Lektion 1:
So wird Ihr Angebot interessant – das muss in die Artikelbezeichnung 181

Lektion 2:
Artikelbeschreibung optimieren 187

Lektion 3:
Digitale Fotopraxis für eBay-er 195

11 eBay-Tools im Überblick – nützliche Helfer 205

12 Glossar 219

13 Die AGBs von eBay zum Nachlesen 225

13.1 Allgemeine Geschäftsbedingungen für die Nutzung der deutschsprachigen eBay-Websites 225

Index 247

Teil 1:
eBay für Einsteiger

1 Einleitung

Jetzt mal ganz ehrlich: Geben Sie auch am liebsten möglichst wenig Geld für die Erfüllung Ihrer kommerziellen Wünsche aus? Suchen Sie nicht auch immer wieder nach Schnäppchen?

Sie wollen Geld sparen und hochwertige Produkte zum besten Preis kaufen. Da haben Sie vielleicht ein ganz bestimmtes Mountainbike auf Ihrer Wunschliste, doch leider passt Ihr Budget nicht zu den Vorstellungen des Händlers in Ihrer Umgebung.

Schauen Sie doch einfach mal ins Internet – oder besser, direkt bei eBay rein, dem größten Internet-Auktionshaus der Welt. Hier werden Sie mit großer Sicherheit fündig.

Haben Sie sich nicht schon öfters Gedanken darüber gemacht, wie Sie Ihre Urlaubskasse aufbessern oder Ihr Hobby finanzieren können, ohne an anderen Enden Einsparungen vornehmen zu müssen?

Also packte Sie vor gar nicht langer Zeit so zwei- bis dreimal im Jahr der Trödlertrieb, flugs wurde samstags morgens um halb fünf aufgestanden und ein Plätzchen auf dem Trödelmarkt gesucht.

Dies ist nun vorbei.

Jetzt entrümpeln Sie auf wundersame Weise Ihren Keller und verkaufen Dinge, die zum Wegwerfen zu schade sind, aber irgendwie in Ihrem Hausstand nicht mehr gebraucht werden. Und zwar bequem von zu Hause aus, wann immer Sie wollen.

Die Auktionshäuser im Internet haben nämlich sieben Tage die Woche und 24 Stunden am Tag geöffnet!

Wirklich erstaunlich ist die Entwicklung der Idee, Ware per Auktion über das Internet zu kaufen und zu verkaufen. Dabei gibt es keine Abgrenzung zwischen gewerblichen Händlern oder Privatleuten.

Ganz besonders ungewöhnlich ist die Mentalität, mit der bei Auktionen zur Sache gegangen wird. Stellen Sie sich vor: Es wird dabei zu großen Teilen gebrauchte Ware verkauft und gekauft. Dabei haben weder der Käufer die Ware zuvor in Augenschein genommen, noch der Verkäufer die Glaubwürdigkeit des Käufers ernsthaft überprüfen können. Da überweisen erwachsene Menschen teils Hunderte oder Tausende von Euros an Fremde, in der Hoffnung, den Gegenstand ihrer Begierde zu einem wirklich attraktiven Preis gekauft, besser noch, ersteigert zu haben. Und diese »Gemeinde« von Menschen wird immer größer.

Nach mehr als vier Jahren aktiven Handelns bei eBay kann ich im Grunde nur Positives berichten: Die meisten meiner Auktionen sind erfolgreich, meine Kunden zahlen schnell – alles in allem ein sehr angenehmes Geschäft. Auch der Kauf via eBay hat mich bislang nie enttäuscht: Fast alles bekomme ich zu einem guten oder günstigen Preis und spare mir den Einkaufsmarathon: Angefangen beim besagten Mountainbike bis hin zur hochwertigen Waschtischmischbatterie – natürlich immer und aus Prinzip mit mindestens 30% Preisvorteil gegenüber dem üblichen Handelspreis (sonst biete ich nicht mehr oder steige vorher aus).

Beachten Sie ein paar Regeln und wenden Sie einfache Tricks an, dann kann nicht viel schief gehen. So bleibt ein Schnäppchen ein Schnäppchen und mutiert nicht zur teuren Pleite.

In Teil 1 dieses Buches zeige ich Ihnen, wie Sie

→ günstig und sicher mit eBay kaufen

→ Schnäppchen an Land ziehen

→ erfolgreich Ihre Waren verkaufen

→ zuverlässig an Ihr Geld kommen

→ die wichtigsten Regeln beachten

→ Ihre Kosten als Verkäufer im Griff halten

→ und wie Sie sich bei Problemen verhalten.

2 Grundlagenwissen eBay

eBay ist das zurzeit größte Auktionshaus der Welt. 1995 in Kalifornien gegründet, konnte sich das E-Commerce-Unternehmen binnen kurzer Zeit als besucherstärkster Marktplatz für den Verkauf von Waren aller Art etablieren. Bei eBay können Privatleute wie Unternehmen Produkte kaufen oder verkaufen. Täglich werden bei eBay Millionen von Artikeln weltweit angeboten. eBay ist inzwischen ein global operierendes Unternehmen, es ist in 27 Ländern vertreten. Außerhalb der USA ist Deutschland der größte eBay-Markt mit dem höchsten Umsatz, den meisten Mitgliedern und den zahlreichsten Artikeln.

2.1 Was ist eBay? – Fakten und Regeln

Bekannt wurde eBay durch seine Online-Auktionen. Das Prinzip folgt dem klassischen Auktionsprinzip:

Ein Anbieter bietet ein Produkt zu einem Mindestgebot an. Bis zu einem klar definierten Auktionsende können Bieter ihr Gebot abgeben – wer das höchste Gebot abgibt, erhält diesen Artikel.

Zunehmend hat sich der Handel über Festpreise entwickelt, die so genannte *Sofort-Kaufen-Option*. Nach aktuellen Angaben von eBay (Stand Juli 2003) beträgt der Festpreishandelsanteil 27% des gesamten Handelsvolumens.

Lernen Sie, bevor Sie selbst aktiv einsteigen, eBay erst einmal kennen. Machen Sie sich vertraut mit der eBay-Welt. Stöbern Sie bei eBay

→ nach Produkten, die Sie kennen,

→ nach Produkten, bei denen Sie relativ genau wissen, zu welchem Preis diese neu und gebraucht üblicherweise gehandelt werden.

Bei eBay Stöbern ist vollkommen unverbindlich: Bei eBay surfen und stöbern kann jeder, der einen Internetzugang besitzt – ganz unkompliziert und anonym. eBay ist grundsätzlich nur der Vermittler zwischen Verkäufer und Käufer.

Das bedeutet im Klartext:

Käufer und Verkäufer sind alleine für die Vertragserfüllung verantwortlich. Eine abgeschlossene Auktion oder ein Kauf über ein Festpreisangebot stellen einen rechtsverbindlichen Kaufvertrag dar, der von beiden Vertragspartnern erfüllt werden muss. Dies gilt auch für Super-Schnäppchen, die zu einem Preis weit unter Marktwert ergattert worden sind.

Bei Streitigkeiten können weder Verkäufer noch Käufer Ansprüche an eBay richten. eBay ist ausschließlich ein Mittler, der sich seine Dienstleistung mittels Provisionen bezahlen lässt. Kosten entstehen dabei ausschließlich für den Verkäufer der Ware oder seiner Dienstleitung.

Damit alles mit rechten Dingen zugeht, hat eBay eine Umgebung mit teilweise sehr scharf kontrollierten Spielregeln geschaffen, die eine vertrauensvolle Basis für ein erfolgreiches und weitgehend sicheres Kaufen und Verkaufen schafft. Im späteren Kapitel *Das Vertrauenssystem von eBay – das Bewertungssystem* erfahren Sie alles Wichtige über dieses Instrument, das Verkäufern wie Käufern das notwendige Vertrauen vermittelt, fremden Menschen Geld bzw. Waren zu schicken.

> **Espresso-Tipp!** Das Bewertungssystem ist die Schlüsselfunktion für den Erfolg von eBay: Nur durch das ausgeklügelte Bewertungssystem konnte eBay das Vertrauen von Käufern und Verkäufern dauerhaft gewinnen und somit die Handelsplattform attraktiv gestalten.

Stöbern Sie erst einmal unbeschwert durch die Welt von eBay und sehen und erleben Sie, was sich dort alles tut, was Sie dort kaufen oder verkaufen können.

Grundlagenwissen eBay

2.1 eBay – eine leistungsstarke Plattform für Verkäufer und Käufer

2.2 Handelsplatz eBay – so finden Sie, was Sie suchen

Stellen Sie sich eBay als einen riesigen Handelsplatz vor. Rund um die Uhr finden Sie darin täglich Tausende neue Angebote. Die Vielfalt ist einfach erschlagend. Eine genaue Vorstellung von Produkten, die Sie interessieren, sollten Sie also vorsichtshalber mitbringen.

So suchen Sie gezielt Produkte

Schritt 1

Starten Sie Ihren Internetbrowser, geben Sie *www.eBay.de* ein. Nachdem die eBay-Startseite geladen ist, erkennen Sie links eine Listung der Produkt- und Dienstleistungskategorien. Unter jeder Kategorie sind weitere Unterkategorien angelegt.

2.2 eBay-Produktgruppen im Überblick

Grundlagenwissen eBay

Schritt 2

Oftmals einfacher und komfortabler finden Sie in vielen Fällen Ihr Suchobjekt über die eBay-Suche, die Sie auf jeder eBay-Seite finden. Geben Sie den Suchbegriff direkt ein:

2.3 Praktischer Helfer im Angebotsdickicht – die Suche

Ein Beispiel: Sie suchen ein Mountainbike von Rocky Mountain.

Geben Sie einfach den Begriff »Rocky Moutain« in die Suchleiste ein und klicken auf *Los*.

eBay durchsucht den gesamten deutschsprachigen Bereich nach Artikeln, in denen der prägnante Begriff »Rocky Mountain« vorkommt.

Nach wenigen Sekunden ist die Suchaktion beendet und eBay präsentiert das Suchergebnis. Sehen Sie sich das Ergebnis einmal genau an. Der recht prägnante Begriff »Rocky Mountain« kommt in viel mehr Zusammenhängen vor als nur in der Verbindung mit dem kanadischem Edel-Radl-Bauer.

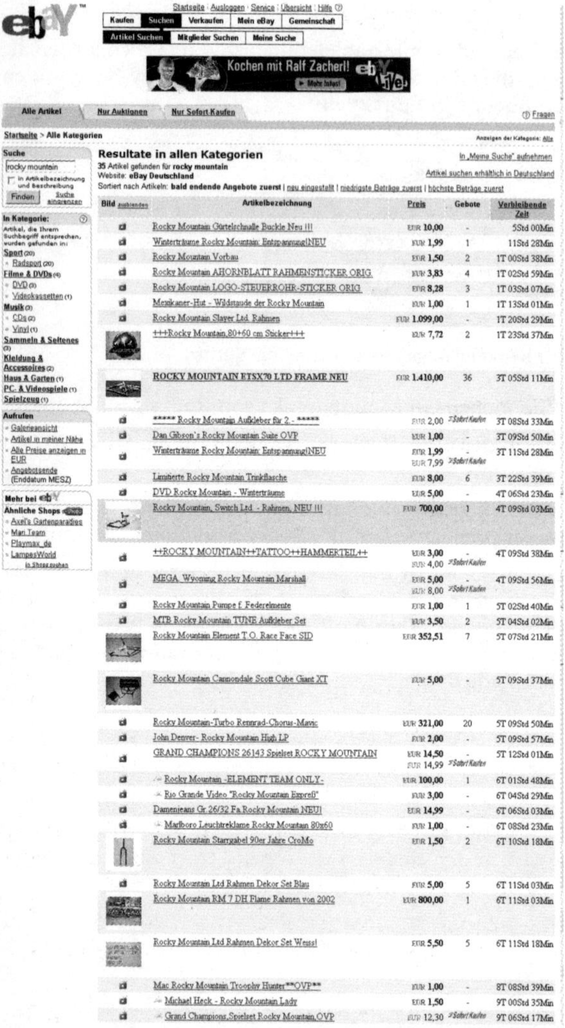

Startseite | Ausloggen | Service | Übersicht | Hilfe

Kaufen | Suchen | Verkaufen | Mein eBay | Gemeinschaft

Artikel Suchen | Mitglieder Suchen | Meine Suche

Kochen mit Ralf Zacherl!

Alle Artikel | Nur Auktionen | Nur Sofort-Kaufen | Fragen

Startseite > Alle Kategorien — Anzeigen der Kategorie: Alle

Suche: rocky mountain — in Artikelbezeichnung und Beschreibung — Finden — Suche eingrenzen

In Kategorie: Artikel, die Ihrem Suchbegriff entsprechen, wurden gefunden in: Sport (20) – Radsport (20); Filme & DVDs (4) – DVD (3), Videokassetten (1); Musik (3) – CDs (2), Vinyl (1); Sammeln & Seltenes (3); Kleidung & Accessoires (2); Haus & Garten (1); PC- & Videospiele (1); Spielzeug (1)

Aufrufen: Galerieansicht; Artikel in meiner Nähe; Alle Preise anzeigen in EUR; Angebotsende (Enddatum MESZ)

Mehr bei eBay — Ähnliche Shops: Axel's Gartenparadies; Mari Team; Playmax_de; LampesWorld; in Shops suchen

Resultate in allen Kategorien — In „Meine Suche" aufnehmen

35 Artikel gefunden für **rocky mountain**

Website: **eBay Deutschland** — Artikel suchen erhältlich in Deutschland

Sortiert nach Artikeln: **bald endende Angebote zuerst** | neu eingestellt | niedrigste Beträge zuerst | höchste Beträge zuerst

Bild ausblenden	Artikelbezeichnung	Preis	Gebote	Verbleibende Zeit
	Rocky Mountain Gürtelschnalle Buckle Neu !!!	EUR 10,00	-	5Std 00Min
	Winterträume Rocky Mountain: Entspannung!NEU	EUR 1,99	1	11Std 28Min
	Rocky Mountain Vorbau	EUR 1,50	2	1T 00Std 38Min
	Rocky Mountain AHORNBLATT RAHMENSTICKER ORIG.	EUR 3,83	4	1T 02Std 59Min
	Rocky Mountain LOGO-STEUERROHR-STICKER ORIG	EUR 8,28	3	1T 03Std 07Min
	Mexikaner-Hut - Wildstaude der Rocky Mountain	EUR 1,00	1	1T 13Std 01Min
	Rocky Mountain Slayer Ltd. Rahmen	EUR 1.099,00	-	1T 20Std 29Min
	+++Rocky Mountain,80+60 cm Sticker+++	EUR 7,72	2	1T 23Std 37Min
	ROCKY MOUNTAIN ETSX70 LTD FRAME NEU	EUR 1.410,00	36	3T 05Std 11Min
	***** Rocky Mountain Aufkleber für 2,- *****	EUR 2,00	Sofort-Kaufen	3T 08Std 33Min
	Dan Gibson's Rocky Mountain Suite OVP	EUR 1,00	-	3T 09Std 50Min
	Winterträume Rocky Mountain: Entspannung!NEU	EUR 1,99 EUR 7,99	- Sofort-Kaufen	3T 11Std 28Min
	Limitierte Rocky Mountain Trinkflasche	EUR 8,00	6	3T 22Std 39Min
	DVD Rocky Mountain - Winterträume	EUR 5,00	-	4T 06Std 23Min
	Rocky Mountain, Switch Ltd. - Rahmen, NEU !!!	EUR 700,00	1	4T 09Std 03Min
	++ROCKY MOUNTAIN++TATTOO++HAMMERTEIL++	EUR 3,00 EUR 4,00	- Sofort-Kaufen	4T 09Std 38Min
	MEGA. Wyoming Rocky Mountain Marshall	EUR 5,00 EUR 8,00	- Sofort-Kaufen	4T 09Std 56Min
	Rocky Mountain Pumpe f. Federelmente	EUR 1,00	1	5T 02Std 40Min
	MTB Rocky Mountain TUNE Aufkleber Set	EUR 3,50	2	5T 04Std 02Min
	Rocky Mountain Element T.O. Race Face SID	EUR 352,51	7	5T 07Std 21Min
	Rocky Mountain Cannondale Scott Cube Giant XT	EUR 5,00	-	5T 09Std 37Min
	Rocky Mountain-Turbo Rennrad-Chorus-Mavic	EUR 321,00	20	5T 09Std 50Min
	John Denver- Rocky Mountain High LP	EUR 2,00	-	5T 09Std 57Min
	GRAND CHAMPIONS 26143 Spielset ROCKY MOUNTAIN	EUR 14,50 EUR 14,99	- Sofort-Kaufen	5T 12Std 01Min
	Rocky Mountain -ELEMENT TEAM ONLY-	EUR 100,00	1	6T 01Std 48Min
	Rio Grande Video "Rocky Mountain Expreß"	EUR 3,00	-	6T 04Std 29Min
	Damenjeans Gr. 26/32 Fa.Rocky Mountain NEU!	EUR 14,99	-	6T 06Std 03Min
	Marlboro Leuchtreklame Rocky Mountain 80x60	EUR 1,00	-	6T 08Std 23Min
	Rocky Mountain Starrgabel 90er Jahre CroMo	EUR 1,50	2	6T 10Std 18Min
	Rocky Mountain Ltd Rahmen Dekor Set Blau	EUR 5,00	5	6T 11Std 03Min
	Rocky Mountain RM 7 DH Flame Rahmen von 2002	EUR 800,00	1	6T 11Std 03Min
	Rocky Mountain Ltd Rahmen Dekor Set Weiss!	EUR 5,50	5	6T 11Std 18Min
	Mac Rocky Mountain Troophy Hunter**OVP**	EUR 1,00	-	8T 08Std 39Min
	Michael Heck - Rocky Mountain Lady	EUR 1,50	-	9T 00Std 35Min
	Grand Champions,Spielset Rocky Mountain,OVP	EUR 12,30	Sofort-Kaufen	9T 06Std 17Min

2.4 Rocky Mountain gibt's recht häufig

Grundlagenwissen eBay

Der Suchvorgang hat Produkte in den dargestellten Sparten gefunden:

2.5 Trefferkategorien für »Rocky Mountain«

Jede Sparte weist Unterkategorien auf. Hinter den Haupt- und Unterkategorien sehen Sie in einer Klammer eine Zahl, die Ihnen zeigt, wie viele Artikel jeweils gefunden worden sind.

Rechts neben der Spalte mit den Kategorielistungen werden die Produkte aufgelistet. In der Standardeinstellung listet eBay die Artikel nach dem Endzeitpunkt der Auktionen auf.

Sie suchen wie gehabt ein Mountainbike. Also klicken Sie auf die Kategorie »*Radsport*« – zurzeit befinden sich in dieser Kategorie 20 Angebote.

Wie Sie sehen, sind sogar zu so einem speziellen Produkt Angebote vorhanden – ob hier ein Schnäppchen darunter ist?

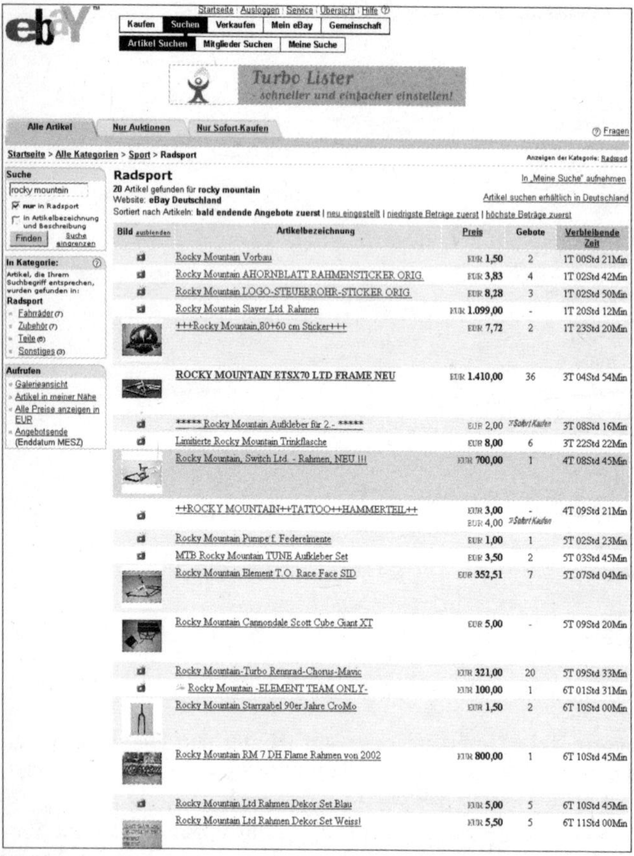

Kapitel 2

![eBay-Suchergebnisseite für "rocky mountain" in der Kategorie Radsport]

2.6 Die Angebote im Überblick

Die Angebote auch nach ihrem aktuellem Preis sortieren lassen oder durch Klicken auf *Preis* können Sie auch die Auflistreihenfolge verändern, d.h. Sie können sich die Angebote aufsteigend wie absteigend anzeigen lassen. In gleicher Weise verfahren Sie mit dem Auktionsende, hier *Verbleibende Zeit* genannt.

Grundlagenwissen eBay 29

Resultate in allen Kategorien
35 Artikel gefunden für **rocky mountain**
Website: **eBay Deutschland**
Sortiert nach Artikeln: bald endende Angebote zuerst | neu eingestellt | niedrigste Beträge zuerst | **höchste Beträge zuerst**

In „Meine Suche" aufnehmen
Artikel suchen erhältlich in Deutschland

Bild ausblenden	Artikelbezeichnung	Preis ▼	Gebote	Verbleibende Zeit
	ROCKY MOUNTAIN ETSX70 LTD FRAME NEU	EUR 1.410,00	36	3T 05Std 06Min
ď	Rocky Mountain Slayer Ltd. Rahmen	EUR 1.099,00	-	1T 20Std 24Min
	Rocky Mountain RM 7 DH Flame Rahmen von 2002	EUR 800,00	1	6T 10Std 58Min
	Rocky Mountain, Switch Ltd - Rahmen, NEU !!!	EUR 700,00	1	4T 08Std 58Min
	Rocky Mountain Element T.O. Race Face SID	EUR 352,51	7	5T 07Std 16Min
ď	Rocky Mountain-Turbo Rennrad-Chorus-Mavic	EUR 321,00	20	5T 09Std 45Min
ď	Rocky Mountain -ELEMENT TEAM ONLY-	EUR 100,00	1	6T 01Std 43Min
ď	Damenjeans Gr.26/32 Fa.Rocky Mountain NEU!	EUR 14,99	-	6T 05Std 58Min

2.7 Angebote lassen sich auch nach Preis sortieren

Um genau beurteilen zu können, ob angebotene Artikel »Schnäppchen-Potenzial« besitzen, sollten Sie sehr gute Marktkenntnisse mitbringen. Ich habe aus gutem Grund diese Artikelseite exemplarisch ausgewählt. Sie erkennen, hier wird auf hohem (Preis-) Niveau gehandelt – viele Artikel streifen oder übertreffen voraussichtlich die 1.000 Euro-Marke. Und dabei sind die Auktionen noch lange nicht beendet.

Hier erkennen Sie ganz deutlich, welche »Möglichkeiten« in eBay stecken.

Ob ein Rocky Mountain ETS X 70 LTD-Rahmen für EUR 1.410,00 ein Schnäppchen ist, hängt von Ihren Marktkenntnissen ab. Ist dies genau der Rahmen, den Sie schon immer suchten, dann ist der Preis schon ganz schön attraktiv – oder? Aber die Auktion läuft ja noch 3 Tage und 4 Stunden – da ist noch lange nicht das letzte Wort, sprich Angebot, gesprochen.

Schauen Sie sich jetzt das Angebot einmal genauer an. Aus Gründen der Diskretion haben wir Verkäufer, Bieter und Artikelnummer geschwärzt.

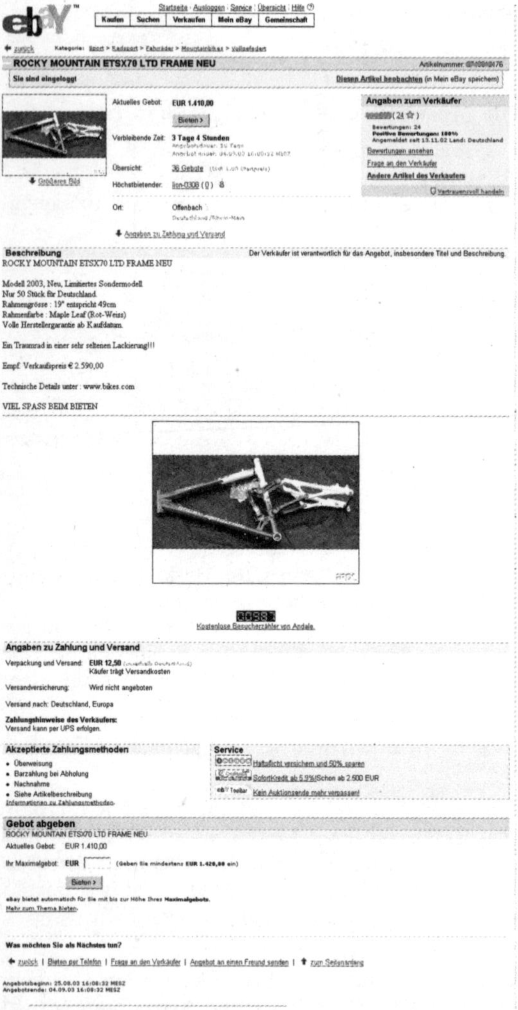

Kapitel 2

2.8 Nähere Infos zum Angebot ...

Grundlagenwissen eBay 31

Die wichtigsten Eckdaten:

→ Der Startpreis betrug EUR 1,00 – es liegen zurzeit schon 36 Gebote vor

→ Die verbleibende Auktionsdauer ist 3 Tage, 4 Stunden.

→ Der Verkäufer ist nicht neu bei eBay, er ist seit dem 13.11.2002 unter diesem Mitgliedsnamen angemeldet und hat bislang 24 Bewertungspunkte. Seine Anteil an positiven Bewertungen beträgt 100%.

Mit Klick auf die Bewertungspunktzahl gelangen Sie zum Bewertungsprofil des Mitglieds, in diesem Falle des Verkäufers.

Die ID-Karte zeigt jedem Interessenten ein Kurzprofil über den Status, etwa wie lange das Mitglied bei eBay tätig ist und sein Geschäftsgebaren. Diese ID-Karte ist die »TÜV-Plakette« für einen schnelle Einschätzung des potentiellen Geschäftspartners. Diese ID-Karte ersetzt, dies vorweg genommen, in keinem Fall das Studium der Bewertungen, aber dazu später.

Diese ID-Karte lässt einen zuverlässigen Verkäufer vermuten. ID-Karte und Bewertungspunkte werden Sie immer und allgegenwärtig bei eBay begleiten. Lesen Sie das folgende Kapitel *Das Vertrauenssystem von eBay* sorgfältig, dann werden Sie die Tragweite dieser ID-Karte erkennen.

Gesamtprofil
27 positive Bewertungen. 24 stammen von unterschiedlichen Mitgliedern und gehen in die endgültige Bewertung ein

0 neutrale Bewertungen.

0 negative Bewertungen. 0 stammen von unterschiedlichen Mitgliedern und gehen in die endgültige Bewertung ein

Alle Bewertungen anzeigen für

eBY ID-Karte (24 ☆)

Mitglied seit: Mittwoch, 13. Nov. 2002 Ort: Deutschland

Übersicht über die jüngsten Bewertungen

	Letzte 7 Tage	Letzter Monat	Letzte 6 Monate
Positiv	4	12	14
Neutral	0	0	0
Negativ	0	0	0
Gesamt	**4**	**12**	**14**
Zurückgezogene Gebote	0	0	0

Zeige ▓▓▓ Angebote | Bisherige Mitgliedsnamen | Bewertungen über andere

2.9 Diese ID-Karte zeugt von einem nicht sonderlich eifrigen Typ, lässt aber einen 100%-ig vertrauenswürdigen eBay-er vermuten

Insgesamt hat dieses Mitglied 27 positive Bewertungen erhalten. 24 Bewertungen stammen von unterschiedlichen Mitgliedern, dies bedeutet, da waren Wiederholungstäter darunter, die mehrfach mit

Kapitel 2

diesem Mitglied zu ihrer Zufriedenheit gehandelt haben. Es sind keine neutralen Bewertungen vorhanden, und das Konto mit negativen Bewertungen steht ebenfalls auf Null.

Das sieht ganz gut aus. Dieses eBay-Mitglied wurde bislang von anderen Mitgliedern durchweg positiv bewertet, das signalisiert Ihnen: Die Vorzeichen stehen auf grün. Es sind keine Probleme zu erwarten, dieser eBay-er wird bei Verkauf mit großer Wahrscheinlichkeit korrekt liefern.

Im unteren Teil der Internetseite finden Sie die einzelnen Bewertungen genau aufgelistet. Hier können Sie sehen, wer bewertet hat, um welchen Artikel es sich gehandelt hat, und ob der Bewerter mit der Auktion zufrieden war.

2.10 Hier sind alle Bewertungskommentare aufgelistet

Grundlagenwissen eBay 33

Zurück zur Artikelseite: Ein Blick auf den unteren Teil der Seite zeigt die Produktbeschreibung und ein Foto der Ware. In diesem Falle wurde das Bild über den eBay-Bilderservice *iPIX* auf diese Internetseite geladen.

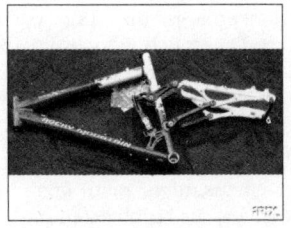

2.11 Die Artikelbeschreibung ist sachlich knapp – ein klarer Fall für sachkundiges Publikum

Unten sehen Sie ein Zählwerk, das die Anzahl der Besucher dieser Seite dokumentiert. Der aktuelle Zählerstand ist 987, dies bedeutet, dass sich bislang 987 Interessenten diese Seite angeschaut haben.

Keine Panik: Sie als potenzieller Bieter werden zwar sicherlich nicht im Wettbewerb mit 1.000 Mitbietern stehen, Sie können aber davon ausgehen, dass der eine oder andere zum Kauf, zum Mitbieten entschlossen ist.

```
Angaben zu Zahlung und Versand
Verpackung und Versand:   EUR 12,50 (innerhalb Deutschland)
                          Käufer trägt Versandkosten
Versandversicherung:      Wird nicht angeboten
Versand nach: Deutschland, Europa
Zahlungshinweise des Verkäufers:
Versand kann per UPS erfolgen.

Akzeptierte Zahlungsmethoden              Service
• Überweisung                              Haftpflicht versichern und 50% sparen
• Barzahlung bei Abholung                  SofortKredit ab 5,9%!Schon ab 2.500 EUR
• Nachnahme                                Kein Auktionsende mehr verpassen!
• Siehe Artikelbeschreibung
Informationen zu Zahlungsmethoden.
```

2.12 Die Versandkosten sind klar geregelt

Dieser Hochpreis-Artikel richtet sich zweifelsohne an ein Fachpublikum, das genau weiß, wie hoch der Marktwert einer solchen Ware ist. Der endgültige Auktionspreis ist drei Tage vor Auktionsende überhaupt nicht abzusehen. Da es sich jedoch um einen Artikel handelt, der offensichtlich nicht an jeder Ecke zu bekommen ist, dürfte sich der Auktionspreis noch signifikant erhöhen und sich so deutlich dem Listenpreis annähern.

Wie Sie sehen, ist eBay nicht nur eine ideale Plattform, um viele Dinge zu verkaufen oder einzukaufen, nein, ganz besonders bietet sich eBay für Spezialthemen an, für Hobbyisten und Sammler. Sicherlich lässt sich bei eBay eine ganz besondere Schwarzwälder Kuckucks-Uhr besser verkaufen als via Tageszeitung oder Trödel- bzw. Antiquitätenmarkt. Aber auch für die alltäglichen Dinge des Lebens, egal ob Konsumgüter für Technikfreaks wie etwa Digitalkameras oder Dolby-Surround-Anlagen, oder Babywindeln und Designerklamotten, Auto oder Roller: eBay bietet einen hervorragenden Marktspiegel und eignet sich prima als Einkaufsführer für marktgerechte Preise. Bei aller Begeisterung gilt jedoch: Immer klaren Kopf bewahren (nach fünf Gläschen Wein um 23:45 Uhr wilde Einkaufsorgien zu starten bekommt in aller Regel dem Konto nicht)!

2.3 Das Vertrauenssystem von eBay – das Bewertungssystem

eBay lebt vom Vertrauen der Mitglieder untereinander. Ein Käufer ersteigert oder kauft eine Ware aus gutem Glauben an die Seriosität des Verkäufers und in dessen Wahrheitsgehalt bei der Warenbeschrei-

Grundlagenwissen eBay

bung. Um die Qualität der Vertrauenswürdigkeit darzustellen, hat eBay ein Vertrauenssystem, das so genannte Bewertungssystem, entwickelt.

Das Vertrauenssystem von eBay basiert auf der Bewertung des Handelsvorgangs sowohl von Seiten des Käufers als auch des Verkäufers. Dieses Bewertungssystem ist öffentlich, d.h. auch als Nicht-Mitglied können Sie die Bewertungen und das Bewertungsprofil einsehen. Erst wenn Sie Fragen an das Mitglied stellen wollen, müssen Sie ein registriertes Mitglied der eBay-Gemeinde sein.

So funktioniert das Bewertungssystem:

→ Es gibt drei »Qualitätsstufen«: POSITIV – NEUTRAL – NEGATIV

→ Jede abgeschlossene Auktion kann vom Käufer bzw. Verkäufer ein einziges Mal bewertet werden.

→ Bewertungen können nur vom Käufer bzw. Verkäufer abgegeben werden.

→ Eine Bewertung kann bis zu 90 Tage nach einer beendeten Auktion abgegeben werden.

→ Eine einmal abgegebene Bewertung kann nicht zurückgezogen werden.

→ Eine Bewertung kann durch den anderen Auktionsteilnehmer einmal kommentiert werden.

→ Es kann zur Qualitätsstufe ein erklärender Kommentar abgegeben werden.

→ Jede Bewertung wird innerhalb einer so genannten ID-Karte, eines Bewertungsprofils, dokumentiert.

→ Abgegebene Bewertungen verfallen nicht.

→ Bewertung wie Kommentare sind öffentlich und können von jedem anonym eingesehen werden (keine Mitgliedschaft notwendig).

→ Das Ergebnis des Bewertungsprofils erscheint in Form einer Zahl hinter dem Mitgliedsnamen.

→ Ferner verteilt eBay, je nachdem, wie viele Bewertungspunkte erreicht sind, einen farbigen Stern.

Zur Bewertung stehen drei Optionen zur Auswahl:

→ POSITIV – für einwandfreies Verhalten

→ NEUTRAL – »gelbe Karte«, z.B. für lange Lieferzeit

→ NEGATIV – grobes Fehlverhalten, z.B. Neuware angeboten, aber gebrauchte Ware geliefert

Die Bewertung kann mit einem Kommentar bis zu einer Länge von 80 Zeichen ergänzt werden.

Dieses System ist sehr sensibel. Die Erwartung jedes seriösen Handelspartners ist natürlich, dass das Geschäft einwandfrei über die Bühne geht. Der Verkäufer erwartet vom Käufer, dass dieser schnell und ohne Diskussionen bezahlt, der Käufer erwartet, dass der Verkäufer das Auktionsobjekt exakt und gemäß seiner Beschreibung schnell und zuverlässig liefert.

Verhalten sich beide Handelspartner gemäß dieser Selbstverständlichkeit, erteilen sich die Auktionspartner positive Bewertungen.

Als verantwortungsvoller eBay-er sollten Sie aber auch nichts beschönigen. Wenn das Geschäft nicht sauber war, Sie anstatt der zugesicherten sofortigen Lieferung drei Wochen auf Ihre Ware haben warten müssen, und auch sonst sich der Verkäufer recht ruppig zeigte, können Sie ihm ruhig eine gelbe Karte in Form einer neutralen Bewertung zeigen.

Negative Bewertungen vergeben Sie dann, wenn Sie vorsätzlich getäuscht worden sind: Die Ware entspricht nicht der Beschreibung oder ist mit nicht genannten groben Mängeln behaftet. Auch Spaßbieter, das sind Bieter, die erst eine Ware ersteigern, sie dann aber nicht haben wollen oder sich erst gar nicht melden, erhalten grundsätzlich negative Bewertungen.

Negative Bewertungen sind besonders für ein junges eBay-Mitglied ohne oder mit wenigen Bewertungspunkten fatal, da jetzt seine Zuverlässigkeit von anderen Käufern oder Verkäufern schwer einzuschätzen ist und ein (oftmals berechtigtes) Misstrauen im Raum steht.

Käufer wie Verkäufer wissen um die Macht der Bewertungen, daher sollte jedes eBay-Mitglied verantwortungsvoll mit Bewertungen umgehen. Einmal verteilte Bewertungen können nicht mehr zurückgenommen werden!

Der Betroffene kann jedoch bei unhaltbaren und pauschalen Vorwürfen wie etwa »ein ganz schräger Vogel« eBay einschalten und die Bewertung durch eBay entfernen lassen.

```
eb Y  ID-Karte                    ( 534 ★ )
Mitglied seit: Donnerstag, 01. Apr. 1999 Ort: Deutschland
Übersicht über die jüngsten Bewertungen
                    Letzte 7 Tage  Letzter Monat  Letzte 6 Monate
Positiv                  1              6              28
Neutral                  0              0               0
Negativ                  0              0               0
Gesamt                   1              6              28
Zurückgezogene Gebote    0              0               0
```

2.13 Sieht vertrauenswürdig aus ... ein eBayer der ersten Stunde

Jeder Käufer und Verkäufer verfügt über eine solche Karte, die alle Bewertungen der letzten sechs Monate aufschlüsselt. Diese ID-Karte zeigt, wie und in welchem Umfang dieser eBay-er von anderen Mitgliedern bewertet worden ist.

Wenn Sie demnächst in der Situation sein sollten, dass ein Geschäft nicht so ganz nach Ihren Vorstellungen abgelaufen ist, versuchen Sie in jedem Fall, bevor Sie wutentbrannt negativ oder neutral bewerten, das eventuelle Missverständnis durch entsprechende Kontaktaufnahme aus der Welt zu schaffen.

Achtung, Trickser!

Aufgepasst, verschiedene Mitglieder versuchen, Ihr Bewertungsprofil zu manipulieren. Diese Leute verkaufen Kleinkram und kaufen diesen selbst unter anderem Namen oder lassen diese Centartikel von Freunden ersteigern. Anschließend werden positive Bewertungen verteilt. Der zukünftige Kunde soll einen guten Eindruck haben und vertrauensvoll kaufen.

Achten Sie daher bei Verkäufern mit wenigen Bewertungen darauf,

→ von welchem Mitglied er die Bewertung erhalten hat,

Kapitel 2

→ ob der Käufer Artikel im Kleinbetragbereich ersteigert hat oder ob es sich um wertvolle Artikel (>EUR 100,00) gehandelt hat.

→ dass dieses Mitglied bei laufenden Auktionen wieder mitbietet. Dazu klicken Sie einfach auf Gebotsübersicht neben Anzahl der Gebote.

Schauen Sie dazu in die Bewertungen, die der Verkäufer erhalten hat. Dort können Sie alle Auktionen, bei denen Bewertungen abgegeben worden sind, genau zurückverfolgen. Erscheint dort bei geringwertigen Artikeln mehrmals derselbe Käufer, ist Vorsicht geboten. Zumindest sollten Sie den Verkäufer gezielt darauf ansprechen.

Kontakten Sie den Verkäufer vor Auktionsende und fragen Sie beispielsweise, ob Sie sich etwa das Fahrrad vorher ansehen können. Anhand seiner Antwort können Sie Rückschlüsse ziehen. Folgen Sie hier Ihrem Gefühl.

eBay-Mitglieder können einander ganz einfach kontakten, indem sie auf den eBay-Mitgliedsnamen klicken.

Es öffnet sich dann ein E-Mail-Dialogfeld, in dem Fragen formuliert werden können. Diese Nachricht wird an den E-Mail-Account des anderen Mitglieds geschickt.

Formular für Frage an den Verkäufer

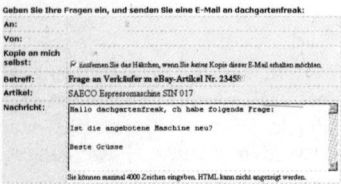

2.14 Mit Klick auf den Mitgliedsnamen können Sie Kontakt zum betreffenden Mitglied aufnehmen

Hinterlassen Sie bei echtem Interesse innerhalb der Frage immer Ihre Telefonnummer bzw. Ihre E-Mail-Adresse. Dies kann manchmal recht nützlich sein, besonders, wenn Auktionen ohne Gebote abgelaufen sind.

Geprüftes Mitglied

Um die letzten Unsicherheiten einer persönlichen Identifizierung aus dem Weg zu räumen, bietet eBay die Zertifizierung *Geprüftes Mitglied* an. Diese Zertifizierung ist besonders für Verkäufer hochwertiger Produkte interessant und lohnend, da das Zertifikat *Geprüftes Mitglied* für Interessenten und Käufer seiner Produkte eine «Prüfplakette« ist, die weitgehend sicherstellt, dass angegebene Personendaten stimmen.

Ihre Identität wird dabei durch die Deutsche Post AG anhand Ihrer Ausweispapiere festgestellt und bestätigt (*PostIdent-Verfahren*). Dadurch signalisieren Sie den anderen Mitgliedern neben Ihren Bewertungen noch stärker Ihre Vertrauenswürdigkeit.

Sobald Ihre Identität erfolgreich bestätigt wurde, erhalten Sie von eBay ein *Geprüftes Mitglied- Symbol* auf Ihrer Mitgliedskarte.

Hat Sie jetzt das eBay-Fieber gepackt und wollen Sie jetzt selbst auf Schnäppchenjagd gehen? Dann sollten Sie nicht lange warten und sich gleich bei eBay anmelden. Denn nur als registriertes Mitglied können Sie bei eBay kaufen oder verkaufen. Die Mitgliedschaft bei eBay ist absolut kostenfrei und verpflichtet weder, Ware anzubieten, noch zu kaufen.

3 So werden Sie eBay-Mitglied

Bei eBay kann jeder, ob Privatmann oder gewerblicher Händler, kaufen und verkaufen.

Wenn Sie bei eBay aktiv werden möchten, sei es, um attraktive Schnäppchen zu ergattern oder um selbst aktiv zu verkaufen, müssen Sie nur wenige Voraussetzungen erfüllen.

Sie benötigen:

→ einen Internetzugang und

→ ein E-Mail-Konto

→ Sie müssen mindestens 18 Jahre alt sein und

→ im Besitz eines Girokontos oder einer Kreditkarte sein.

Die Anmeldung bei eBay erfolgt über die eBay-Internetstartseite. Rufen Sie über einen Internetbrowser *www.eBay.de* auf.

Von dieser Startseite aus gelangen Sie zu allen wichtigen Optionen von eBay, unter anderem auch zur Anmeldung.

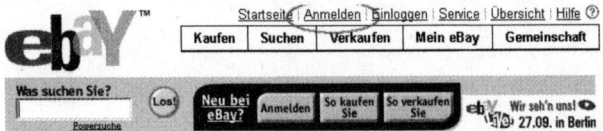

3.1 Der Klick auf *Anmelden* ist der erste Schritt zum eBay-Mitglied

3.1 So melden Sie sich bei eBay an

Die Anmeldung benötigt nur wenige Minuten und erfolgt in drei Schritten:

Schritt 1: Daten eingeben

Geben Sie Ihre personenbezogenen Daten ein. Ganz wichtig: Sie benötigen ein E-Mail-Konto, über das Sie den gesamten eBay-Verkehr abwickeln. Dies kann Ihr vorhandenes E-Mail-Konto sein.

Es empfiehlt sich jedoch, für eBay ein gesondertes E-Mail-Konto einzurichten. In aller Regel haben Sie die Möglichkeit, bei Ihrem Provider mehrere E-Mail-Konten einzurichten. Falls dies nicht der Fall sein sollte, so melden Sie einfach einen neuen E-Mail-Account bei einem kostenlosen Anbieter wie etwa *www.freemail.de* oder *www.gmx.de* an.

3.2 Suchen Sie sich einen Mitgliedsnamen aus, der zu Ihren Aktivitäten passt

So werden Sie eBay-Mitglied

> **Espresso-Tipp!** Es kann jeweils nur ein eBay-Name mit einer E-Mail-Adresse angemeldet werden. Da Sie aber später als eBay-Profi mehrere eBay-Namen besitzen werden, melden Sie Ihren eBay-Namen immer unter einer E-Mail-Adresse an, auf die Sie unter Umständen ohne Nachteile verzichten können. Melden Sie Ihre eBay-Mitgliedschaft nie unter Ihrer wertvollen T-Online- oder AOL-Adresse an, denn, wenn etwas schief geht, ist diese E-Mail-Adresse quasi verbrannt. Mit »Schief gehen« meine ich beispielsweise unliebsame Bewertungen, oder Spam, jene unaufgefordert eintreffenden Werbe-E-Mails an Ihre Adresse, die permanent Ihren Account besetzen. Eine web.de-Adresse können Sie dagegen, falls es Ihnen zu bunt wird, einfach ins Leere laufen lassen.

Nicht ganz unwichtig ist ein guter Mitgliedsname. Der eBay-Mitgliedsname

ist der Name, unter dem Sie kaufen und verkaufen, Kontakt zu anderen Mitgliedern aufnehmen – Ihre Identität, Ihr Künstlername innerhalb der eBay-Gemeinde. Jeder Mitgliedsname wird nur ein einziges Mal vergeben.

Nehmen Sie sich etwas Zeit, um den richtigen Namen zu finden. Bedenken Sie, dass der erste Kontakt zu Ihnen innerhalb der eBay-Welt Ihr eBay-Mitgliedsname ist. Suchen Sie sich einen Namen aus, der vielleicht einen Bezug zu Ihren Hobbys oder Ihrem Angebot hat. Je professioneller Sie über eBay handeln wollen, umso wichtiger ist ein passender Mitgliedsname.

Einige Regeln sind hier zu beachten: Mitgliedsnamen dürfen Buchstaben (A-Z), Zahlen (0-9) und viele andere Zeichen enthalten. Sie müssen mindestens zwei (2) Zeichen lang sein. Sie können groß oder klein geschrieben werden. Sie dürfen keine Leerzeichen enthalten und keine Anspielungen, die persönliche, religiöse oder ethnische Gefühle verletzen könnten.

Zu den Elementen, die Sie nicht verwenden dürfen, zählen:

- → das Symbol »@«
- → das Ampersand-Symbol »&«
- → der Buchstabe »e« gefolgt von Zahlen
- → URLs (z.B. *xyz.com*), hierzu zählt auch das Wort »eBay«.

Das Wort »eBay« steht ausschließlich Mitarbeitern von eBay zur Verfügung. Dadurch wird verhindert, dass sich Nichtberechtigte als Angestellte von eBay ausgeben können.

> **Espresso-Tipp!** Verzichten Sie auf Mitgliedsnamen, die zweideutig oder zweifelhaft klingen könnten, wie etwa Dealer, Schrotti, nicht-bei-mir und Ähnlichem.

Ihren Zugang schützen Sie durch ein Passwort. Sie können jedes beliebige Passwort verwenden, das mindestens 6 Zeichen lang ist.

Haben Sie alles eingetragen, klicken Sie auf *Weiter*. Jetzt, und dies ist für eBay relativ neu, folgt eine Prüfung Ihrer personenbezogenen Daten durch die *Schufa*.

Anmeldung: Status der Prüfungsanforderung

1 **Daten eingeben**   2 Bedingungen akzeptieren   3 Anmeldung bestätigen

Ihre Angaben werden jetzt der SCHUFA zum Abgleich übermittelt. Dies ist keine Prüfung der Kreditwürdigkeit.

Der Vorgang kann bis zu 20 Sekunden dauern und Sie werden automatisch weitergeleitet.

**Bitte haben Sie
etwas Geduld...**

Hinweis : Es ist normal, dass sich die Seite während der Datenübertragung mehrmals neu lädt
Wenn diese Seite innerhalb von 20 Sekunden nicht neu geladen wird, klicken Sie bitte hier.

Copyright © 1995-2003 eBay Inc.
Alle Rechte vorbehalten. Ausgewiesene Marken gehören ihren jeweiligen Eigentümern. Mit der
Benutzung dieser Seite erkennen Sie die eBay-AGB und die Datenschutzerklärung an.
eBay übernimmt keine Haftung für den Inhalt verlinkter externer Internetseiten.

3.3 Die Online-Prüfung dauert etwa 20 Sekunden

Schritt 2:
Prüfung der personenbezogenen Angaben und Bedingungen akzeptieren

Offenbar haben die fortlaufenden Hinweise an eBay Früchte getragen. Die Angabe von korrekten Adressdaten ist eine wichtige Voraussetzung für einen sicheren Handel bei eBay.

Um Manipulationen und gefälschte Personenangaben zu erschweren, lässt eBay seit dem 05. November 2002 alle Daten von Mitglie-

So werden Sie eBay-Mitglied 45

dern, die sich neu anmelden oder ihre Stammdaten ändern, durch die Schufa überprüfen. Geprüft werden Name, Vorname, Straße, Hausnummer, Postleitzahl, Ort und das Geburtsdatum. Nach Angaben von eBay sollen diese Daten bei der Schufa nicht gespeichert werden.

Bitte achten Sie darauf: Zur Weitergabe Ihrer Daten an die Schufa bedarf es Ihrer Einwilligung. Jeder, der ein Girokonto besitzt, ist bei der Schufa geführt. Ist die Überprüfung der personenbezogenen Daten erfolgreich, werden Sie im Anmeldeprozess weitergeleitet. Spätestens jetzt sollten Sie sich mit den *Allgemeinen Geschäftsbedingungen* von eBay auseinander setzen. Diese, ebenso wie die Einwilligung der Speicherung Ihrer personenbezogenen Daten, sind von Ihnen zu akzeptieren bzw. bedürfen Ihrer Einwilligung.

Da Sie sich in aller Regel ohnehin nur Ausnahmen dieser Bestimmungen und Geschäftsbedingungen durchlesen, habe ich sie der Einfachheit halber im Anhang ausgeführt.

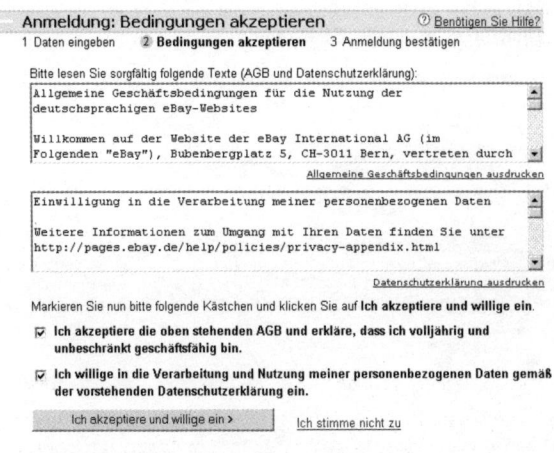

3.4 Wenn Sie eBay-Mitglied werden möchten, akzeptieren Sie hier, indem Sie auf den Button *Ich akzeptiere und willige ein* klicken

Kapitel 3

Schritt 3 – Abschließen der Anmeldung durch Bestätigung per E-Mail

Der dritte Teil der Anmeldung erfolgt über Ihren E-Mail-Account. Verlassen Sie nun getrost die eBay-Seiten und öffnen Sie Ihren E-Mail-Account, um die Anmeldung abzuschließen.

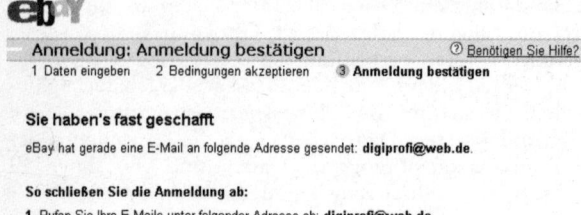

3.5 Jetzt haben Sie es fast geschafft: eBay versendet den internen Zugangscode an die von Ihnen angegebene E-Mail-Adresse

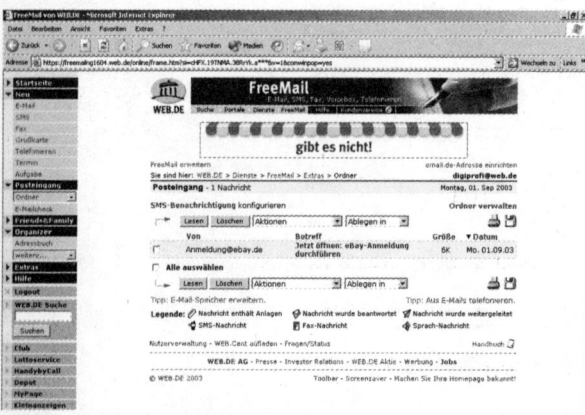

3.6 In aller Regel erhalten Sie binnen weniger Sekunden eine E-Mail zum Abschluss der Anmeldung

So werden Sie eBay-Mitglied 47

Öffnen Sie diese E-Mail und klicken Sie auf den Button *eBay-Anmeldung abschließen*.

Sie haben's fast geschafft.

Klicken Sie auf die folgende Schaltfläche, um die eBay-Anmeldung abzuschließen:

eBay-Anmeldung abschließen >

Dadurch wird bestätigt, dass Ihre E-Mail-Adresse funktioniert.

3.7 Jetzt sind es nur noch wenige Sekunden, bis Sie als Käufer oder Verkäufer bei eBay mitmischen können

Jetzt werden Sie automatisch zu eBay weitergeleitet. Herzlichen Glückwunsch – Sie sind ein echtes eBay-Mitglied und können bei eBay kaufen und verkaufen!

	Startseite	Ausloggen	Service	Übersicht	Hilfe ②
Kaufen	Suchen	Verkaufen	Mein eBay	Gemeinschaft

Finden Powersuche
☐ Titel **und** Beschreibung durchsuchen

Herzlichen Glückwunsch, audiosophie! Sie sind angemeldet.

Sie können nun bei eBay handeln.

Zurück zum Artikel, der Sie zuletzt interessiert hat:

Letzten Artikel aufrufen >

Hier erfahren Sie:
Wie suche ich nach Artikeln?
Wie biete ich?
Sicherheit bei eBay?

Möchten Sie etwas verkaufen? Dafür bitte ein
Verkäuferkonto einrichten.

Foren und Cafés | Bewertungsforum | Regeln und Sicherheit | Über eBay | eBay-Mitteilungen

Startseite | Mein eBay | Übersicht |
Kaufen | Verkaufen | Service | Suchen | Hilfe | Gemeinschaft

3.8 Welcome to the world of eBay

3.2 Das Verkäuferkonto einrichten

Verkaufen? Noch nicht ganz! Bevor Sie aktiv verkaufen können, müssen Sie bei eBay Ihr Verkäuferkonto einrichten. Klicken Sie auf *Verkäuferkonto einrichten*. Schon dürfen Sie sich zum ersten Mal bei eBay einloggen.

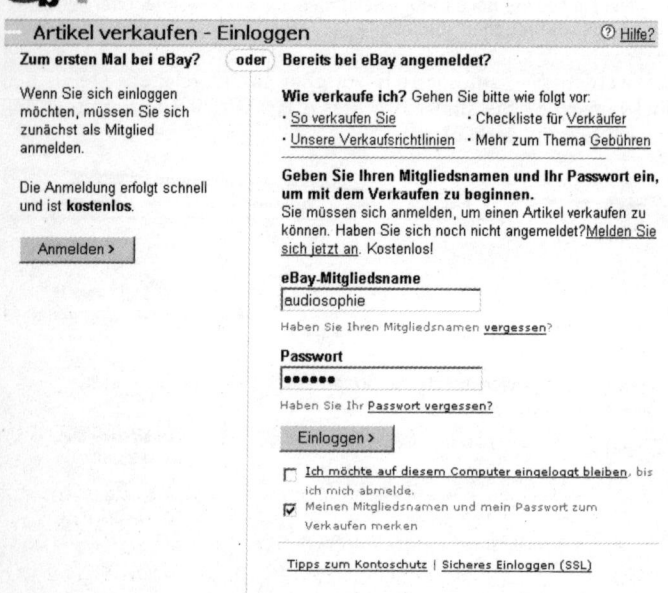

3.9 Das erste Einloggen

Innerhalb des Verkäuferkontos regeln Sie, wie Sie Ihre Rechnungen bei eBay begleichen wollen. Sobald Sie bei eBay tatsächlich verkaufen, fallen Kosten an. Kosten sind Einstellgebühren und Verkaufsprovisionen.

So werden Sie eBay-Mitglied

| Startseite | Ausloggen | Service | Übersicht | Hilfe ⑦ |

| Kaufen | Suchen | **Verkaufen** | Mein eBay | Gemeinschaft |

Für das Lastschriftverfahren anmelden oder Kreditkarteninformationen hinterlegen

Bevor Sie Ihren ersten - oder Ihren nächsten - Artikel einstellen können, bitten wir Sie, sich für eine der beiden Möglichkeiten zu entscheiden, Ihre Rechnungen zu begleichen.

- Das Formular ist nur einmal auszufüllen.
- Ihre Kontodaten können Sie jederzeit aktualisieren.

Option 1   (oder)   **Option 2**

[Zum Lastschriftverfahren anmelden]   [Kreditkarteninformationen hinterlegen]

Füllen Sie das Formular auf der nächsten Seite aus, Sie kommen dann automatisch zum Verkaufsformular zurück.

3.10 Bezahlen muss vorher geregelt sein

eBay bietet zwei Möglichkeiten der Bezahlung an:

a) Bezahlung mittels Lastschrift. eBay bucht dann monatlich die entstandenen Gebühren und Provisionen ab.

b) per Kreditkarte. Hier akzeptiert eBay zurzeit VISA und Eurocard/Mastercard.

Egal, wie Sie sich entscheiden, eine Abrechnung auf Rechnung, wie bis 2002 möglich, gibt es bei eBay nicht mehr. In jedem Falle bietet dieses Procedere nicht nur für eBay sichere Einnahmen, auch den Mitgliedern bietet dieser Vorgang erhöhte Sicherheit und Schutz vor Betrug. Anhand der Bankverbindung bzw. den Kreditkarteninformationen lässt sich für eBay im Fall des Falles die dazugehörige Person ermitteln. Ganz Misstrauischen unter Ihnen muss ich Recht geben: Vielleicht ist auch hier kein 100%-iger Schutz zu erwarten, denn es lassen sich ohne Probleme gestohlener Kreditkarten-Informationen eingeben. Noch einfacher scheint da für Betrüger die Möglichkeit, Bankinformationen einfach von einer Rechnung abzuschreiben, denn solange niemand eine Lastschrift reklamiert, kann eBay die Rechtmäßigkeit der hinterlegten Angaben kaum prüfen.

Dennoch, wenn man getrost davon ausgehen darf, dass nicht jeder, der bei eBay mitmischen will, ein potentieller Gauner ist und mit hoher krimineller Energie an die Sache herangeht, dann bietet eBay ausreichende Schutzmaßnahmen. Die in letzter Zeit beschriebenen Betrugsfälle stellen einen verschwindend geringen Anteil dar. Aus persönlichen Erfahrungen kann ich nur Positives weitergeben.

3.3 Ihr persönlicher Bereich bei eBay – Mein eBay

Jedes Mitglied hat einen eigenen Bereich, genannt *Mein eBay*.

Unter *Mein eBay*

→ verwalten Sie Ihre Auktionen,

→ sehen Sie auf einen Blick, was Sie verkaufen und

→ für welche Artikel Sie gerade bieten,

→ Sie sehen, welche Artikel Sie beobachten

→ und welche Artikel Sie gekauft haben,

→ Sie kontrollieren, wie es um Ihre Bewertungen steht sowie

→ wie Ihr Kontostand bei eBay aussieht,

→ und: Von hier aus können Sie Ihren Mitgliedsnamen oder Ihre Stammdaten ändern.

Klicken Sie auf *Mein eBay* und öffnen Sie Ihren persönlichen Bereich durch Eingabe Ihres Mitgliedsnamen und Ihres Passwortes. Alternativ zu Ihrem Mitgliedsnamen können Sie auch Ihre E-Mail-Adresse eingeben, unter der Sie sich bei eBay angemeldet haben.

Mit den Einstellmöglichkeiten in *Mein eBay* passen Sie Ihren persönlichen Bereich genau Ihren Bedürfnissen an.

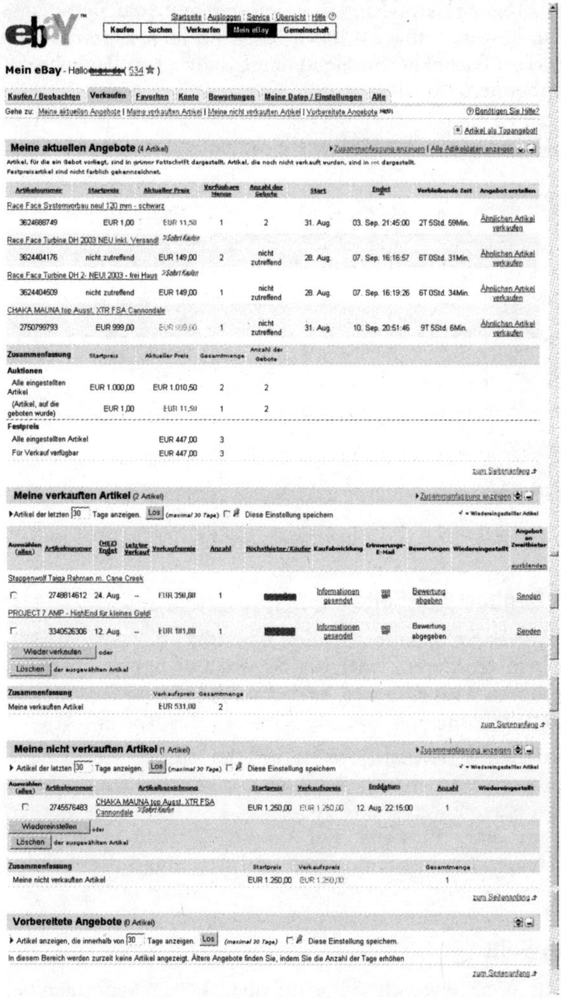
Startseite | Ausloggen | Service | Übersicht | Hilfe
Kaufen
Suchen
Verkaufen
Mein eBay
Gemeinschaft
Mein eBay - Hallo [redacted] (534)
Kaufen / Beobachten
Verkaufen
Favoriten
Konto
Bewertungen
Meine Daten / Einstellungen
Alle
Meine aktuellen Angebote (4 Artikel)
Race Face Systemvorbau neu! 120 mm - schwarz
Race Face Turbine DH 2003 NEU inkl. Versand!
Race Face Turbine DH 2- NEU! 2003 - frei Haus
CHAKA MAUNA top Ausst. XTR FSA Cannondale
Zusammenfassung
Auktionen
Festpreis
Meine verkauften Artikel (2 Artikel)
Steppenwolf Taiga Rahmen m. Cane Creek
PROJECT 7 AMP - HighEnd für kleines Geld!
Wieder verkaufen
Löschen
Meine nicht verkauften Artikel (1 Artikel)
CHAKA MAUNA top Ausst. XTR FSA Cannondale
Wiedereinstellen
Löschen
Vorbereitete Angebote (0 Artikel)
In diesem Bereich werden zurzeit keine Artikel angezeigt. Ältere Angebote finden Sie, indem Sie die Anzahl der Tage erhöhen
zum Seitenanfang

3.11 Ihre eigene, persönliche Webseite bei eBay – von hier aus steuern Sie alle Aktivitäten

Die einfachste Möglichkeit, *Mein eBay* den persönlichen Bedürfnissen anzupassen, besteht zunächst darin, die einzelnen Bereiche ein- oder auszublenden. Dazu klicken Sie in den Schalter jeweils rechts zu jedem Themenbereich.

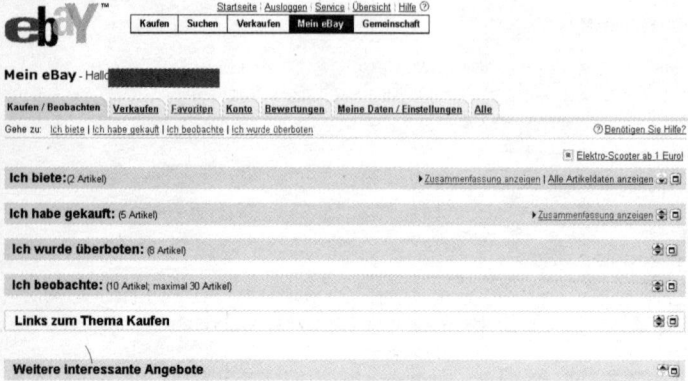

3.12 Unter *Kaufen / Beobachten* sind alle Themenbereiche zusammengefasst

Die Kaufen- / Beobachten-Seite

Mit *Kaufen / Beobachten* behalten Sie den Überblick über die Artikel, für die Sie sich interessieren, oder die Sie gekauft haben, oder bei denen Sie überboten wurden – und Sie haben die Produkte im Blick, auf die Sie gerade bieten.

Da eBay eine dynamische Plattform ist, auf der immer wieder neue Produkte angeboten werden, ist es notwendig, immer wieder nach Produkten zu suchen. Interessante Angebote lassen sich vormerken und sich, wie auf einer Pinwand, auf *Kaufen / Beobachten* ablegen. Von hier aus können Sie bequem bieten und den Stand der Auktionen verfolgen.

Die Verkaufen-Seite

Verkaufen ist die entscheidende Seite für alle aktiven Verkäufer bei eBay. Von hier aus behält der Verkäufer den Überblick über alle laufenden und abgeschlossenen Auktionen. Von dieser Seite aus lassen

So werden Sie eBay-Mitglied

sich Artikel, die mehrfach vorhanden sind, ebenso bequem wieder einstellen wie Ware, die nicht verkauft worden ist. Genau wie die Informationen der *Kaufen/Beobachten*-Seite stehen die Informationen der *Verkaufen*-Seite maximal 30 Tage zur Verfügung.

Die Favoriten-Seite

Profi-Shopper werden wahrscheinlich eBay in regelmäßigen Abständen nach bestimmten Produkten durchsuchen. Dieses Suchen kann mit der Favoriten-Seite erheblich vereinfacht werden. Hier können Sie gewünschte Kategorien voreinstellen, Suchbegriffe abspeichern oder Verkäufer, mit denen Sie gute Erfahrungen gemacht haben, auf Direktzugriff legen.

Die Konto-Seite

Damit Sie nicht den Kostenüberblick verlieren, bietet die Konto-Seite so ziemlich alles, um Kontoaktivitäten zu beobachten und zu kontrollieren. Sie können beispielsweise Ihre Zahlungsmodalitäten von Lastschrift auf Kreditkartenzahlung ändern oder die letzte Rechnung anzeigen lassen.

Bewertungen

Ebenso wichtig und daher häufig frequentiert ist die *Bewertungen*-Seite. Von hier aus sehen Sie, was Ihre Handelspartner über Sie schreiben. Von hier aus können Sie gegebenenfalls Bewertungen kommentieren und eigene Bewertungen abgeben. Hier haben Sie den Überblick, welche Handelspartner von Ihnen noch bewertet werden können und schon bewertet worden sind.

Meine Daten / Einstellungen

Dies ist der Zentralbereich innerhalb Ihrer eBay-Webseiten. Von hier aus können Sie Ihren Mitgliedsnamen ändern, allerdings nur mit einer Karenzzeit von jeweils 30 Tagen nach einem Wechsel.

Hat sich Ihre E-Mail-Adresse geändert, können Sie dies ebenfalls hier mitteilen.

Sie sind umgezogen, Ihre Adressdaten haben sich geändert? Kein Problem, über *Meine Daten* nehmen Sie Adressänderungen genauso vor wie etwa die Eintragung einer gesonderten Versandadresse, die dann Ihren Handelspartnern bei abgeschlossenen Auktionen mitgeteilt werden kann.

Eine prima Sache ist die Option *Mich Seite* anzulegen. Innerhalb der *Mich Seite*, die später von jeder Ihrer Auktionen aufrufbar sein wird, können Sie ein wenig über sich berichten. Das ist besonders interessant für Mitglieder, die erst kurz dabei sind und aus diesem Grunde keine oder wenige Bewertungen haben. Über eine *Mich Seite* mit vertrauenserweckenden Inhalten bauen Sie bei Ihren potentiellen Kunden im Vorfeld Sicherheitsgefühl auf. Dabei können Sie im Vorfeld eventuelle Fragen, wie es dann bei Ihnen so ablaufen soll, klären.

Darüber hinaus können Sie auf der *Mich-Seite*

→ einen eigenen eBay-Shop einrichten

→ Ihre besten Produkte noch besser präsentieren

→ über Ihr Hobby berichten.

Das Erstellen einer *Mich-Seite* ist recht einfach. Es sind keinerlei HTML-Kenntnisse erforderlich. Ein Assistent führt Sie durch die einzelnen Schritte. Für ein gelungenes Aussehen sorgen fertige Vorlagen.

So kaufen Sie gut und günstig ein

4 So kaufen Sie gut und günstig ein

eBay hat sich geradezu zum Volkssport entwickelt. Dabei steht ja nicht nur das Verkaufen im Vordergrund, nein, ganz im Gegenteil, eBay ist ein prima Preisbarometer. Bevor kleine oder große Anschaffungen ins Haus stehen, lässt sich über eBay recht schnell feststellen, was denn so für eine ganz bestimmt Ware bezahlt werden darf. Legt man nicht unbedingt darauf Wert, zwingend eine neue Ware zu kaufen, so können Käufer, ganz speziell bei hochwertigen Artikeln, echte Schnäppchen machen.

Ich selbst kaufe für meine Hobbies, wie etwa Mountainbiking, fast nur noch über eBay ein. Nicht ganz unschuldig daran ist die durchweg schlechte Fachhandelsstruktur. Heute einen Händler zu finden, der etwas von seinem Handwerk versteht, ist die Ausnahme. Dazu kommt der Stress, mal eben nach der Arbeit 20 km zum richtigen Shop zu hetzen. Die mühsam aufzusuchende Beratung ist also oftmals unzureichend, aber verkauft wird trotzdem zum Listenpreis – wo soll da noch ein Vorteil zum Versandhandel sein? Thema Ladenöffnungszeiten: Wie oft steht man am Samstag vor dem geschlossenen Laden, weil am Freitag zuvor Feiertag war ... Oder das begehrte Modell ist gerade nicht auf Lager, man muss also geschlagene sieben Tage später noch einmal die Wallfahrt zum Laden auf sich nehmen ... Nein danke, da kaufe ich doch lieber bei eBay ein! Und wenn es ein Fehlkauf war, so etwas soll ja auch einmal vorkommen, dann verkaufe ich es einfach wieder – über eBay. Nennenswerten Verlust habe ich bislang jedenfalls noch keinen durch solche Aktionen gemacht.

4.1 Mitbieten oder direkt kaufen – die Angebotsformate bei eBay

Bei eBay können Sie Artikel in Auktionen ersteigern oder in vielen Fällen sofort kaufen. Die Möglichkeit, einen Artikel zur Versteigerung oder zu einem Festpreis anzubieten, hat nur der Verkäufer.

Folgende Formate stehen zur Verfügung:

➔ Auktionen – Verkaufen zum Höchstgebot

→ Verkaufen zum Festpreis (Sofort-Kaufen)

→ Auktionen mit Sofort-Kaufen-Option (entweder eröffnet ein Interessent die Versteigerung oder kauft zum Festpreis).

Auktionen – Kaufen zum Höchstgebot

Auktionen haben eine feste Laufzeit von 3, 5, 7 oder 10 Tagen, je nachdem, wie es der Verkäufer beim Einstellen des Artikels festgelegt hat. Gewinner der Auktion – oder besser: Käufer des Produkts – ist derjenige, der das höchste Gebot abgegeben hat.

Bei klassischen Auktionen hat der Käufer, wenn die Umstände und der Zeitpunkt passen, eine echte Gelegenheit, ein Schnäppchen an Land zu ziehen.

Gründe für einen günstigen Preis können sein:

→ Der Zeitpunkt des Auktionsende wurde unglücklich gewählt – um 8 Uhr morgens sind die meisten Personen auf dem Weg zur Arbeit und können nicht vor dem PC sitzen und eBay verfolgen.

→ Die Artikelbezeichnung wurde ungeschickt geschrieben, sodass viele den Artikel erst gar nicht bemerken.

→ Die Artikelbeschreibung ist unvorteilhaft, die Ware wenig liebevoll fotografiert.

→ Sehr selten gibt es ausgerechnet in diesem Zeitraum der Auktion keine weiteren Kaufinteressenten bei eBay, die mitbieten. Das ist Ihre Gelegenheit!

Kaufen zum Festpreis – Auktionsrisiken umgehen

So verlockend die Aussicht auf ein Schnäppchen auch ist, oft genug werden Sie sich überlegen, ob Sie sich der Unsicherheit der Auktion aussetzen möchten. Für diese Fälle bieten viele Verkäufer die *Sofort-Kaufen-Option* an.

Sofort-Kaufen ist ein Festpreisformat. Der Verkäufer bestimmt den Preis. Es gibt hier kein Bieten und auch kein Warten, bis die Auktion abgelaufen ist. Sobald sich ein Interessent zum Kauf entschließt, ist der Artikel verkauft und die Auktion beendet.

So kaufen Sie gut und günstig ein 57

Die Vorteile für Käufer sind:

→ Fester und fairer Preis

→ Der Kauf-Preis steht fest. Als Käufer können Sie vergleichen und sofort entscheiden.

→ Sie bekommen Ihren Wunschartikel.

→ Haben Sie sich zu einem Sofort-Kauf entschieden und geboten, können Sie von niemandem mehr überboten werden. Sie haben das Produkt erstanden.

→ Keine Wartezeit bis zum Ende einer Auktion

→ Die Auktion ist mit Abgabe Ihres Sofort-Kaufen-Gebotes beendet. Sie können sich sofort mit dem Verkäufer in Verbindung setzen und die Ware binnen weniger Tage in Ihren Händen halten.

→ Höhere Sicherheit

→ Das Sofort-Kaufen-Angebotsformat kann nur von Verkäufern genutzt werden, die a) über mindestens 10 Bewertungspunkte verfügen oder b) ein geprüftes Mitglied sind. Dies bedeutet für Käufer eine erhöhte Sicherheit.

Sonderfall: Auktion mit Sofort-Kaufen-Option

Eine Besonderheit sind Auktionen mit Sofort-Kaufen-Option. Hier setzt der Anbieter ein Startgebot fest und gibt alternativ einen Sofort-Kaufen-Preis an.

Sobald ein Interessent ein Gebot abgibt, ist das Sofort-Kaufen-Angebot hinfällig. Die Auktion läuft bis zum festgesetzten Ende und wird dann entschieden.

Sofort kaufen – Vor- und Nachteile

Ein Uhrensammler entdeckt eine schöne, wenig getragene *Schwarz Etienne*, Modell *Routemaster* – Neupreis: etwa EUR 1.250,00.

Der Verkäufer hat einen Startpreis von EUR 550,00 angesetzt und dazu noch einen Sofort-Kaufen-Preis von EUR 650,00 angeboten.

Ein grundsätzlich interessantes Angebot. Was ist zu tun?

→ Die Uhr ist äußerst selten und recht unbekannt – Sie haben lange nach diesem Modell gesucht.

→ Der Startpreis ist attraktiv – zudem, Liebhaber dieser Uhr gibt es ebenso wenige. Das Mitbewerberfeld innerhalb eBays sollte somit überschaubar sein.

→ Der Sofort-Kaufen-Preis ist eigentlich okay – es sind zwar volle Euro 100 mehr als das Startgebot, aber ...

Der Kaufinteressierte steht jetzt vor der Entscheidung:

→ ein Gebot abzugeben und das Rennen um den Artikel zu eröffnen. Die Gefahr dabei ist, dass eventuell bei Ende der Auktion das höchste Gebot höher ist als der ehemalige Sofort-Kaufen-Preis.

→ das Ende der Auktion abzuwarten und dann kurz vor Ende sein Gebot abzugeben

→ oder mit *Sofort-Kaufen* den Artikel für sich zu entscheiden.

In der für den Käufer attraktivsten Variante, nämlich der Möglichkeit, bis kurz vor Ende mit einem Gebot zu warten, liegt das größte Risiko: Kommt ein anderer Interessent dazwischen und entscheidet die Sache für sich, indem er das Sofort-Kaufen-Angebot akzeptiert, ist der Artikel weg und das lange Suchen geht von vorne los.

Um dieses Risiko zu meiden, entscheiden sich viele Interessenten für die Sofort-Kaufen-Option und bezahlen oftmals unnötig viel.

Espresso-Tipp! Achten Sie auf den Besucherzähler, falls einer eingerichtet ist – daran können Sie ein wenig abschätzen, ob die potenzielle Anzahl der Mitbieter groß ist.

4.2 So geben Sie Ihr Gebot ab

Sie haben einen Artikel gefunden, den Sie ersteigern möchten. Klicken Sie in der Artikelseite auf *Bieten* und geben Sie im folgenden Menü Ihr Gebot ab. Den minimalen Erhöhungsschritt zum aktuellen Gebot zeigt eBay Ihnen an. Je nach Höhe des derzeitigen Gebotsstands gibt eBay die Erhöhungsschritte EUR 0,50, EUR 1,00, EUR 5,00, EUR 10,00 und EUR 50,00 vor.

So kaufen Sie gut und günstig ein

Sie können auch sofort Ihr maximales Gebot eintragen. Dann arbeitet der eBay-Bietagent automatisch für Sie und bietet bis zum maximalen Betrag, den Sie definiert haben.

Der Bietagent bei eBay

Sie haben einen Artikel gefunden, der Ihnen bis zu EUR 50,00 wert ist. Das aktuelle Gebot liegt zurzeit bei EUR 24,00.

Das Gebot, das Sie in das *Bieten*-Fenster eintragen, ist ein *maximales Gebot*. Sie können hier Ihr höchstes Gebot abgeben, das über dem Mindestgebot liegt – und dennoch bietet der Bietagent nur soviel, wie Sie gerade benötigen, um in der Auktion zu führen. Im Beispielsfall tragen Sie EUR 50,00 ein, und das System »überbietet« mit EUR 25,00. Sie führen also mit EUR 25,00). Der Bietagent hilft Ihnen, auch wenn Sie einmal nicht online sind, in der Auktion zu führen.

Der Agent bietet bis zum von Ihnen angegebenen Höchstbetrag mit der minimal vorgesehenen Auktionsschritthöhe. Wird ein Gebot eines anderen Mitglieds abgegeben, welches höher ist als das von Ihnen eingegebene Maximalgebot, hört der von Ihnen aktivierte Bietagent automatisch beim Maximalgebot auf, mitzubieten.

Stellen Sie nur in Ausnahmesituationen den Bietagent bereits Stunden oder Tage vor Ablauf der Auktion ein. Andere Mitglieder erkennen sehr leicht durch Anködergebote, ob ein Agent mitläuft und warten dann mit der Gebotsabgabe ohnehin bis kurz vor Auktionsende. Es gibt ganz üble Tricks, Neulingen, die mit dem eBay-Bietagenten mitbieten, den letzten Cent aus der Tasche zu ziehen. Dazu wird einfach ein viel zu hohes Gebot abgegeben. Der Bieter sieht dann sofort, mit welchem Betrag er die Auktion gewinnen würde, zieht das Gebot zurück und setzt über einen anderen Mitgliedsnamen ein Gebot knapp unter dem nun bekannten Maximalgebot von Ihnen ein. Klar ist, dass der Bieter mit dem zurückgezogenen Gebot und der Stützbieter mit dem Verkäufer identisch sind. Anfänger sehen das nicht. Dafür wird denen der maximal mögliche Betrag aus der Tasche gezogen. Wie einmal abgegebene Gebote zurückgezogen werden können, lesen Sie jetzt.

So können Sie Gebote zurückziehen

Grundsätzlich ist Ihr einmal abgegebenes Gebot bindend. In wichtigen Fällen können Sie jedoch Ihr Gebot zurückziehen. Ein wichtiger Fall ist beispielsweise, wenn Sie sich bei der Gebotsabgabe verschrieben haben, etwa EUR 990 anstatt EUR 99,00. Ein anderer Fall, bei dem Sie das Recht haben, Ihr Gebot zurückzuziehen, liegt dann vor, wenn sich die Beschreibung des Artikels geändert hat.

Beispiel: Sie bieten auf einen Ring aus Gold. Diese Information ist falsch, der Verkäufer bemerkt es und ergänzt seine Beschreibung mit dem Hinweis: »Achtung! Ich habe mich geirrt, der angebotene Ring ist nur 24 Karat vergoldet.«

Nicht zulässig ist es, wenn Sie

- → den Artikel einfach nicht mehr wollen,
- → sich den Artikel gar nicht leisten können oder
- → einfach nur im Überschwang ein wenig mehr geboten haben als Sie eigentlich wollten.

So sieht die Theorie aus. In der Praxis ist das Kind jedoch noch lange nicht in den Brunnen gefallen. Ist die Auktion nicht gerade in der heißen Phase, also wenige Minuten vor Ablauf, lassen sich viele Dinge auch vollkommen konform zu den eBay-Grundsätzen regeln.

Mailen Sie den Verkäufer an, er möchte Ihr Gebot bitte löschen, da Sie den Artikel aus XYZ-Gründen nicht kaufen möchten. In aller Regel hat kein Verkäufer Interesse daran, einen Kauf (gerichtlich) zu erzwingen. Irren ist menschlich und jeder aktive eBay-er wird ganz eigennützlich vorrangiges Interesse daran haben, einen Artikel an einen ernsthaften Käufer zu verkaufen, bei dem die Abwicklung reibungslos vonstatten geht.

Espresso-Tipp! Entsprechen Sie der Bitte des potentiellen Käufers, noch ist kein Schaden passiert und, bei allem Respekt vor den rechtlichen Grundlagen, der kleine Dienstweg ist sicherlich der unkomplizierte. Richtig stressig wird es erst, wenn ein Käufer die Ware nach Ablauf der Auktion nicht mehr will.

Rücknahmeregeln:

a) Sie haben Ihr Gebot mindestens 12 Stunden vor Auktionsende abgegeben.

Eine Rücknahme des Gebotes 12 Stunden vor dem Auktionsende ist unter den folgenden Grundsätzen möglich:

- → Versehentlich falsche Gebotseingabe, z.B. EUR 990 anstatt EUR 99
- → Beschreibung hat sich geändert.

b) Sie haben Ihr Gebot innerhalb der letzten 12 Stunden abgeben.

In diesem Falle können Sie Ihr Gebot nur binnen 60 Minuten nach Gebotsabgabe zurückziehen. Auch hier gelten die dargelegten Grundsätze.

Falls Sie ein Gebot zurückziehen, wird es auf Ihrer ID-Karte vermerkt. Achten Sie darauf, dass das nicht dauernd passiert: Irren und daneben klicken kann und darf jeder, falls es jedoch bei jeder zweiten Auktion vorkommt, sieht es schon ein bisschen seltsam aus.

Eine genaue Anleitung, wie und was Sie unternehmen können, um ein Gebot zu annullieren, lesen Sie in Teil 2.

4.3 So beobachten Sie bequem Artikel, die Sie interessieren

Haben Sie beim Stöbern etwas Interessantes entdeckt? Möchten Sie verfolgen, in welchen Preisregionen diese Auktion verlaufen wird? Dann können Sie dieses Artikel auf *Beobachten* setzen und so blitzschnell, ohne weiteres Suchen, über *Mein eBay* auf diese Auktion zugreifen.

Klicken Sie auf der Artikelseite einfach auf die Option *Artikel beobachten*.

Dieser Artikel wird jetzt automatisch auf die Artikelliste *Artikel, die ich beobachte*, gesetzt. Diese Liste können Sie unter *Mein eBay* einsehen und von dort direkt zum Artikel gehen.

Sie können bis zu 30 Artikel beobachten, mehr lässt eBay zur Zeit nicht zu.

4.4 Und das unternehmen Sie nach Auktionsende

Herzlichen Glückwunsch, Sie haben Ihre erste Auktion gewonnen. Damit Sie schnellstmöglich zu Ihrer Ware gelangen und somit die Auktion abgewickelt wird, gehen Sie so vor:

Nehmen Sie unverzüglich Kontakt mit dem Verkäufer auf. Dies geschieht entweder automatisch über die Kaufabwicklung von eBay, sofern Sie diese nutzen. Am besten jedoch nehmen Sie direkt Kontakt per E-Mail auf. Fragen Sie noch einmal, wie er die Ware verschickt, welches Versandunternehmen er beauftragen wird oder ob Sie die Ware sofort bei ihm abholen können.

> **Espresso-Tipp!** Käufer und Verkäufer sollten innerhalb von drei Werktagen nach Auktionsende miteinander Kontakt aufnehmen und das weitere Vorgehen besprechen.

Nachdem Sie die Zahlungs- und Versandmodalitäten geklärt haben, leiten Sie kurzfristig die Bezahlung der Ware ein. Falls Sie per Vorkasse bezahlen, bitten Sie den Verkäufer, den Zahlungseingang per E-Mail zu bestätigen.

Teilen Sie dem Verkäufer noch einmal Ihre Lieferanschrift mit, besonders dann, wenn Sie den Artikel ins Büro geschickt haben wollen. Versendet der Verkäufer beispielsweise mit UPS, so können Sie die Ware, im Gegensatz zum Postversand, nicht an einer Lagerstätte (Postamt) abholen.

Ist die Ware bei Ihnen eingetroffen, prüfen Sie sie auf Beschädigungen und Korrektheit der Verkaufs-Beschreibung. Seien Sie hierbei fair und nehmen Sie die Artikelbeschreibung als Maßstab. Versuchen Sie nicht, Ihre Vorstellung, wie es hätte sein können, als Maßstab zu nehmen. Im Zweifelsfalle senden Sie dem Verkäufer eine E-Mail und versuchen, das Missverständnis zu klären.

Abschließend geben Sie Ihre Bewertung über den Verkäufer ab. Das eBay-Bewertungsforum ist für alle Mitglieder von großer Bedeutung. Ihre Bewertung des Verkäufers ist für andere Käufer eine wichtige Informationsquelle.

So kaufen Sie gut und günstig ein

4.5 Tipps für Käufer

Auktionen zu gewinnen ist keine Hexerei. Sie müssen nur das höchste Gebot abgeben. Dies ist sicherlich auch der teuerste Weg. Um einen möglichst geringen Preis zu bezahlen, sollten Sie einige Dinge beachten.

Der beste Zeitpunkt, ein Gebot abzugeben

Es gibt eigentlich nur einen sinnvollen Zeitpunkt, ein Gebot abzugeben: kurz vor Auktionsende.

Ich habe es bislang noch nicht verstanden, warum es Leute gibt, die bei einer Auktion, die 10 Tage läuft, ein Gebot schon 9 Tage vor Auktionsende abgeben und damit nur den Preis hochtreiben.

Ausnahme: Es gibt Händler, die eBay als Einkaufsquelle nutzen, um später die Waren entweder in ihrem Laden oder wieder bei eBay anzubieten. Diese Händler durchstöbern in großem Stil die Angebotsseiten. Bei interessanten Artikeln geben sie einfach direkt ihr maximales Gebot im Bietagenten ein und lassen die Auktion ohne weitere Kontrolle laufen.

Entweder Sie bekommen die Ware bis zu ihrem maximalen Gebot oder nicht. In diesem Falle geht es nicht darum, eine Ware unbedingt zu ersteigern, hier greift das Prinzip, Handelsware günstig einzukaufen. Diese Vorgehensweise unterliegt ganz klar und emotionslos kaufmännischen Prinzipien.

So entscheiden Sie eine Auktion für sich

Der wichtigste Moment einer Auktion sind die letzten 30 Sekunden vor dem Ende. Bei attraktiven Produkten schnellen die Gebote gerade in den letzten Sekunden massiv in die Höhe, da versucht einer, den anderen zu überbieten.

Um eine Auktion dann erfolgreich für sich zu entscheiden, bedarf es nicht nur einer Vorstellung des maximalen Preises, den Sie zu zahlen bereit sind, nein, es bedarf vor allem einiger kleiner legaler technischer Kniffe, um das letzte Wort zu haben.

5 Die eBay-Winner-Strategie

Sie können bei eBay mitbieten – und manchmal werden Sie auch Erfolg haben. Aber es gibt eine ziemlich sichere Strategie, wie Sie sehr oft bei eBay erfolgreich sein können – und die zeige ich Ihnen jetzt. In Zukunft habe ich es dann leider etwas schwerer gegen Sie ...

5.1 Vorbereitungen zum erfolgreichen Bieten

1. Schreiben Sie sich Ihren höchsten Preis, den Sie gewillt sind zu zahlen, auf ein Blatt Papier und legen Sie es neben Ihren PC.
2. Notieren Sie sich genau den Endtermin der betreffenden Auktion.
3. Legen Sie den Artikel unter *Artikel beobachten* ab.
4. Fahren Sie dann mindestens 10 Minuten vor Auktionsende den Rechner hoch und loggen sich unter Ihrem Mitgliedsnamen bei eBay ein.
5. Jetzt schauen Sie nach, ob die aktuelle Gebotshöhe noch immer in dem für Sie interessanten Bereich ist. Wenn ja, dann treffen Sie jetzt folgende Vorbereitungen:

   → Schauen Sie sich die bisherigen Gebotsabgaben an. Sind es immer dieselben Bieter, die sich gegenseitig fast zeitgleich überbieten? Dann läuft da bei jemandem ein Bietagent mit! Dies erkennen Sie leicht an der Bietfolge, wenn derselbe Mitgliedsname mehrmals direkt nacheinander erscheint (siehe Abbildung 5.1).

   → Wann wurde das letzte Gebot abgegeben? Gerade vor wenigen Minuten oder Sekunden, oder ist es schon eine Weile her? Ist schon seit längerer Zeit nichts mehr geschehen, kann es vielleicht ein ruhiger Abend werden und mit ein, zwei Klicks entscheiden Sie die Auktion für sich – falls das Angebot noch passt.

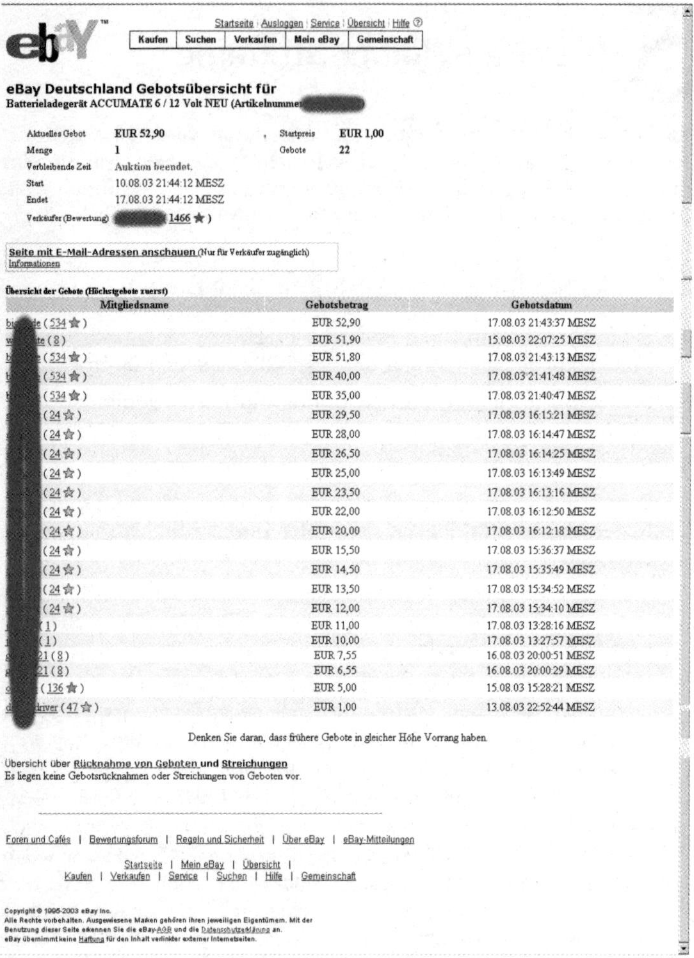

eBay Deutschland Gebotsübersicht für
Batterieladegerät ACCUMATE 6 / 12 Volt NEU (Artikelnummer

Aktuelles Gebot	EUR 52,90	Startpreis	EUR 1,00
Menge	1	Gebote	22
Verbleibende Zeit	Auktion beendet.		
Start	10.08.03 21:44:12 MESZ		
Endet	17.08.03 21:44:12 MESZ		
Verkäufer (Bewertung)	1466 ★)		

Seite mit E-Mail-Adressen anschauen (Nur für Verkäufer zugänglich)
Informationen

Übersicht der Gebote (Höchstgebot zuerst)

Mitgliedsname	Gebotsbetrag	Gebotsdatum
b___de (534 ★)	EUR 52,90	17.08.03 21:43:37 MESZ
w___te (8)	EUR 51,90	15.08.03 22:07:25 MESZ
b___ (534 ★)	EUR 51,80	17.08.03 21:43:13 MESZ
b___ (534 ★)	EUR 40,00	17.08.03 21:41:48 MESZ
b___ (534 ★)	EUR 35,00	17.08.03 21:40:47 MESZ
(24 ★)	EUR 29,50	17.08.03 16:15:21 MESZ
(24 ★)	EUR 28,00	17.08.03 16:14:47 MESZ
(24 ★)	EUR 26,50	17.08.03 16:14:25 MESZ
(24 ★)	EUR 25,00	17.08.03 16:13:49 MESZ
(24 ★)	EUR 23,50	17.08.03 16:13:16 MESZ
(24 ★)	EUR 22,00	17.08.03 16:12:50 MESZ
(24 ★)	EUR 20,00	17.08.03 16:12:18 MESZ
(24 ★)	EUR 15,50	17.08.03 15:36:37 MESZ
(24 ★)	EUR 14,50	17.08.03 15:35:49 MESZ
(24 ★)	EUR 13,50	17.08.03 15:34:52 MESZ
(24 ★)	EUR 12,00	17.08.03 15:34:10 MESZ
(1)	EUR 11,00	17.08.03 13:28:16 MESZ
(1)	EUR 10,00	17.08.03 13:27:57 MESZ
21 (8)	EUR 7,55	16.08.03 20:00:51 MESZ
21 (8)	EUR 6,55	16.08.03 20:00:29 MESZ
(136 ★)	EUR 5,00	15.08.03 15:28:21 MESZ
kriver (47 ★)	EUR 1,00	13.08.03 22:52:44 MESZ

Denken Sie daran, dass frühere Gebote in gleicher Höhe Vorrang haben.

Übersicht über **Rücknahme von Geboten** und **Streichungen**
Es liegen keine Gebotsrücknahmen oder Streichungen von Geboten vor.

Foren und Cafés | Bewertungsforum | Regeln und Sicherheit | Über eBay | eBay-Mitteilungen

Startseite | Mein eBay | Übersicht |
Kaufen | Verkaufen | Service | Suchen | Hilfe | Gemeinschaft

Copyright © 1995-2003 eBay Inc.
Alle Rechte vorbehalten. Ausgewiesene Marken gehören ihren jeweiligen Eigentümern. Mit der
Benutzung dieser Seite erkennen Sie die eBay-AGB und die Datenschutzerklärung an.
eBay übernimmt keine Haftung für den Inhalt verlinkter externer Internetseiten.

5.1 Die Hitliste der Bieter, 16 Minuten vor dem Ende ...

→ Sind die letzten Gebote gerade ein paar Minuten oder Sekunden alt, ist höchste Konzentration gefordert. Beobachten Sie jetzt genau eventuelle Bewegungen.

Garantiert Letzter und Bester sein

Jetzt treffen Sie die wichtigsten Vorkehrungen, damit Sie im wahrsten Sinne des Wortes das letzte Wort haben:

1. Öffnen Sie den Internetbrowser insgesamt dreimal – ja dreimal!
2. Wählen Sie in jedem Browser *www.eBay.de* an und loggen Sie sich unter Ihrem Mitgliedsnamen ein. Dies ist kein Problem bei eBay.
3. Öffnen Sie die Artikelseite der betreffenden Auktion in allen drei Fenstern.

Fenster A ist später Ihr Kontrollmonitor, um die Höhe des aktuellen Gebots sekundengenau zu erkennen. Aktualisieren Sie regelmäßig den Inhalt des Fensters A durch Klicken der Funktionstaste [F5].

In Fenster B öffnen Sie durch Klicken auf *Bieten* das Gebotseintrag-Menü. Geben Sie Ihr Gebot ein. Klicken Sie auf *Bieten*. Keine Bange, es passiert noch gar nichts! Jetzt öffnet eBay in Fenster B die Seite *Prüfen*. Bestätigen Sie Ihr Gebot.

Wenn Sie jetzt auf den Button *Gebot abgeben* klicken, ist Ihr Gebot bindend und geht in die Auktion ein. So verfahren Sie jedoch erst kurz vor Ende der Auktion – also Nerven bewahren!

Das Fenster C ist genau wie Fenster B eingerichtet, nur mit einem höheren Maximalgebot. Dies sollte der letzte Preis sein, der wirklich letzte Preis, den Sie bereit sind zu zahlen. Diesen Preis haben Sie sich, bevor Sie mit dem Bieten für den entsprechenden Artikel anfingen, auf ein Blatt Papier geschrieben. Schreiben Sie sich den Preis wirklich auf – es wird Ihnen eine Menge Geld sparen. eBay ist kein Glücksspiel, obwohl es wahrscheinlich genauso süchtig machen kann ...

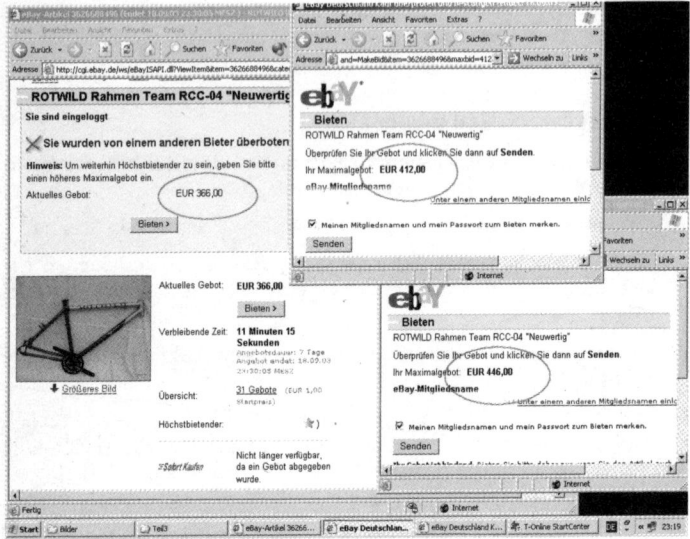

5.2 Mit drei Fenstern zum Auktionserfolg

Sobald Sie in Fenster B Ihr Gebot abgegeben haben, schalten Sie mit der Task-Tastenkombination [Alt] + [⇥] auf Fenster A um und drücken die Funktionstaste [F5], um den Fensterinhalt zu aktualisieren. Drücken Sie jetzt die [F5]-Taste fortlaufend im 3-Sekundentakt. Nur so behalten Sie den Überblick über die laufende Auktion. Sollte Ihnen jetzt noch jemand dazwischen kommen und Sie überbieten, schicken Sie 10 Sekunden vor Auktionsende Ihr Gebot in Fenster C ab. Dazu schalten Sie mit der Task-Taste in Fenster C und klicken auf *Senden*.

Warum soll ich bei mir wichtigen Auktionen mit dieser 3-Fenster-Technik arbeiten?

eBay-Webseiten sind nicht die schnellsten und der Aufbau der Seiten dauert im Zweifelsfalle immer zu lange. Deshalb bereiten Sie die notwendigen Schritte einer erfolgreichen Gebotsabgabe schon einmal in einzeln aufgebauten Fenstern vor. Fenster C ist dabei die Rückversicherung, falls die Höhe des Gebots im Fenster B nicht gereicht hat.

Die eBay-Winner-Strategie

Schalten Sie nach der erfolgreichen Gebotsabgabe mit der Task-Tastenumschaltung wieder sofort in Fenster A und drücken die F5-Taste.

Winner oder nicht – der Vergleich

Die Winner-Strategie wurde nur entwickelt, damit Sie Ihre Auktionen zum günstigsten Preis gewinnen. Spielen Sie das folgende Szenario einfach einmal vor Ihrem geistigen Auge vor. Sie werden erkennen, warum die Winner-Strategie ein wichtiger Schritt zum Erfolg ist:

→ Sie sind auf der Artikelseite der Auktion, damit Sie die Gebotsentwicklung sehen können.

→ Sie sitzen im Startloch – noch 60 Sekunden bis zum Auktionsende.

→ Jetzt klicken Sie auf *Bieten* – Sie haben ISDN – es dauert zwei, drei oder fünf Sekunden, und die Eingabemaske für die Gebotshöhe geht auf.

→ Sie geben Ihr Gebot ein und klicken auf *Bieten*. Jetzt lädt sich die *Prüfen- und Bestätigen*-Seite binnen weniger Sekunden, entweder mit der Zeile *Gebot abgeben* oder mit der Meldung *Problem mit der Gebotshöhe*. Hier hat zwischenzeitlich schon ein Konkurrent sein Gebot abgegeben und gleichzeitig Ihr potenzielles Gebot überboten.

→ Jetzt fängt eine hektische Tipperei an, falls Sie doch noch eins oben drauf setzen wollen. Jetzt können Sie nachladen und Ihr neues Gebot eingeben: es funktioniert! Ihr Gebot ist das zurzeit höchste, es sind nur noch wenige Sekunden bis zum Ablauf der Auktion.

→ Sie sind der zurzeit Meistbietende. Dies ist zwar schön, nutzt aber bis zum Ende der Auktion erst einmal nicht viel. Sie müssen den aktuellen Stand der Auktion vor Augen haben und reaktionsfähig bleiben.

→ Von der Seite der Gebotsabgabe aus sind Sie es nicht, da Sie den aktuellen Auktionsstand nicht vor Augen haben.

→ Sie müssten erst wieder den Artikel aufrufen – sehr umständlich, das dauert zu lange!

→ Im Klartext: Sie haben keine Chance, noch einmal in die Auktion einzugreifen und wissen über den wirklichen Verlauf der Auktion erst Bescheid, wenn es wahrscheinlich zu spät ist.

→ Daher benötigen Sie immer ein zweites Internet-Explorer-Fenster, um die Auktion in Echtzeit zu beobachten – unabhängig von Ihrer Gebotsabgabe.

→ Aber auch mit zwei Fenstern ist die Zeit knapp, um Korrekturen – sprich ein neues Gebot – abzugeben. Dies funktioniert nur perfekt mit drei Fenstern, da Sie sich bei geöffnetem dritten Fenster blitzschnell entscheiden können, ob Sie ein weiteres Gebot abgeben wollen. Dabei sollten Sie auch gut geübt mit dem Umschalten zwischen den Fenstern sein.

Espresso-Tipp! Einige Einkäufer arbeiten mit externen Bietagenten, so genannten *Snipern*, die vollautomatisch ein maximales Gebot sekundengenau vor Ablauf einer Auktion abgeben. Der Einsatz von Snipern führt zu einer Wettbewerbsverzerrung. Ein manueller Bieter hat in aller Regel keine Chance gegen einen Sniper, es sei denn, er hat ohnehin mehr geboten als das eingestellte Höchstgebot des Snipers.

Die fehlende Chancengleichheit rührt daher, dass ein automatischer Sniper das Gebot wenige Sekunden, in aller drei bis sechs Sekunden vor Ablauf, einträgt. Es bleibt kein Reaktionszeit, um ein Angebot manuell zu korrigieren. Der Einsatz solcher Sniper ist nach der eBay-Satzung verboten. Leider lässt sich der Einsatz schwer nachweisen. Wird einem Käufer der Einsatz eines solchen externen Bietagenten nachgewiesen, droht der Ausschluss aus der eBay-Gemeinde auf Lebenszeit. Zu dumm ist nur, das sich der Erwischte sofort wieder unter einem neuen Mitgliedsnamen anmelden kann.

5.2 Die richtige Gebotshöhe

Oft bestehen gefühlsmäßige Gebotsgrenzen, die nur geringfügig überboten werden müssen. Dann entscheiden 1 Euro oder 50 Cent darüber, ob eine Auktion erfolgreich abgeschlossen werden kann. Viele Bieter setzen sich gerade Summen als Maximalgebot, zum Beispiel EUR 260,00 für ein Objektiv einer *Leica-Kamera*. Bieten Sie jetzt EUR 260,50, dann sind Sie Sieger und haben dem Mitbieter für

50 Cent mehr das Schnäppchen vor der Nase weggeschnappt. Nutzen Sie die Unerfahrenheit vieler neuer Bieter aus und geben Sie im Bietagenten immer unkonventionelle Gebote ab.

Vermeiden Sie Schnapszahlen wie etwa EUR 111,11, das erledigen schon andere. Sie aber stellen Ihren Agenten auf EUR 112,60. Bedenken Sie dabei die unterschiedlichen Höhen der Gebotsschritte. Diese sind abhängig von der aktuellen Gebotshöhe.

Verkaufen bei eBay – Erste Schritte 73

6 Verkaufen bei eBay – Erste Schritte

Über eBay können Sie fast alles verkaufen, egal ob Sie die zu klein gewordenen Babysachen weitergeben wollen oder ob Sie Ihre Kameraausrüstung verkaufen möchten, weil Sie sich ein neues Modell zugelegt haben. Wenn Sie sich bereits angemeldet haben, sind alle Voraussetzungen vorhanden.

6.1 Und so geht's – Verkaufen Step-by-Step

Loggen Sie sich unter Ihrem eBay-Namen ein.

Klicken Sie in der oberen Menüleiste auf *Verkaufen*. Dann gelangen Sie auf die in der Abbildung dargestellten Seite.

Artikel verkaufen: Angebotsformat auswählen

Sie können Ihren Artikel als Auktionsartikel einstellen.
Bei Auktionen kann auf Ihren Artikel nur geboten werden. Bitte vergewissern Sie sich zuerst, ob Ihr Artikel für den Handel bei eBay zugelassen ist.

Für neue Verkäufer

- So verkaufen Sie
- Unsere Verkaufs-Richtlinien
- Mehr zum Thema Gebühren

Weiter >

Verkaufen zum Festpreis. Bestimmen Sie einen festen Preis für Ihre Artikel und verkaufen Sie direkt an den ersten Interessenten. Weitere Informationen.

Um Sofort-Kaufen-Artikel verkaufen zu können, müssen Verkäufer über ein Bewertungsprofil von über 10 verfügen oder ein geprüftes Mitglied sein.

Möchten Sie für Ihre Angebote einen Verkaufsagenten verwenden? Hier finden Sie Verkaufsagenten.

6.1 Wählen Sie das richtige Angebotsformat

Wählen Sie unter den Angebotsformaten aus:

→ *Auktion*: *Verkaufen zum Höchstpreis* oder

→ *Verkaufen zum Festpreis*

Espresso-Tipp! Als eBay-Novize steht Ihnen die Option *Verkaufen zum Festpreis* noch nicht zur Verfügung.

Um Artikel mit der Option *Verkaufen zum Festpreis* einstellen zu können, benötigt Ihr eBay-Konto mindestens 10 Bewertungspunkte oder aber Sie sind geprüftes Mitglied (mittels *PostIdent*-Verfahren). Diese Regelung gilt auch für die *Sofort-Kaufen-Option* bei Auktionen zum Höchstgebot.

Angebotsformular Seite 1: Kategorie auswählen

Wählen Sie zunächst die Hauptkategorie aus. Dann weisen Sie Ihrem Artikel die richtige Unterkategorie zu. Dies ist besonders wichtig, da hier Ihre potenziellen Kunden nach dem Artikel suchen werden (siehe Abbildung 6.2).

eBay bietet an, einen Artikel ggf. in zwei unterschiedlichen Kategorien einzustellen. Diese Option ist manchmal sinnvoll. Prüfen Sie genau, ob dies wirklich für Ihren Artikel notwendig ist. eBay verlangt selbstverständlich die doppelte Einstellgebühr nebst eventueller Zusatzverkaufsoptionen in ebenfalls doppelter Höhe. Seien Sie mit solchen oftmals von eBay schön geredeten *Verkaufs-Chancen-Erhöhen* extrem vorsichtig. Rasch schnellen die Kosten in die Höhe, und es ist letztendlich nur eBay, die sehr gut an Ihrem Verkauf verdienen (siehe Abbildung 6.3).

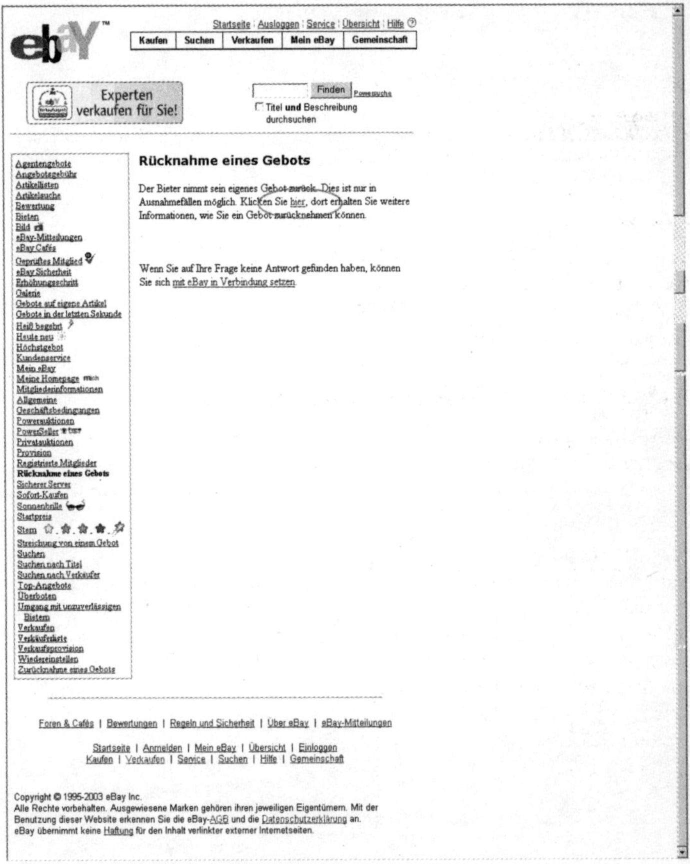

Verkaufen bei eBay – Erste Schritte

Rücknahme eines Gebots

Der Bieter nimmt sein eigenes Gebot zurück. Dies ist nur in Ausnahmefällen möglich. Klicken Sie hier, dort erhalten Sie weitere Informationen, wie Sie ein Gebot zurücknehmen können.

Wenn Sie auf Ihre Frage keine Antwort gefunden haben, können Sie sich mit eBay in Verbindung setzen.

6.2 Diese Hauptkategorien bietet Ihnen eBay

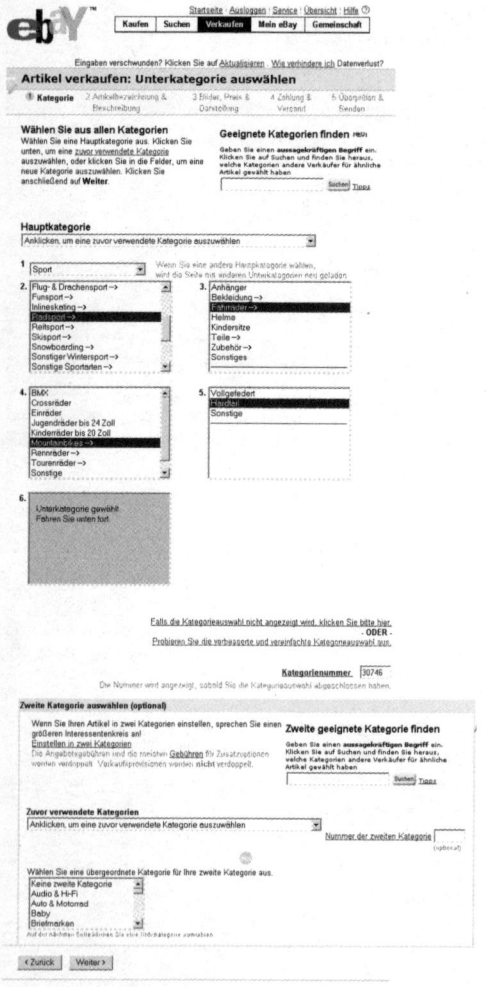

6.3 So sehen beispielsweise die Kategorien für den Verkauf eines Mountainbikes aus

Angebotsformular Seite 2:
Artikelbezeichnung & Beschreibung

Zunächst geben Sie in das Feld *Artikelbezeichnung* einen aussagekräftigen Titel ein. Das Feld *Artikelbezeichnung* ist die Überschrift, unter der Ihr Artikel erstrangig gesucht und aufgelistet wird. Diese Textzeile sieht Ihr Käufer und entscheidet darüber, ob er weitere Informationen über den Artikel wünscht und eventuell einen Biet- oder Kaufvorgang auslöst. Überlegen Sie daher genau, wie Sie mit den 45 zur Verfügung stehenden Zeichen Ihren Artikel optimal bezeichnen.

Hier an unserem Bespiel bieten wir ein hochwertiges Custom-Made-Mountainbike an. Das ist jetzt gar nicht so einfach, da die Marke *Chaka* weniger geläufig ist als beispielsweise *Cannondale*. Dennoch steht die Qualität und Ausstattung außer Frage. Um Interessenten für Mountainbikes für dieses Rad zu begeistern, sollte die Artikelbezeichnung clever gewählt sein. *Custom-Made* bedeutet, dass dieses Rad nicht von der Stange ist, sondern aus hochwertigen Einzelteilen individuell zusammengestellt worden ist. An diesen Rad befinden sich beispielsweise hochwertige Komponenten von *Shimano* aus der Profi-Reihe *XTR*, Komponenten vom Spezialisten *FSA* und Parts von *Cannondale*. Alle diese drei Begriffe stehen für Qualität und sich auch weniger bewanderten Mountainbikern ein Begriff. Oftmals werden diese Begriffe in die eBay-Suche eingegeben. Egal ob *XTR*, *FSA* oder *Cannondale* gesucht wird, dieser Artikel wird dann ebenso in der Ergebnisliste erscheinen wie bei der Eingabe der Begriffe *Chaka* oder *Mauna* (siehe Abbildung 6.4).

> **Espresso-Tipp!** Die Artikelbezeichnung ist von elementarer Bedeutung und entscheidet maßgeblich über einen erfolgreichen Verkauf. Hier immer nach Schlüsselwörtern suchen!

Beschreibung: Die Artikelbeschreibung ist ein Textfeld, in dem Sie Ihr Produkt mit einem Langtext beschreiben. Beschreiben Sie Ihre Ware äußerst präzise, um den Interessenten einen genauen Eindruck zu vermitteln. Versuchen Sie möglichst viele Fragen im Vorfeld zu beantworten, heben Sie die Vorteile hervor und vergessen Sie nicht, auf Mängel hinzuweisen.

Kapitel 6

	Startseite | Ausloggen | Service | Übersicht | Hilfe ⑦
	Kaufen | Suchen | **Verkaufen** | Mein eBay | Gemeinschaft

Eingaben verschwunden? Klicken Sie auf Aktualisieren. Wie verhindere ich Datenverlust?

Artikel verkaufen: Artikel beschreiben

| 1 Kategorie | 2 **Artikelbezeichnung & Beschreibung** | 3 Bilder, Preis & Darstellung | 4 Zahlung & Versand | 5 Überprüfen & Senden |

Artikelbezeichnung* ✱= Erforderlich

    CHAKA MAUNA top Ausst. XTR FSA Cannondale

Kein HTML, Sternchen oder Anführungszeichen. 45Maximal Zeichen.

Tipps zu Artikelbezeichnungen

Artikelbeschreibung

 Brauchen Sie Hilfe bei der Formatierung Ihrer Beschreibung?
Verwenden Sie unseren neuen kostenlosen HTML-Text-Editor

Beschreibung*   Entweder nur Text oder in HTML

```
CHAKA MAUNA - NP in dieser Ausstattung ca. EUR
2.800 !! - siehe dazu www.chaka.de !

das ultimative Trans-Alp-(Race)- Bike! keine
1.000 km gefahren - top Zustand, absolut
neuwertig

Dieses Rad habe ich den Winter/Frühjahr 2003
fachmännisch und mit viel Liebe im Detail
aufgebaut, es wurden nur erstklassige
Komponenten verwendet, deren Funktionalität
über jeden Zweifel erhaben sind.

RH = 50 cm, ideal für Personen zwischen 180 -
190 cm.

TOP Ausstattung und exklusive Verarbeitung!

Rahmen: Chaka Mauna     NP 598,00
Alu gebürstet mit Klarlack versiegelt - eine
```

Um die Schriftgröße zu ändern, neue Absätze oder Bilder hinzuzufügen verwenden Sie einfache HTML-Tags.

Leerzeile einfügen:
Geben Sie <p> ein, um einen neuen Abschnitt zu beginnen.

Auf der nächsten Seite können Sie Ihrem Artikel Bilder hinzufügen.

Vorschau der Beschreibung anzeigen

Hinweis: Wenn Sie zum ersten Mal verkaufen, werden Sie unter
Umständen auf der nächsten Seite gebeten, eine Datei herunterzuladen.
Mit Hilfe dieser Datei können Sie dann Ihren Artikeln Bilder hinzufügen.
Wenn Sie Probleme beim Laden der nächsten Seite haben, können Sie die
Methode für die Bilderauswahl ändern.

< Zurück   Weiter >

6.4 Geben Sie bekannte Schlüsselwörter ein

Verkaufen bei eBay – Erste Schritte

Seit kurzer Zeit bietet eBay einen integrierten HTML-Text-Editor an. HTML ist die Sprache, mit der Internetseiten aufgebaut werden. Keine Bange, Sie müssen jetzt nicht zum Web-Guru werden. Dieser Editor macht ohne HTML-Kenntnisse das Formatieren leichter: Fettdruck, Schrift aussuchen, Schriften vergrößern oder verkleinern, unterstreichen und so weiter geht dann ganz leicht von der Hand.

Klicken Sie auf *HTML-Text-Editor* und geben dann im Feld *Beschreibung* die genaue Beschreibung der Ware ein.

Bleiben Sie bei der Beschreibung immer bei der Wahrheit und verschweigen Sie Mängel nicht. Dies ist nicht nur ein Gebot der Ehrlichkeit. Gerade bei gebrauchten Gegenständen vermittelt die Beschreibung von eigentlich unwesentlichen Mängeln Pluspunkte beim Käufer. Es steigert Ihre Seriosität und somit das Vertrauen des Käufers.

Im Textfeld *Beschreibung* können Sie HTML-Befehle verwenden. Das erlaubt Ihnen, auch wenn Sie jetzt noch nicht über HTML-Kenntnisse verfügen, den Text optisch aufzupeppen, und weitere Fotos kostenfrei einzubinden.

Einfache Stilmittel, um den Text schöner und aussagekräftiger erscheinen zu lassen, sind

➔ Festlegen des Zeilenumbruchs,

➔ das Einfügen von Leerzeilen,

➔ Fettdruck,

➔ unterschiedliche Schriftgrößen und

➔ Änderung der Schriftfarbe.

Espresso-Tipp! In Teil 2 dieses Buches zeige ich Ihnen, wie Sie mit ein paar einfachen Befehlen Ihre Auktion noch professioneller gestalten und kostenlos beliebig viele Bilder einbinden können.

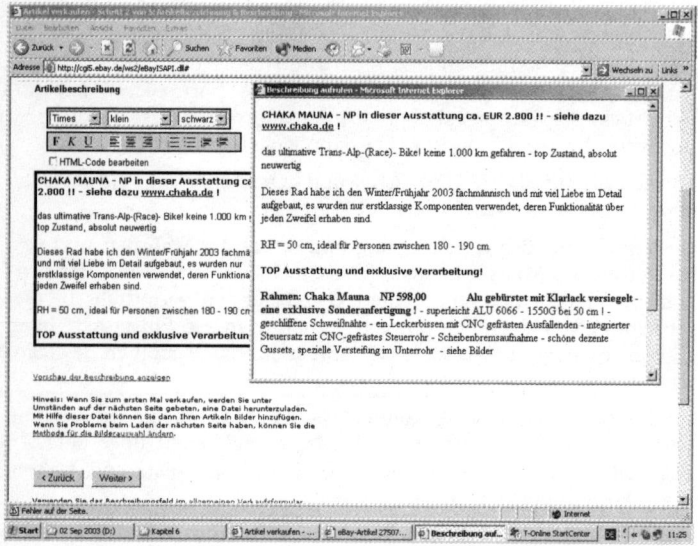

6.5 Die Beschreibung können Sie mit dem HTML-Text-Editor kinderleicht gestalten

Besonders interessant ist, dass Sie in die Beschreibung auch weitere Bilder integrieren können oder – noch besser – Links zu externen Bildern oder Websites legen können. Dies ist wirklich ein geldwerter Vorteil, denn erstens nimmt eBay für das Einstellen von Bildern Gebühren. Nur ein Bild gehört zum Grundpreis der jeweiligen Einstellgebühren.

Zweitens können Sie Ihre Ware in erheblich erweitertem Umfang präsentieren. Hierzu benötigen Sie nur etwas Webspace. Doch dazu später.

Falls Sie den HTML-Code bearbeiten wollen, etwa um Links zu anderen Webseiten einzubauen oder kostenlos weitere Bilder einzubinden, klicken Sie auf *HTML-Code bearbeiten*.

Verkaufen bei eBay – Erste Schritte

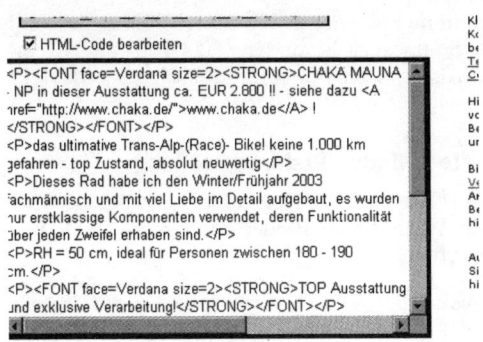

orschau der Beschreibung anzeigen

6.6 Eine Auktion mit HTML schöner zu gestalten ist gar nicht so schwer

Das Einbinden von Fotos erfolgt mittels eines einfachen HTML-Befehls. Schreiben Sie einfach z.B. am Ende Ihrer Artikelbeschreibung:

```
weitere Fotos <p>
```

(`<p>` ist ein HTML-Befehl, der einen Zeilenumbruch anweist und eine Leerzeile einfügt)

```
<img src="http://www.meinedomain.de/Bilder/Bild_1.jpg">
<p>
<img src="http://www.meinedomain.de/Bilder/Bild_2.jpg">
<p>
```

... und so weiter, je nachdem, wie viele Bilder Sie einbinden möchten. Beachten Sie hier, dass die Bilder für Internetseiten optimiert worden sind. Kein Mensch – und schon gar nicht der Käufer – verspürt Lust, sich einen Artikel anzusehen, wenn das Laden der Seite etliche Sekunden länger als üblich dauert.

Oftmals ist es sinnvoller, nur Links, also einen Verweis, in die Artikelbeschreibung einzubinden. Dies ist dann interessant, wenn Sie verhältnismäßig große Bilder (mehr als 60 KB) zeigen wollen, um den potentiellen Käufern ganz genaue Details zu präsentieren.

In diesem Falle geben Sie folgenden Code ein:

```
<a href=http://www.ihredomain.de/verzeichnis/datei.jpg>
```

HTML-Befehle stehen immer in eckigen Klammern! Achten Sie auf die genaue Schreibweise und auch besonders auf Groß- und Kleinschreibung von Dateinamen. Linux-Server unterscheiden da sehr genau.

Angebotsformular Seite 3: Bilder, Preis, Darstellung

In diesem Teil 3 des Angebotsformulars legen Sie die Auktionsdauer und den Startpreis der Auktion fest. Ferner können Sie *die Sofort-Kaufen-Option* beanspruchen.

> **Espresso-Tipp!** Der Sofort-Kaufen-Preis ist an gewisse Rahmenbedingungen geknüpft. Der Verkäufer muss so mindestens 10 Bewertungspunkte vorweisen oder alternativ ein geprüftes Mitglied sein. Gleiches gilt auch für Power-Auktionen, bei denen Sie direkt mehrere gleichartige Artikel in einer Auktion anbieten können.

Dauer der Auktion

Als Verkäufer haben Sie die Möglichkeit, die Dauer der Auktion auf 3 Tage, 5 Tage, 7 Tage oder 10 Tage einzustellen.

Achten Sie darauf, wann die Auktion zu Ende gehen soll.

Die besten Auktionszeiten:

→ Top: Auktionsende Montag bis Donnerstag zwischen 15:00 und 17:00 Uhr. Die meisten Leute sind während ihrer Arbeitszeit vom Büro aus bei eBay unterwegs.

→ Sehr gut: wochentags und besonders sonntags ab 22:00 Uhr. Jetzt sind Menschen unterwegs, denen das Fernsehprogramm zu langweilig ist.

→ Schlecht: sonntags vormittags – Familie, Sport und Ausschlafzeit.

→ Ganz schlecht: freitags abends, samstags vormittags und samstags abends – hier sind eher Unterhaltung und Real-World-Shopping angesagt.

Mit der eBay-Startzeitplanung können Sie gegen eine kleine Gebühr von EUR 0,10 den genauen Start der Auktion und damit das genaue Ende festlegen. Jetzt können Sie am Samstagmorgen die Auktion eingeben, diese dann erst kommenden Dienstag um 22:15 Uhr starten, die 10 Tage Laufzeit hat und somit über zwei Wochenenden geht.

Verkaufen bei eBay – Erste Schritte 83

Übernächsten Sonntagabend um 22:15 Uhr, zur eBay-Prime Time, wird diese Auktion enden.

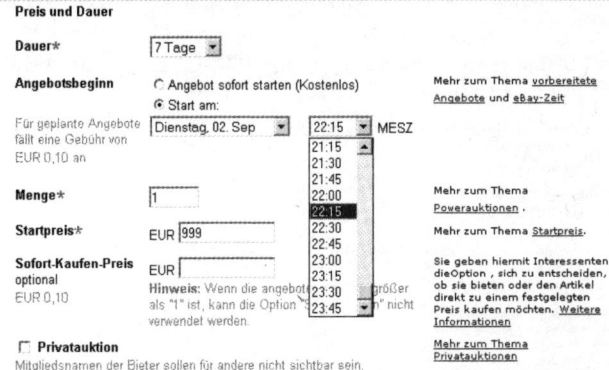

6.7 Der Startzeitpunkt lässt sich datumsgenau und fast minutengenau festlegen

Artikelstandort

Neben dem Artikelstandort können Sie zusätzlich noch eine Region auswählen. So erscheint Ihr Artikel nicht nur auf den üblichen Listen, sondern auch auf den Seiten der jeweiligen Region. Diese Angaben werden im Profil gespeichert und müssen dann bei weiteren Auktionseinstellungen nicht mehr eingetragen werden.

Das Eintragen eines Artikelstandorts ist dann sehr sinnvoll, wenn Sie wünschen, dass der Käufer den Artikel bei Ihnen abholen soll, oder wenn es sich um einen Artikel handelt, der für übliche Versandwege einfach zu sperrig oder dessen Versand sehr teuer ist. Ebenfalls eignet sich diese Option besonders bei wertvollen Produkten, die sich der potenzielle Käufer im Vorfeld des Auktionsendes bei Ihnen anschauen möchte.

Viele Käufer schauen sich grundsätzlich nur Auktionen mit Bildern an. Auktionen, die Bildmaterial enthalten, werden durch ein Bild-Icon in der Artikelliste angezeigt.

Dieses Icon zeigt allerdings nur an, ob ein Bild über den von eBay vorgesehenen Weg eingebunden worden ist. Hat der Verkäufer Bilder über HTML-Codes in die Beschreibung eingebunden, so ist dies für das Bild-Icon unerheblich.

Grundsätzlich haben Sie zwei Möglichkeiten, Bilder dem Artikel zuzufügen:

→ Das Einstellen eines Bildes über eine Bild-URL, also die Verlinkung mit einem Bild von einer anderen Webseite

→ Das Laden bis zu sechs Bildern über den eBay-Bilderservice, genannt *i-PIX*.

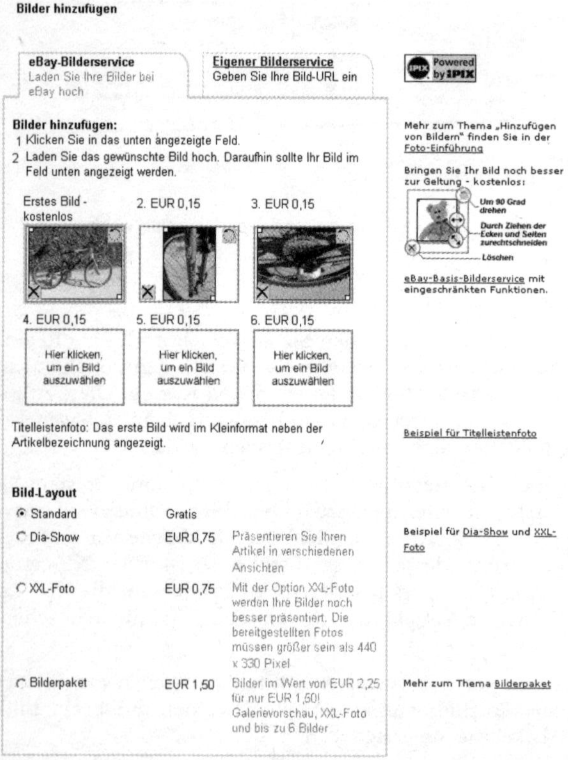

Bilder hinzufügen

eBay-Bilderservice Laden Sie Ihre Bilder bei eBay hoch	Eigener Bilderservice Geben Sie Ihre Bild-URL ein	Powered by iPIX

Bilder hinzufügen:
1 Klicken Sie in das unten angezeigte Feld.
2 Laden Sie das gewünschte Bild hoch. Daraufhin sollte Ihr Bild im Feld unten angezeigt werden.

Erstes Bild - kostenlos   2. EUR 0,15   3. EUR 0,15

4. EUR 0,15   5. EUR 0,15   6. EUR 0,15

| Hier klicken, um ein Bild auszuwählen | Hier klicken, um ein Bild auszuwählen | Hier klicken, um ein Bild auszuwählen |

Titelleistenfoto: Das erste Bild wird im Kleinformat neben der Artikelbezeichnung angezeigt.

Bild-Layout
- Standard — Gratis
- Dia-Show — EUR 0,75 — Präsentieren Sie Ihren Artikel in verschiedenen Ansichten
- XXL-Foto — EUR 0,75 — Mit der Option XXL-Foto werden Ihre Bilder noch besser präsentiert. Die bereitgestellten Fotos müssen größer sein als 440 x 330 Pixel
- Bilderpaket — EUR 1,50 — Bilder im Wert von EUR 2,25 für nur EUR 1,50! Galerievorschau, XXL-Foto und bis zu 6 Bilder

Mehr zum Thema „Hinzufügen von Bildern" finden Sie in der Foto-Einführung

Bringen Sie Ihr Bild noch besser zur Geltung - kostenlos:
- Um 90 Grad drehen
- Durch Ziehen der Ecken und Seiten zurechtschneiden
- Löschen

eBay-Basis-Bilderservice mit eingeschränkten Funktionen.

Beispiel für Titelleistenfoto

Beispiel für Dia-Show und XXL-Foto

Mehr zum Thema Bilderpaket

6.8 Bilder sind wichtig – viele Bilder sind teuer

Verkaufen bei eBay – Erste Schritte 85

Beide Varianten haben Vor- und Nachteile. Das Einstellen eines Bildes über eine Bild-URL hat den Vorteil, dass Sie das Bild recht groß halten können. eBay empfiehlt eine maximale Breite von 500 Pixel – mehr ist aber dennoch drin.

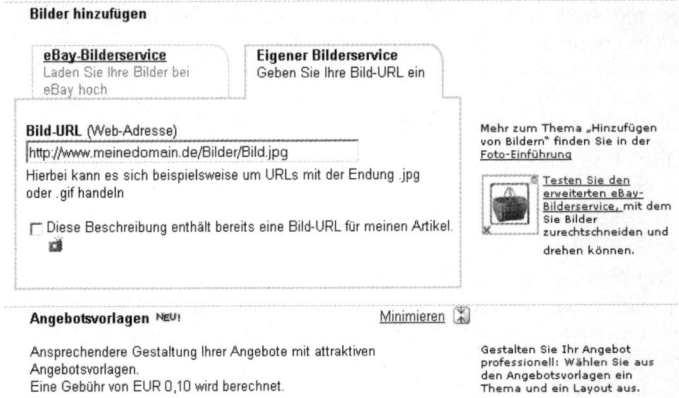

6.9 Mit dem eigenen Bilderservice spart man sich zumindest das XXL-Format

Achten Sie in jedem Falle darauf, dass das Bild fachmännisch angelegt wurde, d.h. seine Speicherplatzgröße und Qualität mit entsprechenden Tools optimiert worden ist. Da haben wir auch schon den Nachteil: Man muss etwas von der Materie verstehen und Webspace besitzen, in dem die Bilder ausgelagert werden können.

> **Espresso-Tipp!** Zum Thema *Webspace* schauen Sie bitte im Teil 2, *Tipps und Tricks* nach.

Der eBay-Bilderservice *i-PIX* hat den gravierenden Nachteil, dass Bildformate auf 400 x 300 Bildpunkte begrenzt werden. Der Vorteil ist jedoch: Es müssen zuvor keine Bilder ins Web geladen werden; Sie benötigen keinen weiteren Webspace. Die Bilder werden direkt von der heimischen Festplatte auf die eBay-Seite geladen.

Bis zu sechs Bilder lassen sich mit *i-PIX* auf die Artikelseite laden. Das erste Bild ist in der Auktionsgebühr inbegriffen, jedes weitere Bild schlägt mit EUR 0,15 zu Buche. Dies macht bei insgesamt sechs Bildchen schlanke EUR 0,75, bestehend aus einem Bild frei plus fünf mal EUR 0,15. Für weitere 0,75 Euro bietet eBay zurzeit die Vergrößerung der Bildchen in das so genannte XXL-Format an. Ein klein wenig sparen lässt sich, wenn Sie das Bilderpaket für insgesamt EUR 1,50 ordern, dann haben Sie EUR 0,75 gegenüber dem Einzelkauf gespart. Sie können dann sechs Bilder einbinden, haben dafür die durchaus interessante Galerievorschau und den XXL-Modus.

Diese Investition können Sie sich getrost sparen. Sie wissen jetzt, wie es geht und verlinken Ihre Bilder in wunderschöner (640 x 480-Pixel) Qualität vollkommen kostenfrei direkt aus der Artikelbeschreibung heraus.

eBay bietet eine ganze Reihe von Optionen, die Ihren Artikel in der Artikellistung deutlicher kenntlich gestalten sollen. Die folgenden Optionen, konsequent angewandt, machen eBay reicher und Sie ärmer.

Zusatzoption: Galeriebilder

Die Gebühren für das Aktivieren eines Galeriebildes belaufen sich zurzeit auf EUR 0,75 und stramme EUR 12,95 als zusätzliches Galeriebild im Bereich Top-Angebot, das ist ein reservierter Bereich immer ganz zu Anfang einer Artikelliste.

Ob sich die Investition lohnt, hängt immer ganz konkret vom Produkt ab. Ich empfehle hier äußerste Zurückhaltung.

Ich habe bislang keine elementaren Unterschiede im Verkaufserfolg während meiner Auktionen feststellen können. Echte Schnäppchenjäger und Interessenten suchen in aller Regel sehr gezielt, lesen sich die Artikelzeile genau durch und entscheiden dann, ob sie sich weiterführend für eine Auktion interessieren.

Weitere Zusatzoptionen

Neben dem Galeriebild bietet eBay zurzeit noch weitere Optionen, die Anzeige mit Sondereffekten auffälliger erscheinen zu lassen:

→ Fettschrift
→ Highlight

Verkaufen bei eBay – Erste Schritte

→ Top-Angebot in Kategorie und Suchen

→ Top-Angebot auf der Startseite

Die Gebühren variieren zurzeit von EUR 1,00 für Fettschrift bis EUR 79,95 für das Top-Angebot auf der Startseite.

Diese Optionen sind meines Erachtens und meinen Erfahrungen nach reine Geldverschwendung.

Besucherzähler kostenlos, nicht unproblematisch

Sie können Ihren Angeboten einen Besucherzähler hinzufügen. Der Zähler zählt die Zugriffe auf Ihren Artikel. Dabei wird jede Zugangs-ID nur einmal gezählt. Sie können also nicht den Zähler durch mehrfache Besuche von einem Internetzugang aus in die Höhe treiben.

Der Zähler ist eine zweischneidige Angelegenheit. Ein echter Nutzen für den Verkäufer ist es, die Attraktivität seines Angebots zu überprüfen. Wenn beispielsweise gegen Ende der Auktion 978 Besucher auf Ihrer Seite waren und bislang kein Gebot abgegeben wurde, stimmt was mit Ihrem Angebot nicht: Offensichtlich ist ein großes Interesse an der Ware vorhanden, es bietet nur niemand – vielleicht ist Ihre Preisvorstellung zu hoch oder die Beschreibung unvorteilhaft ...

Angebotsformular 4: Zahlung & Versand

eBay ist zwischenzeitlich zu einem echten professionellen Marktplatz gewachsen. Ebenso professionell gestalten sich die Zahlungsmöglichkeiten.

Die gebräuchlichsten Zahlungsmethoden sind:

→ Überweisung

→ Nachnahme

→ Treuhandservice

→ Bezahlung bei Abholung

→ Verrechnungsscheck

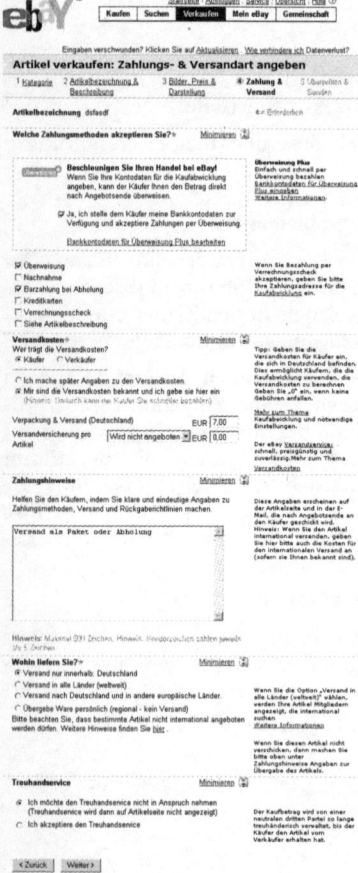

6.10 Welche Zahlungsform hätten Sie gern?

Lieferung nach Zahlung per Vorkasse (Überweisung oder Scheck):

Dies ist eine Besonderheit an eBay. Zahlung per Vorkasse gehört zu den selbstverständlichen Gepflogenheiten. Ausnahmen bestätigen wie immer die Regel.

Verkaufen bei eBay – Erste Schritte

Geben Sie bei eBay einfach Ihre Kontodaten an und aktivieren Sie die Option unten, sodass nach Auktionsende der Käufer automatisch von eBay Ihre Kontodaten mitgeteilt bekommt. Auf diese Weise sparen Sie sich noch zeitintensive Korrespondenz und dem Käufer ist sofort bekannt, auf welches Konto er den Auktionsbetrag und die Versandkosten überweisen soll.

Diese Daten brauchen Sie nur einmal bei eBay einzugeben. Bei jeder Auktion, die Sie unter Ihrem Mitgliedsnamen abschließen, sind diese Daten sofort vorhanden und werden dem Käufer automatisch von eBay aus mitgeteilt.

Lieferung gegen Nachnahme

Die Post und andere Paket-und Versanddienstleister bieten Versand mit Nachnahme an. Bei der Übergabe der Ware an den Kunden wird sofort in bar kassiert. Der Betrag wird dann auf das Konto des Verkäufers überwiesen.

Vermeiden Sie den Versand per Nachnahme!

Im Prinzip ist Nachnahme eine feine Sache, die jedoch folgende Haken hat:

→ Nachnahme ist mit zusätzlichen Gebühren verbunden, die in diesem Falle in aller Regel der Käufer trägt.

→ Nachnahme ist mit zusätzlichem Papierkram verbunden, es ist Ihre Zeit, die dabei drauf geht.

→ Bis das Geld auf Ihrem Konto ist, vergehen unter Umständen bis zu drei Wochen, gerechnet ab der Aufgabe der Sendung. Dies ist sehr lang!

→ Der Super-Gau bei Nachnahme: Der Käufer nimmt das Paket nicht an. Jetzt gibt es nicht nur kein Geld, nein, jetzt geht das Paket auch noch an Sie zurück, und Sie tragen zusätzlich die Rücksendekosten. Also doppelter Schaden. Was dann? Um es direkt vorweg zu sagen: Recht haben und Recht bekommen sind bekanntlich zweierlei – die Forderung ist faktisch verloren und uneinbringbar – oder wollen Sie wegen dreier Videokassetten für EUR 25,00 einen Prozess quer durch die Republik anzetteln?

Es ist durchaus verständlich, dass der Käufer eine Minimalsicherheit haben will. Lässt er sich nicht davon überzeugen, dass er Ihnen wirklich vertrauensvoll sein Geld schicken darf, machen Sie ihm folgenden Vorschlag: Er überweist vorab die Versandkosten und zahlt dann die Ware per Nachnahme bei Übergabe.

Treuhandservice Safetrade (iloxx)

eBay arbeitet zusammen mit dem Dienstleister *iloxx* und bietet einen Treuhandservice an. Beim Treuhandservice wird die Zahlungsabwicklung durch *iloxx* überwacht.

Das Procedere folgt diesem Schema:

→ Schritt 1:

   Der Käufer überweist das Geld an *iloxx*.

→ Schritt 2:

   iloxx meldet dem Verkäufer den Geldeingang.

→ Schritt 3:

   Der Verkäufer versendet die Ware an den Käufer.

→ Schritt 4:

   Der Käufer meldet *iloxx* den ordnungsgemäßen Empfang der Ware.

→ Schritt 5:

   iloxx überweist das Geld an den Verkäufer.

Folgende Vorteile hat der Käufer:

→ Sichere Verwahrung des gezahlten Kaufbetrages auf einem Treuhand-Konto von *iloxx*, bis die Ware ordnungsgemäß empfangen wurde.

→ Schutz vor Betrug in Form von Nicht- oder vorsätzlicher Falsch-Lieferung.

→ Möglichkeit der Warenprüfung auf Mängel und Echtheit vor Auszahlung des Geldes an den Verkäufer durch *iloxx*.

→ Bei Mängeln oder Nichtlieferung wird der Kaufbetrag durch *iloxx* an den Käufer zurücküberwiesen.

Vorteile für den Verkäufer:

→ Sicherung des Zahlungseingangs: Überweisung des Kaufbetrages vor dem Versenden der Ware auf ein sicheres Treuhand-Konto von *iloxx*.

- Schutz vor Betrug, fehlender Konto-Deckung oder Kreditkarten-Rückbelastung.
- Bei fehlendem Zahlungseingang kein Risiko durch vorzeitigen Warenversand.
- Steigerung der eigenen Vertrauenswürdigkeit und damit Erhöhung der Verkaufschancen.

Nachteil: Es fallen weitere Kosten an. Die Kosten für die Nutzung des Treuhandservice teilen sich in aller Regel Käufer und Verkäufer. Sie liegen in aller Regel zwischen 1% und 2%.

Nähere Informationen und eine genaue Kostenaufstellung finden Sie auf der Internetseite:

http://www.iloxx.de/eBay/spreischeck.asp

Wohin Sie liefern: Deutschland – Europa – Weltweit

Grundsätzlich können Sie hier dem Käufer signalisieren:

- Versand nur innerhalb Deutschlands
- Versand in alle Länder (Weltweit)
- Versand innerhalb Deutschlands und in andere europäische Länder
- Kein Versand – Übergebe Ware persönlich

Letzter Punkt ist besonders bei großen, sperrigen oder schweren Gegenständen z.B. Fahrzeugen, Kühlschränken, Möbeln u.a. unumgänglich. Die persönliche Übergabe der Ware wird nach meinen Erfahrungen gerne angenommen.

Angebotsformular Seite 5: Überprüfen & Senden

Zum Abschluss der Artikeleinstellung überprüft eBay automatisch, ob Sie alle Konventionen beachtet haben. Hier sehen Sie alle Auktionsdaten zusammengefasst und entscheiden so, ob die Auktion in allen Einzelheiten Ihren Vorstellungen entspricht (siehe Abbildung 6.11).

Hier sehen Sie eine Gebührenübersicht für diese Auktion und erfahren jetzt auch, was der ganze Spaß kostet.

Korrekturen können Sie noch leicht vornehmen, indem Sie einfach auf die entsprechende Eingabeseite zurückklicken.

6.11 Zum Abschluss noch einmal der Überblick über Ihre Auktion

Sind Sie mit Ihrem Auktionsangebot rundum zufrieden, klicken Sie auf *Senden*, und die Auktion steht wenige Minuten später öffentlich im Netz. Gefunden wird diese Auktion nach etwa 10 bis 20 Minuten

Verkaufen bei eBay – Erste Schritte

(evtl. auch länger), weil eBay die Suchlisten nicht permanent aktualisiert.

6.12 Hier stimmt alles: Artikelbezeichnung, Beschreibung und Fotos

6.2 Und das unternehmen Sie nach Angebotsende

Nehmen Sie unverzüglich Kontakt mit dem Käufer auf. Dies geschieht entweder automatisch über die Kaufabwicklung von eBay, sofern Sie diese nutzen. Am besten jedoch nehmen Sie direkt Kontakt zu Ihrem Kunden per E-Mail auf. Dies ist einfach persönlicher. Ein paar nette Worte haben noch keinen Kunden verschreckt.

Käufer und Verkäufer sollten innerhalb von drei Werktagen nach Auktionsende miteinander Kontakt aufnehmen und das weitere Vorgehen besprechen.

Nachdem Sie die Zahlungsmodalitäten geklärt haben, bzw. das Geld eingetroffen ist, versenden Sie den Artikel unverzüglich an den Kunden. Achten Sie darauf, dass Sie den Artikel sehr sorgfältig verpacken. So lassen sich Transportschäden und daraus resultierende Probleme für Sie und den Käufer im Vorfeld vermeiden.

Kontakten Sie den Käufer einige Tage nach dem Versand des Artikels und fragen Sie ihn, ob alles eingetroffen ist und ob er mit Abwicklung und Ware zufrieden ist. Zufriedene Käufer kaufen gerne wieder bei aufmerksamen Verkäufern ...

Abschließend geben Sie Ihre Bewertung über den Käufer ab. Das eBay-Bewertungsforum ist für alle Mitglieder von großer Bedeutung. Ihre Bewertung des Käufers ist für andere Verkäufer eine wichtige Informationsquelle.

6.3 Das sollten Verkäufer grundsätzlich beachten

In deutlich höherem Maße als Käufer unterliegen Verkäufer gewissen Spielregeln, die für einen reibungslosen Ablauf von Auktionsabwicklungen wichtig sind. Verkäufer sind im weitaus stärkerem Maße von Bewertungen abhängig. Achten Sie als Verkäufer deshalb penibel auf eine stets freundliche, zügige und korrekte Abwicklung Ihrer Auktionen.

Welche Gebühren darf ich an den Käufer weiterreichen?

Bis vor kurzer Zeit war es eine Unsitte, die Auktionsgebühren auf den Käufer abzuwälzen. Da dies Überhand genommen hat und sich immer mehr Käufer darüber bei eBay beschwert haben, hat eBay dem jetzt einen Riegel vorgeschoben.

Dem Käufer dürfen bis auf die Versandkosten keine weiteren Gebühren in Rechnung gestellt werden.

Die Angebotsgebühren, und zwar sowohl die Einstellgebühren wie die Abschlussgebühren, die bei einer erfolgreichen Auktion anfallen, trägt ausschließlich der Verkäufer.

Vorsicht mit den eBay-Zusatzoptionen: Gebührenfallen!

Seien Sie sparsam mit kostenpflichtigen Zusatzoptionen. Stellen Sie sich kritisch die Frage:

- Wird dadurch mein Produkt besser verkauft?
- Erziele ich wirklich einen höheren Preis?
- Ist dieser Aufwand nötig, damit mein Produkt gekauft wird?

Waren oder Dienstleistungen, die bei eBay verboten sind

Artikel, deren Angebot gegen rechtliche Vorschriften, die guten Sitten oder die eBay-Policies verstößt, dürfen nicht auf dem eBay-Marktplatz angeboten werden.

Verboten sind unter anderen:

- Tabakwaren wie Zigaretten oder Zigarren
- Aktien, Obligationen, Wertpapiere und entsprechende Urkunden
- Körperteile und sterbliche Überreste von Menschen
- Drogen, Betäubungsmittel und bewusstseinsverändernde Stoffe
- Chemikalien und andere gesundheitsgefährdende Stoffe
- Medikamente und andere medizinische Produkte
- Kataloge, Informationen, Internetadressen (URLs), Bezugsquellen
- Artikel rund um den Nationalsozialismus in Deutschland
- Tiere und Tierprodukte
- Behördliche Ausweise und Lizenzen
- Decodier- und Entschlüsselungswerkzeuge sowie -materialien

- → Abhörgeräte
- → Jugendgefährdende Schriften
- → Medien pornographischen Inhaltes und Sexartikel
- → Waffen und Waffenzubehör
- → Grundstücke und grundstücksgleiche Rechte

Espresso-Tipp! Genaue Informationen erhalten Sie unter:
http://pages.eBay.de/ help/community/png-items.html

eBay kontrolliert Auktionen sehr sorgfältig. Auffällige Auktionen werden direkt aus den Artikel- und Suchlisten gelöscht und vorzeitig beendet.

7 Was Sie als eBay-Profi wissen sollten

Jetzt haben Sie die ersten Schritte bei der Nutzung von eBay hinter sich, und möchten nun supergünstig bei eBay kaufen und andererseits dort zum höchstmöglichen Preisen verkaufen – dies ist nicht unmöglich, meistens geht später das eine mit dem anderen einher.

Folgende Dinge sind für Profis wichtig bzw. sinnvoll:

→ Digitalkamera: Gute, scharfe, richtig belichtete, aussagekräftige Fotos der Ware sind unabdingbar für eine erfolgreiche Auktion.

→ Webspace: Um preisgünstig Bilder in Auktionen einzubinden, benötigen Sie etwas *Webspace*, also Speicherplatz auf einem Webserver. Dazu reicht ein kostenfreier Anbieter.

7.1 Die richtige Digitalkamera

Wenn Sie auf Dauer erfolgreich verkaufen möchten, benötigen Sie eine Digitalkamera. Grundsätzlich eignet sich auch ein Flachbettscanner, wenn Sie Papierabzüge von Ihrer Ware haben. Digitalbilder sind jedoch für eBay äußerst praktisch. Vielleicht finden Sie ja auch dort eine günstige Digitalkamera ...

Das sollte eine gute Digitalkamera bieten:

→ Gutes, lichtstarkes Objektiv mit großem optischen Zoomumfang

→ Gute Makrofunktion

→ Guter Weißabgleich oder manuelle Einstellmöglichkeit des Weißabgleichs

Die Kamera sollte gut in der Hand liegen (die Winzlinge tun es ja alle nicht), damit die Nahaufnahmen nicht alle »verwackeln«. Achten Sie auf ein Stativgewinde.

Eine Auflösung mit X-Millionen Pixel ist für diesen Zweck unwesentlich. Auflösungen mit mehr als 640 x 480 Pixel werden für Abbildungen im Internet ohnehin selten benötigt, ganz im Gegenteil, eBay rechnet diese Bilder bei der Verwendung des eBay-Bilderservice, genannt *i-PIX*, ohnehin auf eine Auflösung von 400 x 300 Pixel herunter.

Gute Fotos, richtig belichtet und scharf fokussiert, auf denen klar und deutlich zu erkennen ist, worum es geht, sind das A und O einer erfolgreichen Auktion. Im Kapitel *Digitale Fotopraxis für eBay-er* werde ich Ihnen zeigen, wie Sie mit Bordmitteln professionell anmutende Fotos Ihrer Artikel anfertigen und diese optimal bei eBay präsentieren. Anhand von real existierenden Auktionen zeige ich Ihnen den geldwerten Unterschied zwischen »Kamera draufgehalten und schnell ein paar Zeilen getippt« bzw. positiv anmutenden Fotos und einer verkaufsfördernden Artikelbeschreibung und. Der geldwerte Vorteil liegt dabei, abhängig vom Produkt, jeweils bei einigen Hundert Euro, respektive 35% - 40% Mehrerlös für ein- und denselben Artikel.

7.2 Webspace – der verlängerte Arm Ihrer Auktionen

Webspace ist »Festplatten-Speicher« im Web, Speicherplatz, den Sie auf fremden Servern zur Verfügung gestellt bekommen. Speicherplatz erhalten Sie automatisch bei *T-Online*, *AOL* und *CompuServe*, sobald Sie sich angemeldet haben. Kostenlos erhalten Sie Speicherplatz bei einigen Free-Webspace-Anbietern, die sich über Werbung etc. finanzieren. Beliebte Anbieter von kostenpflichtigem Webspace sind *Strato* oder *1&1*. Hier mieten Sie in aller Regel zwischen 30 und 200 MB Festplattenspeicher.

Sie benötigen den Webspace in aller Regel, um Ihre Homepage im Web präsent zu halten. Genauso können Sie Teile des Webspace zur Bereitstellung von Bildern, zum Beispiel für eBay, nutzen.

Um Ihre Daten schnell und einfach auf einen externen Webserver zu kopieren, benötigen Sie ein so genanntes FTP-Tool. Ein sehr gutes und preiswertes Tool ist der *FTP-Pilot* vom Franzis' Verlag. Mit dem FTP-Pilot organisieren und pflegen Sie den externen Festplattenspeicher, den Sie bei Ihrem Webhosting-Unternehmen angemietet haben.

Legen Sie innerhalb der Artikelbeschreibungen fleißig Links zu Ihrem Webshop, zu Ihrer Homepage und zu Ihren Bildern, die Sie ausgelagert haben, an. Es kostet Sie nichts, bringt aber in aller Regel ein fettes Plus beim Umsatz!

Was Sie als eBay-Profi wissen sollten

Hier öffnet eBay halbherzig eine Türe. Einerseits erlaubt eBay das erweiterte Präsentieren der Ware via Links, andererseits verbietet es in seinen Auktionsbedingungen, dass der Verkäufer Bieter auf andere Angebotsseiten lockt.

Nichts ist ja hier leichter, als den Kunden direkt in den eigenen Webstore zu leiten, in dem er ohne eBay einkaufen kann. Dies ist bei eBay natürlich nicht gerne gesehen, aber mit ein wesentlicher Grund, weshalb Händler bei eBay einsteigen. Ich stolpere täglich über solche Seiten, auch echte Dauerbrenner mit Langzeiteffekt sind dabei.

eBay scheint da nicht so genau hinsehen zu wollen. Die Gründe sind wahrscheinlich ganz pragmatischer Art:

→ Es scheint für eBay sehr aufwändig, jeden Link in einer Produktbeschreibung zu verfolgen und abzuwägen, ob der Verkäufer mit seinem Link das Produkt näher beschreibt, was ja erlaubt ist, oder ob der Verkäufer unter Umständen mit dem gelegten Link noch Werbung für weitere Produkte macht – dies widerspricht den eBay-Regeln.

→ Viele gewerbliche Anbieter nutzen und benutzen eBay gezielt als Marketingplattform. Wird diese Türe zugeschlagen, sind diese Anbieter weg.

Wenn Sie einen Shop im Internet betreiben, ist es ja weniger die Kunst, den Shop einzurichten: Das Problem liegt wohl mehr im Werbe- und Marketingbereich und wirft die Frage auf: »Wie findet ein Kunde in meinen virtuellen Laden?

Mit Marketing und Kundenpflege steht und fällt das Webbusiness. eBay ist eine gute Möglichkeit, gezielt Kunden anzusprechen. Falls eBay diese Türe durch massive Kontrollen schließen würde, würden diese Händler aufhören, entsprechend dort Waren einzustellen und sich neue Vertriebswege suchen. Denn eBay ist im Prinzip, bedingt durch die Gebührenstruktur, mit Kosten verbunden – doch auch der Erfolg und die Akzeptanz von eBay hängen direkt mit einem großen Warenangebot respektive vielen Anbietern und Händlern zusammen. Also wird scheinbar die Verlinkung und Weiterleitung zu weiteren Angeboten, faktisch zu Webshops, offiziell von eBay geächtet und dennoch stillschweigend geduldet.

7.3 Power-Auktionen – so verkaufen Profis effektiv

Als (potenzieller) Händler verfügen Sie in aller Regel über mehrere identische Artikel. Warum diese nicht auf einen Schlag in einer Auktion anbieten? eBay bietet für diese Fälle eine Lösung: die *Power-Auktion*. In einer Auktion können Sie als Verkäufer beliebig viele identische Artikel anbieten.

Bei einer Power-Auktion bezahlen alle Käufer bzw. Gewinner der Auktionen denselben Preis, im Falle einer Auktion zum Mitbieten den Betrag des niedrigsten erfolgreichen Gebots. Das bedeutet bei 20 zu ersteigernden Produkten das 20. Gebot in der Staffel.

Power-Auktion für Heimwerker – ein Beispiel

Wie sich die Power-Auktion für Anbieter tatsächlich darstellt, verdeutlicht folgendes Beispiel:

→ Sie bieten 30 Stück Bohrmaschinen an.

→ Das Startgebot haben Sie mit EUR 49,00 festgelegt.

Im Laufe der fünftägigen Auktion gehen 86 Gebote ein:

→ das höchste Gebot beträgt EUR 110,00,

→ das niedrigste Gebot EUR 49,00,

→ das Gebot auf Platz 30 beträgt EUR 67,00.

Sie haben 30-mal dasselbe Modell Bohrmaschine angeboten. Diese Bohrmaschinen verkaufen Sie nun an die 30 höchsten Bieter. Für den Preis ausschlaggebend ist das Gebot des 30sten Bieters. Dieser hat EUR 67,00 geboten. Somit erhalten alle anderen Bieter diesen Artikel zum Preis von EUR 67,00, unabhängig davon, ob sie einen höheren Betrag geboten haben.

Wie Sie schnell erkennen, bietet die Power-Auktion Chancen und Gefahren.

Die Chancen sind:

→ Schneller Verkauf von mehreren, gleichen Artikeln.

→ Kosten sparen durch einmalige Einstellgebühr.

→ Geringer Aufwand, mehrere gleiche Produkte in eine Auktion einzustellen.

Was Sie als eBay-Profi wissen sollten

Die Gefahren sind:

→ Sie erzielen einen geringeren Umsatz, weil der Power-Auktions-Verkaufspreis geringer ausfallen kann als der durchschnittliche Umsatz der Auktionspreise bei Einzelauktionen.

→ Sie animieren viele so genannte Spaßbieter zum Mitmachen, die am Ende das ersteigerte Produkt gar nicht haben wollen. Das Durchsetzen Ihres Rechts – der Abschluss der Auktion entspricht einem Kaufvertrag – ist dabei lästig und rechnet sich in aller Regel nicht (dies ist ein reiner Erfahrungswert).

Power-Auktionen unterliegen bei eBay bestimmten Sonderregeln. So müssen Sie als eBay-Mitglied bestimmte Voraussetzungen mitbringen:

→ Als Verkäufer müssen Sie über ein Bewertungsprofil von mindestens 20 Punkten verfügen und seit mindestens 14 Tagen eBay-Mitglied sein.

→ Alternativ müssen Sie ein *Geprüftes Mitglied* sein.

So richten Sie eine Power-Auktion ein:

→ Schritt 1: Beginnen Sie in gewohnter Weise, genau so, als ob Sie eine gewöhnliche Auktion einstellen wollen.

→ Schritt 2: *Auktion: Verkaufen zum Höchstgebot* auswählen

→ Schritt 3 Kategorie auswählen

→ Schritt 4: Artikelbezeichnung & Beschreibung erarbeiten

→ Schritt 5: Bilder, Preis & Darstellung ergänzen

→ Hier liegt der einzige Unterschied zu einer »gewöhnlichen« Auktion. Setzen Sie einfach die Menge auf die Anzahl der identischen Artikel, die Sie jetzt anbieten möchten.

→ Schritt 6: Zahlung & Versand ausfüllen

→ Schritt 7: Überprüfen & Senden wählen

Gebühren sparen mit Power-Auktionen

Mit Power-Auktionen verkaufen Sie nicht nur mehrere identische Produkte in einer Auktion, Sie können auch gegenüber mehreren einzelnen Auktionen Einstellgebühren sparen. Der Grund: eBay berechnet bei einer Power-Auktion die Einstellgebühren in anderer Weise. Für eBay zählt die Summe aus Anzahl und Startgebot, dies ist besonders bei Artikeln mit geringem Wert interessant.

Videofilme im Angebot – Gebühren sparen

Sie bieten 30-mal einen Videofilm an, den Sie aus einer Lagerauflösung erstanden haben. Startgebot: EUR 3,00.

Bieten Sie diesen Artikel 30-mal auf gewöhnliche Weise in 30 Auktionen an, so würde Ihnen eBay an Einstellgebühren zurzeit EUR 0,40 x 30, also EUR 12,00 berechnen.

Bei einer Power-Auktion berechnet eBay:

→ Startgebot EUR 3,00 x 30, entspricht EUR 90,00 Verkaufswert.

→ Die Einstellgebühren für einen EUR 90,00-Artikel betragen momentan EUR 1,20. Sie sehen, alleine an den Einstellgebühren haben Sie EUR 10,80 gespart.

Die Gebühren für Zusatzoptionen werden bei Power-Auktionen nur einmal berechnet. Hier lohnt es sich jetzt auch, über eine gezielte Nutzung nachzudenken, denn umgelegt auf die Anzahl der zum Verkauf stehenden Artikel fallen die Zusatzoptionen kaum oder nur geringfügig ins Gewicht.

Nutzen Sie bei Power-Auktionen gezielt Zusatzoptionen. Besonders sinnvoll sind hier Galeriebild und Fettdruck. So wird Ihre Anzeige gut sichtbar.

Eigentlich selbstredend ist, dass eBay bei den Verkaufsprovisionen ohne Sonderregel zuschlägt. Hier bezahlen Sie an eBay die üblichen Provisionen, genau in derselben Höhe, als ob Sie 30 einzelne Auktionen erfolgreich gefahren hätten. Natürlich bezahlen Sie nur für die wirklich verkauften Artikel. Haben Sie 18 von den 30 angebotenen Artikeln verkaufen können, so bezahlen Sie Verkaufsprovisionen für 18 Stück.

Power-Auktion bei Festpreisangeboten

Auch bei Artikeln mit einem Festpreisangebot, also einer *Sofort-Kaufen*-Möglichkeit, können Sie mehrere identische Artikel anbieten. Die Voraussetzungen von eBay für Sie als Verkäufer entsprechen der klassischen Power-Auktion.

Was Sie als eBay-Profi wissen sollten

eBay verwendet den Begriff Power-Auktion bei Festpreisangeboten nicht. Die Funktion, die Kostenstruktur und die Vorgehensweise sind jedoch gleich.

Diese Form von Angebot verwischt nunmehr die Grenzen zwischen Auktionen mit Spaß- und Spannungsfaktor und einem Webshop. Hier bietet eBay Professionals eine klassische Handelsplattform, ein Schaufenster mit Verkaufstresen. Dies ist sicherlich sowohl für Verkäufer als auch für Käufer nicht uninteressant. Denn eBay bietet eine ausgezeichnete Möglichkeit, Produkte schnell und zielgruppengenau an die Frau oder den Mann zu bringen. Ebenso findet hier der Käufer schnell und bei hoher Preistransparenz Produkte, die ihn interessieren und die er sucht. Es wäre viel komplizierter, durch das Web zu stöbern und einen Webshop nach dem anderen abzuklappern.

Diese Angebotsform ist dann wirklich interessant, wenn der Verkäufer ein gängiges oder beliebtes Produkt zu einem wirklich günstigen Preis anbieten kann. Allerdings: Käufer in Auktionen und so auch bei eBay suchen den *Thrill*, die Spannung – und die bieten nur klassische Auktionen. Im Klartext: Die Verkaufschancen steigen durch solche Angebotsformate nicht zwingend.

Nutzen Sie das Festpreisangebot mit mehreren Artikeln, wenn Sie beliebte Produkte günstig eingekauft haben und demnach zu einem günstigen Preis anbieten können, oder, wenn Sie Mangelprodukte verkaufen wollen: z.B. 30 Konzertkarten für ein Rolling-Stones-Konzert, das seit einem halben Jahr »ausverkauft« ist.

Dauer der Festpreis-Auktion

Die Laufzeit solcher Festpreisangebote mit mehreren Artikeln wird durch zwei Faktoren bestimmt:

→ Die Laufzeit, die der Verkäufer vorgegeben hat, also 3, 5, 7 oder 10 Tage.

→ Den Abverkauf der Artikel, bis keine mehr zum Verkauf stehen. Interessenten erfahren in der Artikelbeschreibung, wie viele Exemplare zurzeit noch verfügbar sind.

Käufer können bei Interesse auch mehrere Artikel direkt kaufen.

7.4 Heißes Thema mit Langzeitwirkung: So sieht es mit der Gewährleistung aus

Aus dem Auge, aus dem Sinn: Ganz so einfach ist es bei eBay auch wieder nicht.

Bieten Sie gebrauchte Dinge als Privatperson an, so gilt bei Auktionen: Gekauft wie besehen.

Ihre Artikelbeschreibung sollte immer und grundsätzlich der Wahrheit entsprechen. Ihre Angaben dürfen die Sache nicht beschönigen oder zu vorteilhaft ins Licht rücken. Sie dürfen den Käufer nicht täuschen oder gar Mängel (gewöhnliche Gebrauchsspuren) verschweigen. Ansonsten schickt Ihnen der Käufer die Ware zurück, und Ihr Stress geht erst los.

Bieten Sie als gewerblicher Händler Ware an, so unterliegen sie in jedem Falle der gesetzlichen Gewährleistungspflicht. Bei Neuware heißt dies seit dem 01.01.2002 volle 2 Jahre.

Gerade der Bereich der Gewährleistung ist eines der großen Probleme und eine Grauzone im Auktions- und Internethandel. Besonders bei Neuware sollten Käufer penibel auf Folgendes achten:

→ Wann ist ein Händler ein gewerblicher Händler?

→ Wann darf eine Ware als Neuware bezeichnet werden – wenn sie unbenutzt und originalverpackt ist, aber schon seit 10 Jahren im Keller liegt?

→ Wie setze ich bei Defekten die Gewährleistungsansprüche durch?

Ich habe bei eBay schon Händler als Privatpersonen getarnt gesehen, die binnen zwei Monaten zehn Fahrräder als Neuware verkauften, aber nicht willens oder in der Lage waren, eine ordentliche Rechnung auszustellen oder Garantie zu gewähren. Fragen Sie deshalb besonders bei wertvollen Dingen immer genau vorher nach.

7.5 Beispielkalkulation – was vom Umsatz übrig bleibt ...

Umsatz ist nicht gleich Gewinn – klar. Dennoch sollte jeder Verkäufer bei eBay kritisch seine Aufwändungen und Kosten unter die Lupe nehmen. Schnell ist eine Stunde Arbeit getan und es bleiben letztendlich fünf Euro Gewinn übrig – da ist Rasenmähen lukrativer.

Besonders, wenn Sie zum eBay-Profi werden, sollten Sie scharf rechnen, denn es dauert nicht lange, dann steht das Finanzamt bei Ihnen vor der Tür und will seinen Obolus – ansonsten machen Sie sich noch der Steuerhinterziehung strafbar. Da diese Einnahmen Einkommen sind, die zusätzlich zu Ihrem normalen Verdienst erzielt werden, steigt auch die Steuerprogression, und schnell führen Sie bis zu 53% des Gewinns an den Fiskus ab.

Auf die Problematik mit der Mehrwertsteuer möchte ich an dieser Stelle erst gar nicht eingehen.

Cult-Boots ohne Gewinn? – Ein Beispiel

Sie haben beim Timberland-Lagerverkauf einen Posten klassischer Timberland-Boots zum ultimativen Dumpingpreis entdeckt: Paarpreis: EUR 32,00. Der übliche Ladenpreis für diese Boots liegt bei EUR 152,00.

Da die Timberland-Boots ein echter Klassiker sind und sich bei eBay immer verkaufen lassen, schlagen Sie zu. In einer Auktion bei eBay sollten diese Boots gut EUR 70,00 das Paar bringen – soweit Ihre Vorstellung.

Summe des Wareneinsatzes   EUR 96,00

Los geht's, Sie kaufen drei Paar in unterschiedlichen Größen. Zuhause, bei gutem Licht, werden die Schuhe fotografiert. Anschließend übertragen Sie die Bilder von der Digitalkamera auf den PC und nehmen noch einige leichte Bildretuschen vor. Dieser Arbeitsaufwand beträgt gut eine Stunde – hier sollten Sie den Tatsachen ins Auge sehen, am PC dauert alles immer länger, als man denkt, das ist reine Erfahrungssache.

Jetzt warten Sie bis zum Abend, surfen zu eBay und stellen Ihre Auktionen ein. Aufwand hierfür: gut 30 Minuten, bis die drei Auktionen stehen und jeweils alle fünf Bilder eingebunden sind.

eBay-Gebühren:

Startgebot	EUR 50,00	EUR 1,60
Sofort-Kaufen	EUR 80,00	EUR 0,10

1 Bild inklusive	EUR 0,00
Bildpaket	EUR 1,50
Gebühren	EUR 3,20

Diese drei Auktionen bedeuten bis jetzt EUR 9,60 an Einstellgebühren.

Am Ende sieht die Aktion folgendermaßen aus: Zwei Ihrer Auktionen laufen erfolgreich aus, das eine Paar verkaufen Sie für EUR 68,00, das zweite für EUR 59,00. Das dritte Paar sind Sie nicht losgeworden, wahrscheinlich ist Größe 5,5 doch nicht so weit verbreitet.

Neuer Versuch für das dritte Paar. Sie stellen es zum Startgebot von EUR 32,00 wieder ein. Diesmal klappt es, die Schuhe werden für EUR 36,00 verkauft.

Umsatz	EUR 68,00
	EUR 59,00
	EUR 36,00
Gesamtumsatz aus drei Auktionen	EUR 163,00

eBay wird Ihnen die Auktionsgebühren für das erneute Einstellen Ihrer dritten Auktion erlassen (siehe dazu eBay-Gebührentabelle und Gutschriften), die Gebühren für Nebenleistungen wie Bilder, XXL-Format usw. müssen Sie jedoch bezahlen. Das bedeutet, hier kommen noch einmal EUR 1,60 an Einstellgebühren dazu.

Summe der Einstellgebühren: EUR 11,20

Für die erfolgreichen Auktionen verlangt eBay zudem noch Provisionen:

Verkauf 1	EUR 68,00 für eBay	EUR 03,40 (=5%)
Verkauf 2	EUR 59,00 für eBay	EUR 02,95 (=5%)
Verkauf 3	EUR 36,00 für eBay	EUR 01,80 (=5%)
Summe der Provisionen		EUR 08,35
Summe der Einstellgebühren		EUR 11,20

Kosten und Einnahmen auf einen Blick:

Wareneinsatz	EUR 96,00

Was Sie als eBay-Profi wissen sollten

Aufwändungen für eBay	EUR 19,55
Arbeitsaufwand Einstellen 1,5 Std.	EUR 30,00
Kosten Warenbeschaffung 20 km PKW	EUR 6,00
Zeitaufwand Warenbeschaffung 1 Std.	EUR 20,00

Summe der Kosten und Aufwändungen EUR 171,55
Ihr Umsatz in drei Auktionen EUR 163,00

Ehrlich gerechnet, haben Sie EUR 8,55 dazugelegt, und dabei sind der Weg zur Post, das Einpacken, das Verpackungsmaterial noch nicht eingerechnet. Die Versandkosten sind neutral, da diese vom Käufer in aller Regel übernommen werden. Machen Sie also nie den Fehler, und sagen Sie sich: Klasse, EUR 96 ausgegeben und EUR 163 eingenommen! Das ist eine Milchmädchenrechnung!

7.6 Warenbeschaffung

Im Einkauf liegt der Gewinn

Im Einkauf liegt der Gewinn – ein alter Kaufmannsspruch. Da können Sie nach dieser Beispielrechnung wahrscheinlich nur zustimmen. Jetzt nur nicht den Mut verlieren. Durchforsten Sie einmal genau Ihre »Quellen«. Im Grunde kommt jeder an irgendetwas besonders gut heran – man hat seine Kontakte. Falls Sie mit Neuware handeln, konzentrieren Sie sich auf ein klares Produktsortiment. So haben Sie die Möglichkeit, über höhere Stückzahlen, die Sie abnehmen wollen, zu verhandeln, und bekommen einen besseren Preis.

Haben Sie bei Ihrem Einkauf keine Berührungsängste. Treten Sie in der Kontaktaufnahme zum Großhandel oder zum Hersteller selbstsicher auf – Sie werden erstaunt sein, wie leicht Sie in vielen Fällen ohne viele Nachfragen beliefert werden. Besorgen Sie sich einen Gewerbeschein. Diesen Gewerbeschein erhalten Sie bei Ihrer Stadt oder Gemeinde zwischen EUR 10 und EUR 30 Gebühren.

Espresso-Tipp! Bevor Sie diesen Schritt wagen und ins eBay-Abenteuer stürzen, bedenken Sie bitte, dass es ab jetzt kein zurück mehr vom Finanzamt gibt. Sprechen Sie vorher mit Ihrem Steuerberater, damit Ihnen keine Anfängerfehler unterlaufen, die Sie viel Geld kosten könnten.

7.7 Kaufwarnung! Kaufen Sie nie zu günstig via eBay ein! – Vorsicht, Hehlerware!

Bitte bedenken Sie: Günstig ist schön; bei »einfach zu günstig« stimmt etwas nicht!

Besonders bei neuen Produkten, die original verpackt sind, bestehen einfach natürliche Grenzen bei den Preisvorteilen. Audio & Video, Sportartikel, Markenartikel u.s.w. sind auch von den abgeklärtesten Einkäufern nicht mit unendlichen Preisnachlässen zu bekommen.

Schnäppchen, bei denen der Verkäufer mit dem Startgebot von EUR 1,00 volles Risiko gefahren ist, und sich dabei vollkommen »vergalloppiert« hat, kommen vor. Bietet der Verkäufer aber diesen Artikel öfters so an, dann schauen Sie einmal gezielt hinter die Kulissen.

Es ist davon auszugehen, dass im Internet und ganz besonders in Auktionen unrechtmäßig beschaffte Ware verschoben wird. Es ist zu einfach, sich anonym anzumelden und Ware zu verkaufen, ohne greifbare Spuren zu hinterlassen.

Seien Sie bei Neuware-Angeboten zum Beispiel bei *Sofort-Kaufen* mit Nachlässen von über 60% von der unverbindlichen Preisempfehlung sehr kritisch und vorsichtig. Stellen Sie dem Verkäufer ruhig ein paar unbequeme Fragen, denn zu verschenken hat niemand etwas.

Bedenken Sie: Durch den Kauf von Hehlerware werden Sie nicht zum Eigentümer. Im Falle eines Falles müssen Sie damit rechnen, dass die Ware beschlagnahmt wird und Sie keinen Ersatz erhalten, obwohl Sie die Ware in gutem Glauben gekauft und bezahlt haben. Und dank der Bestellabwicklung lässt sich das Geschäft zurückverfolgen – anders als auf dem Trödelmarkt.

7.8 Kriminalität bei eBay: Vorsicht vor Trickbetrügern!

Eine ganz üble Masche, die jetzt schon mehrmals Internetauktionen in Verruf gebracht hat, sind Trickbetrüger, die auf einen Schlag Dutzende von Käufern gleichzeitig prellen: Die Käufer zahlen für Ware, die sie anschließend nicht bekommen.

Die Vorgehensweise der Betrüger

Der Betrüger stellt topaktuelle, hochinteressante Ware zu einem günstigen Preis in hohen Stückzahlen ein.

Ausgebuffte setzen den Preis so an, dass dieser nicht zu günstig ist, aber dennoch sehr attraktiv.

Bevorzugte Produkte sind zurzeit etwa Digitalkameras mit 50%-60% Preisnachlass. Dabei sind die Kameras »selbstverständlich niegelnagelneu«, mit Garantie, Rechnung und weiteren »tollen« Versprechungen.

Anfragen werden brav beantwortet. Der Anbieter scheint seriös.

Binnen sieben Tagen stellt der Betrüger 200 Produkte zu einem durchschnittlichen Preis von beispielsweise EUR 250 bei eBay ein. Dies sind mal eben EUR 50.000 Umsatz. Die Kunden zahlen alle brav per Vorkasse, der Gangster räumt sein Konto – und der Kandidat ist weg von der Bildfläche. Der ganze Coup hat maximal 14 Tage gedauert.

Die Kripo hat jetzt einen Fall mehr und 200 Käufer schauen zunächst einmal in die Röhre.

Die Tricks der Betrüger

Mit einem gestohlenen Personalausweis mietet der Betrüger in einer fremden Stadt eine kleine Wohnung an.

Dann eröffnet er ein Konto unter dem falschen Namen.

Via Internetcafe meldet er sich bei eBay an und tätigt einige kleine Auktionen, die immer einwandfrei abgewickelt werden. Er ist immer nur Verkäufer und liefert einwandfreie Ware.

Ergebnis: Das Bewertungsprofil, die ID-Karte, ist nach kurzer Zeit unverfänglich positiv.

Passen Sie also genau auf, wem Sie Ihr Geld schicken und lassen Sie sich nicht von Ihrer eigenen Gier verleiten, das Schnäppchen des Jahrhunderts machen zu wollen! Ist es passiert, und haben Sie bezahlt, und die Ware kommt nicht, melden Sie den Fall unter allen Umständen eBay. Treten Sie mit anderen Geschädigten in Kontakt, und melden Sie den Fall der Kriminalpolizei zur Anzeige.

7.9 Käuferschutz bei eBay

Sind Sie einem Betrüger auf den Leim gegangen, haben Sie Ware bezahlt, jedoch keine erhalten, dann wenden Sie sich direkt und schnell an eBay. eBay bietet ein Käuferschutzprogramm, das Ihnen unter gewissen Umständen den Schaden zum Teil ersetzen kann.

Betrug wird bei eBay wie folgt definiert:

→ Sie haben für einen Artikel bezahlt, ihn aber nicht erhalten.

→ Sie haben einen Artikel erhalten, der im Wert nicht der Beschreibung entspricht.

Der eBay Käuferschutz ist eine Kulanzleistung von eBay, auf die es keinen Rechtsanspruch gibt. Unter gewissen Bedingungen zahlt eBay einen Ersatz für vom Käufer erworbene Artikel bis zu einem Wert von je EUR 200,00 (EUR 300,00, wenn der Käufer im Besitz der eBay-Visa Card ist). eBay behält eine Selbstbeteiligung in Höhe von EUR 25,00 ein. Es sind zudem eine ganze Reihe von Bedingungen (wie bei allen Versicherungen) zu beachten.

Espresso-Tipp! Genauere Informationen über den eBay Käuferschutz erhalten Sie unter der Internetseite:
http://pages.eBay.de/help/community/ins-guide.html

7.10 Probleme mit der Abwicklung – rechtliche Grundlagen

Grundsätzlich entsteht bei abgeschlossenen Auktionen ein rechtsverbindlicher Kaufvertrag, der von beiden Seiten, Käufer wie Verkäufer, zu erfüllen ist. Kommt eine der beiden Seiten der Erfüllung nicht nach, hat die andere Seite das Recht, die Erfüllung einzuklagen oder vom Kaufvertrag zurückzutreten. Ungeachtet dessen besteht bei Mängeln das Recht auf Nachbesserung oder Nachlass des Kaufpreises.

Der Kauf von Privat erfolgt dabei nach dem Grundsatz: Gekauft wie besehen! Schauen Sie sich bei privaten Auktionen daher immer ganz genau die Artikelbeschreibung an.

Was Sie als eBay-Profi wissen sollten

Kaufen oder ersteigern Sie Ware von einem gewerblichen Anbieter, so ist die Rechtslage grundsätzlich die gleiche, bis auf einige nicht unwesentliche Feinheiten. Eine Feinheit heißt: Fernabsatzgesetz.

Fernabsatzgesetz – Verbraucherschutz GROSSGESCHRIEBEN

Das Fernabsatzgesetz ist ein neues Gesetz zum Schutz des Verbrauchers im Versandhandel

Der Käufer hat das Recht – ohne Angabe von Gründen – die Ware binnen 14 Tagen nach Erhalt zurückzugeben und den Kaufpreis zurückzuverlangen. Liegt der Warenwert dabei unter EUR 40,00, so hat der Verkäufer sogar die Versandkosten für Versand und Rückversand zu tragen. Weist der Verkäufer zudem nicht ausdrücklich auf dieses Recht des Käufers hin, so verlängert sich das Recht auf Rückgabe der Ware auf drei Monate.

Oftmals herrscht Unsicherheit, ob das Fernabsatzgesetz bei Internetauktionen gilt. Es gilt beim Handel zwischen Kaufmann und Privatperson.

Insbesondere seitdem die *Sofort-Kaufen*-Möglichkeit populär geworden ist, kann nicht mehr von einer Auktion gesprochen werden. Es ist ein ganz gewöhnlicher Kauf wie in einem Webshop.

Haben Sie einen Gegenstand bei einem Händler erworben, und der Gegenstand gefällt Ihnen nicht? Kontakten Sie den Verkäufer, berufen Sie sich auf das Fernabsatzgesetz und bitten Sie ihn um Umtausch gegen Rückerstattung des Kaufpreises. Dies sollte heute kein Problem mehr sein.

Regelmäßig übersehen wird, dass der Käufer auch bei Internetauktionen beim Kauf vom Unternehmer ein Widerrufs- und Rückgaberecht hat. Gemäß § 6 Nr. 5 der *Allgemeinen Geschäftsbedingungen* von eBay ist ein Unternehmer verpflichtet, über das gesetzliche Widerrufsrecht zu belehren und dem Verbraucher die gesetzlich vorgeschriebenen Informationen zu erteilen. In der Praxis erfolgt dies nach unserer Erfahrung regelmäßig nicht.

Das Widerrufs- und Rückgaberecht sieht vor, dass bei einer Warenlieferung der Käufer die Ware ohne Begründung bis zwei Wochen nach Erhalt zurückgeben kann. Voraussetzung ist jedoch, dass er ordnungsgemäß über sein Widerrufs- oder Rückgaberecht belehrt wurde. Ohne Belehrung erlischt die Frist zur Rückgabe der Ware nicht. Der Käufer kann somit bis zum jüngsten Tag die Ware auf Kosten des Verkäufers zurückgeben.

Unternehmern, die bei eBay Geschäfte machen, ist daher dringend anzuraten, den Informationspflichten nach den Grundsätzen des *Fernabsatzgesetzes* (§ 312b BGB bis 312f BGB), der *BGB-InfoVO* und der *Belehrung über das Widerrufs- und Rückgaberecht* nachzukommen.

Was unternehmen bei Problemen?

Problem:
»Der Anbieter hat mein Geld für die Ware erhalten, ich warte nun schon seit zwei Wochen auf die Warenlieferung und höre nichts mehr vom Anbieter.«

Lösung:
Setzen Sie dem Verkäufer, idealerweise per Einschreiben mit Rückschein, eine Frist zur Lieferung des Artikels. Benennen Sie ein konkretes Datum: 14 Tage nach Zustellung Ihrer Lieferaufforderung.

Läuft diese Frist ergebnislos ab, können Sie den Verkäufer auf Lieferung des Kaufgegenstands verklagen, oder Sie treten vom Kaufvertrag wegen Nichterfüllung zurück und fordern die Rückzahlung Ihres Geldes.

> **Espresso-Tipp!** Lassen Sie es gar nicht soweit kommen. Schauen Sie sich genau sein Bewertungsprofil an. Kontakten Sie den Anbieter im Vorfeld des Auktionsendes, und fragen Sie ihn, ob Sie die Ware am kommenden Wochenende nach der Auktion abholen könnten, falls Sie die Auktion gewinnen! Reagiert der Verkäufer unangemessen oder gar patzig, dann vergessen Sie einfach die Auktion.

Problem:
»Die Ware ist beschädigt bei mir eingetroffen!«

Lösung:
Setzen Sie den Anbieter sofort nach Erhalt der Ware in Kenntnis, dass die Ware beschädigt ist. Er möchte bitte unverzüglich den Kaufgegenstand reparieren oder neue Ware liefern.

Was Sie als eBay-Profi wissen sollten

> **Espresso-Tipp!** für private Verkäufer: Beschädigungen können, wenn Sie die Ware in einwandfreiem Zustand verpackt und abgeschickt haben, nur beim Versand der Ware geschehen sein! Es ist jetzt oftmals eine Frage der Kulanz, wie Sie sich als Verkäufer verhalten. Grundsätzlich gelten die Regeln für den privaten Verkauf per Versand: Der Gefahrenübergang liegt für den Verkäufer bei Abgabe der Sendung beim Versender. Das Risiko, dass eine Sendung verloren geht oder beschädigt ankommt, trägt der Käufer! Packen Sie die Waren immer sorgfältig, am besten unter Anwesenheit von Zeugen, ein.

Problem:
»Meine Ware ist beim Käufer nicht angekommen.«

Lösung:
Ist eine Ware beim Käufer nicht angekommen, so teilen Sie dem Käufer die Versandnummer mit. Ist der Versand als Brief oder Päckchen erfolgt, nennen Sie ihm das Datum, wann Sie die Sendung, den Brief mit Inhalt versendet haben. Stellen Sie beim Versandunternehmen einen Nachforschungsantrag und halten Sie den Käufer über Ihre Aktivitäten auf dem Laufenden.

Versenden Sie möglichst nur als Paket oder per Einschreiben. Bei Kleingegenständen von geringem Wert (< EUR 25,00) weisen Sie schon in der Auktion auf die Versandmodalitäten hin: »Versand als Brief, unversichert, EUR 1,50; Versand als Paket EUR 5,61.«

> **Espresso-Tipp!** Für den Handel zwischen gewerblichem Verkäufer und privatem Käufer: In diesen Fällen gelten andere Regeln für den Versandhandel. Der Gefahrenübergang ist hier an der Haustür des Käufers. Wird die Ware beschädigt oder geht sogar verloren, so haftet dafür in der Regel der Händler gegenüber dem Käufer. Der Händler muss die Ware reparieren oder gegen neue ersetzen, bzw. den Kaufpreis zurückerstatten.

8 Die zehn goldenen Regeln

Jeder kann das Rüstzeug erwerben, um ein erfolgreicher eBay-er zu werden. Beachten Sie die folgenden Grundregeln und Sie werden geschickt Schnäppchen ersteigern und erfolgreich verkaufen:

1. **Als Käufer:** Immer einen klaren Kopf bewahren. Betrachten Sie jedes Angebot kritisch und prüfen Sie die Schlüssigkeit der Beschreibung. Passen Preis und Beschreibung zueinander? Es hat in aller Regel niemand etwas zu verschenken, schon gar nicht bei eBay!

2. Kennen Sie den Artikel, auf den Sie bieten wollen, ganz genau? Machen Sie sich schlau und bieten Sie nicht zu viel! Beobachten Sie den Markt auch außerhalb von eBay. Bei Neuware holen Sie sich Vergleichspreise über Internetshops ein. Eine gute Adresse für Consumerware ist beispielsweise *www.guenstiger.de*. Oftmals werden gerade Elektronik, HiFi und Fotoapparate bei Händlern preiswerter als bei eBay angeboten.

3. Beobachten Sie die Einstellgewohnheiten des Verkäufers und die Verläufe der entsprechenden Auktionen. Besonders bei »jungen« Anbietern mit weniger als 30 Bewertungspunkten sollten Sie immer genau hinschauen.

4. Fühlen Sie dem Verkäufer vor Angebotsabgabe auf den Zahn und nehmen Sie mit ihm Kontakt auf. Fragen Sie ihn beispielsweise, ob Sie die Ware nach der Auktion bei ihm abholen können, oder, besonders bei kostspieligen Artikeln, ob Sie die Ware zuvor begutachten können. Es spielt ja keine Rolle, dass Sie zufällig 500 km entfernt wohnen – er weiß es ja nicht. So merken Sie in jedem Falle sofort, was los ist, d.h. ob der Verkäufer bereitwillig einlenkt oder unsicher wird. Fragen Sie nach seiner Telefonnummer, nerven schadet erst einmal nicht.

5. Bleiben Sie **als Verkäufer** bei der Beschreibung der Ware immer bei der Wahrheit. Die Wahrheit ist (auch bei eBay) ein besonders wertvolles Gut. Bedenken Sie, dass der Wahrheitsgehalt einer Beschreibung ein Qualitätskriterium ist. Mit der Beschreibung

geben Sie ein Versprechen ab, das nicht nur aus rechtlicher Sichtweise einzuhalten ist.

6. Geben Sie sich Mühe bei Ihrer Artikelbeschreibung. Schreiben Sie sachlich und bereiten Sie Ihre Informationen systematisch auf. Besorgen Sie sich eine gute Digitalkamera und zeigen Sie Ihre Ware vor, scharf und richtig belichtet. Denken Sie daran: Der Blumentopf von Tante Erna rechts im Bild interessiert niemanden und stört das Gesamtbild.

7. Wählen Sie das Auktionsende geschickt, sodass möglichst viele Interessenten die Möglichkeit zum Mitbieten haben. Morgens um fünf Uhr können Sie höchstens Schnäppchen ziehen, jedoch keine Ware verkaufen.

8. Gehen Sie sparsam mit Zusatzleistungen von eBay um. Halten Sie die Auktionsgebühren auf niedrigem Niveau. Geben Sie als Startgebot EUR 24,50 ein und nicht EUR 25,00. Schon haben Sie bei Verkauf EUR 0,60 mehr verdient. (siehe Gebührentabelle)

9. Suchen Sie sich eine gute Einkaufsquelle und konzentrieren Sie sich auf ein bestimmtes Sortiment. Auch Spezialartikel, die es nicht an jeder Ecke gibt, sind bei eBay (besonders) gefragt. So werden Sie schnell Spezialist in einem Bereich, und Kunden werden nach kurzer Zeit systematisch nach Ihren Artikeln suchen.

10. Liefern Sie schnell und zuverlässig. Beantworten Sie alle Fragen höflich, sachlich und umfangreich. Übervorteilen Sie Ihre Kunden nicht mit Kleinigkeiten wie Versandkosten. Seien Sie ein sehr zuverlässiger, schnell handelnder Verkäufer – schnell werden Sie dann zufriedene »Stammkunden« gewinnen.

Teil 2:
FAQs – Fragen – Antworten – Tipps & Tricks

9 Sie fragen, wir verraten die Lösungen

9.1 FAQs Anmelden, Datenschutz und Schufa

Um Manipulationen und gefälschte Personenangaben zu erschweren, lässt eBay seit dem 05. November 2002 alle Daten von Mitgliedern, die sich neu anmelden oder ihre Stammdaten ändern, durch die Schufa überprüfen.

Die Schufa Holding AG mit Sitz in Wiesbaden verfügt nach eigenen Angaben über 299 Millionen Einzeldaten zu 57 Millionen Personen. Es ist somit davon auszugehen, das jede geschäftsfähige Person in Deutschland bei der Schufa gemeldet ist.

1. Wie gelangt die Schufa an meine Daten?

Lösung:
Die Daten zur Erfassung erhält die Schufa durch ihre Vertragspartner. Diese sind in aller Regel Bank- oder Sparkasseninstitute und viele andere Unternehmen wie etwa Telefongesellschaften. Neben den von den Vertragspartnern übermittelten Daten fließen auch Informationen aus den Schuldnerverzeichnissen der Amtsgerichte sowie Insolvenzen aus öffentlichen Verzeichnissen und Anschriftenänderungen in den Datenbestand ein.

Nach Aussage von eBay, das die Dienstleistung der Schufa nutzt, werden bei der Anmeldung ausschließlich Name, Vorname, Straße, Hausnummer, Postleitzahl, Ort und Geburtsdatum geprüft. Nach Angaben von eBay sollen diese Daten bei der Schufa nicht gespeichert werden.

Bitte achten Sie darauf: Zur Weitergabe Ihrer Daten an die Schufa bedarf es Ihrer Einwilligung.

Wichtig und zu bedenken ist meines Erachtens zweierlei: Es hat in der Vergangenheit immer wieder Falschauskünfte der Schufa gegeben. Man mag argumentieren, dass diese Fehler im Vergleich zu der Gesamtzahl der Abfragen gering sind. Das hilft aber nur niemandem, der davon betroffen ist. Wenn Sie nun wissen möchten, welche Daten die Schufa über Sie gespeichert hat, können Sie dort nachfragen. Eine Anfrage von Privatpersonen kostet ca. EUR 8, 00,dafür erhalten Sie die wichtigsten über Sie gespeicherten Daten.

2. Ist die Prüfung der Schufa ein wirkungsvoller Schutz gegen Betrug?

Lösung:
Mit dieser Maßnahme wird das Anmelden von gefakten-eBay-Accounts ungleich komplizierter. Das bedeutet aber nicht, dass Sie automatisch vor Betrug geschützt sind, denn bestehende Accounts, die vor dem 05. November 2002 eingerichtet wurde, sind davon nur in geringem Maß betroffen. Wer also bereits gefakte Accounts besitzt, kann diese weiter nutzen. Es gibt eine stattliche Anzahl von Nutzern, die auf diese Weise das *Sniper-Problem* (unauthorisierte Bietagenten) umgangen haben: Fake-Accounts zur Nutzung von Snipern, wenn das auffliegt, ist es egal, denn es steht ja notfalls noch ein regulärer Account zur Verfügung. Damit ist sicherlich noch nicht Schluss.

Ferner scheint der Datenbestand der Schufa nicht so aktuell und gepflegt, wie er nach Aussagen der Schufa eigentlich sein sollte. Zur Überprüfung, inwieweit es möglich ist, eine Anmeldung mit vor anno dazumal existierenden Daten durchzuführen, hat erschreckende Abgründe aufgetan.

Um der Sache auf den Grund zu gehen, habe ich die Probe auf Exempel gemacht und drei Fake-Accounts bei eBay ohne jegliche Probleme anmelden können. Dabei wurden Daten eingetragen, die offensichtlich seit 10 Jahren mehr stimmen. Ich habe einfach die vollkommen veraltete Adresse meines Mannes genommen, der inzwischen innerhalb Deutschlands dreimal umgezogen ist.

Im Klartext: Mit einem Adressbüchlein und den Adressen alter Schul- oder Sportkameraden (wie gut, dass man sich alle Geburtsdaten so schön notiert hat) lassen sich ganz prima eBay-Accounts einrichten.

Die dabei bei der Anmeldung angegebene und hinterlegte E-Mail-Adresse kann dagegen auf einen vollkommen anderen Namen lauten. Bekanntermaßen interessieren sich Freemail-Anbieter nicht für die Richtigkeit der Adress- und Personendaten.

Sie fragen, wir verraten die Lösungen

Ein toller Schutz! Also grundsätzlich: Bitte bei jeder Auktion ein gesundes kaufmännisches Misstrauen walten lassen!

3. Kann ich mehrere Mitgliedsnamen unter meiner Person anmelden?

Lösung:
So dann und wann scheint es ganz sinnvoll zu sein, mehrere eBay-Mitgliedsnamen, mehrere eBay-Accounts zu besitzen. Die Gründe können auch bei einer 100%ig seriösen Nutzung vielfältig sein: Unter einem Namen verkaufen Sie preiswerte Trödelware, einen anderen Namen benötigen Sie für hochwertige Luxusgüter – oder würden Sie eine *IWC*-Armbanduhr bei jemanden kaufen, der sonst nur gebrauchte CDs im Angebot hat?

Das Anmelden und Betreiben mehrer eBay-Accounts ist überhaupt kein Problem. eBay organisiert Ihre Mitgliederverwaltung unter *E-Mail-Adressen*. Das bedeutet für Sie, dass Sie lediglich mehrere E-Mail-Adressen benötigen, unter denen Sie dann mehrere eBay-Accounts einrichten können.

Sie brauchen dabei in keiner Weise Ihre personenbezogenen Daten bei den verschiedenen Accounts zu verändern, auch die Bankverbindung, etwa zum Bezahlen der eBay-Gebühren, kann dabei identisch sein.

Ebenso können Sie für Ihre verschiedenen eBay-Mitgliedsnamen dasselbe Passwort verwenden. So ist es vielleicht ein wenig einfacher, die Zugangsdaten verschiedener Accounts im Kopf zu behalten.

Espresso-Tipp! Ich halte es so: Für eBay habe ich eigens verschiedene E-Mail-Adressen bei *web.de* angemeldet (selbstverständlich können Sie auch jeden anderen Dienstleister wählen). Diese E-Mail-Adressen sind direkt auf meine Haupt-E-Mail-Adresse bei T-Online umgeleitet. Die *web.de*-Postfächer sind so eingerichtet, dass diese E-Mails direkt weitergeleitet werden, ohne eine Kopie im *web.de*-Postfach zu lassen.

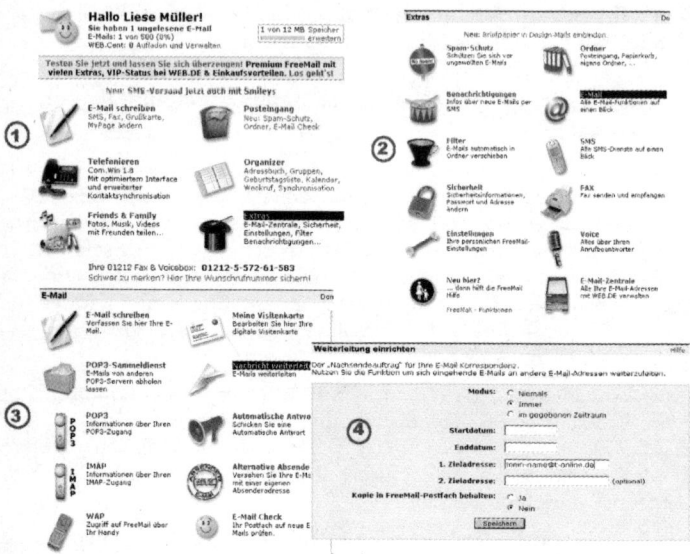

9.1 So einfach lässt sich bei *web.de (Freemail.de)* die Weiterleitung einstellen

Sie klicken auf der Postfachstartseite auf *Extras*. Von hieraus gelangen Sie zur Verwaltung der Postfacheinstellung. Klicken Sie jetzt auf den Menüpunkt *E-Mail*. Auf der folgenden Seite wählen Sie den Menüpunkt *Nachricht weiterleiten*.

Jetzt können Sie die Weiterleitung einrichten. Dabei können Sie ein Zeitfenster definieren – zum Beispiel für den Urlaub oder zur Weiterleitung auf den Arbeitsplatz. Und Sie können sich entscheiden, ob Sie jeweils eine Kopie der E-Mails im *web.de*-Postfach belassen wollen.

Durch die Aktivierung der direkten Weiterleitung kann dieses Postfach nicht überlaufen und bedarf keiner Pflege. Ein Vorteil für *Kopie im Postfach lassen* ist, dass der eBay-Verkehr auch im Urlaub nicht zu ruhen braucht. Einfach die Weiterleitung abändern in *Kopie im Postfach lassen*, und schon können Sie problemlos von jedem Internetzugang der Welt Ihre eBay-Aktivitäten am Laufen halten.

Sie fragen, wir verraten die Lösungen

4. Wie gelange ich an eine weitere E-Mail-Adresse?

Lösung:
Diese Frage wurde recht häufig gestellt und zeigt, dass nicht jeder, der bei eBay mitmischen will, unbedingt ein versierter Computerexperte ist.

Durch Anmeldung eines Internetzugangs bei einem Provider wie AOL oder T-Online bekommt jeder Nutzer eine oder mehrere E-Mail-Adressen, die er sich mit einem Alias, einem anderen Namen, einrichten kann.

Die eigentliche E-Mail-Adresse ist ein Zahlenstring wie etwa *123645834@t-online.de*. Diesen »Namen« kann sich nur kein Mensch merken. Stattdessen klingt das Alias *mein-name@t-online* viel netter und ist einfach zu behalten.

Es gibt eine ganze Reihe kostenloser E-Mail-Adressen-Anbietern, die sich in aller Regel durch Werbung finanzieren. Ohne Anspruch auf Vollständigkeit zu erheben, können Sie unter dieses Webseiten eine oder mehrere E-Mail-Adressen anmelden:

www.web.de

www.freemail.de

www.gmx.de

www.quickemail.de

www.adadoor.de

www.hotmail.de

www.dleo.de

www.internetkom.de

www.boboo.de

So kommen Sie an eine kostenlose E-Mail-Adresse:

Gehen Sie exemplarisch auf die Seite *www.freemail.de*.

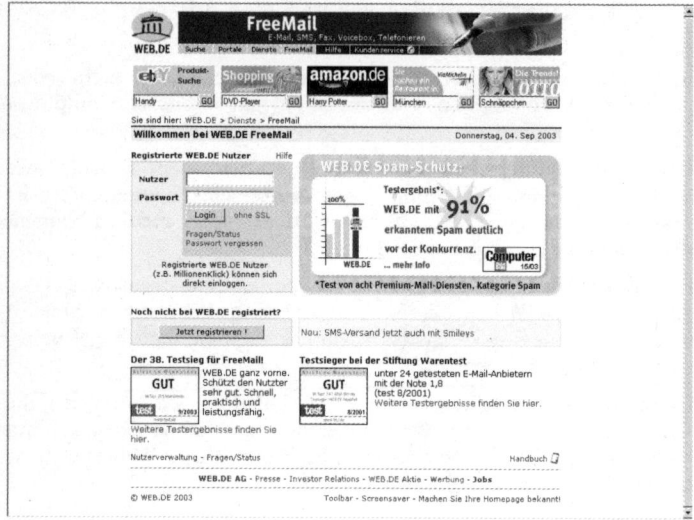

9.2 Zur Registrierung klicken Sie auf *Jetzt registrieren*

Schritt 1 – Persönliche Angaben

Geben Sie hier Ihre Daten ein. Diese Angaben werden nicht geprüft (siehe Abbildung 9.3).

Schritt 2 – Nutzernamen wählen

Geben Sie jetzt Ihre Wunschadresse an. Jetzt können Sie auch ganz prima die E-Mail-Adresse Ihren geplanten eBay-Aktivitäten anpassen. Sie wollen mit Sportartikeln handeln? Wie wäre es dann mit *sportshopmueller@web.de* ? (siehe Abbildung 9.4).

Sie fragen, wir verraten die Lösungen

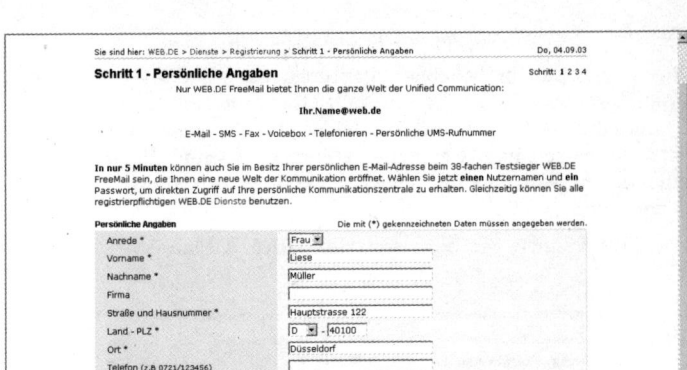

9.3 Aha – Lieschen Müller wohnt in Düsseldorf – das haben wir doch alle immer schon geahnt ;-)

9.4 Einen Versuch wäre es wert

Schritt 3 – Sicherheitsangaben und Erreichbarkeit

Hier geben Sie Ihr beliebiges Passwort, das mindestens 8 Zeichen lang ist und mindestens einen Buchstaben und mindestens eine Ziffer enthält, ein. Um im Fall des Falles, falls Sie später Ihre Zugangsdaten vergessen haben sollten, definieren Sie eine Sicherheitsfrage mit einer Antwort, die nur Sie wissen können, um so Ihre Daten wiederzustellen.

Ebenfalls können Sie hier eine alternative E-Mail-Adresse hinterlegen.

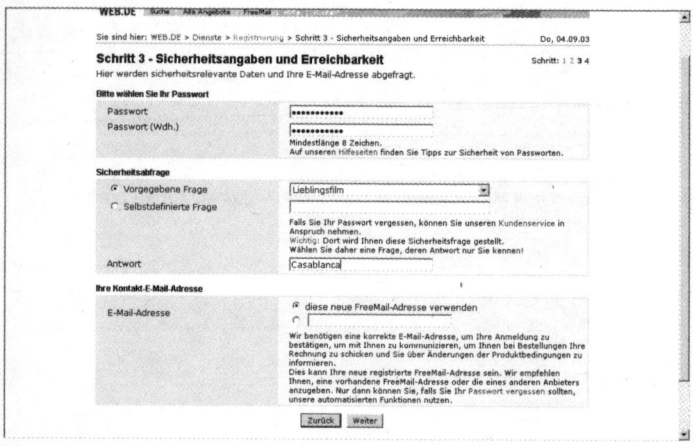

9.5 Gleich ist es soweit, und Sie haben eine E-Mail-Adresse mehr.

Schritt 4 – Ihre Angaben

Nun erhalten Sie noch einmal alles schön aufgelistet. Sie könnten jetzt, falls notwendig, noch einmal Änderungen vornehmen (siehe Abbildung 9.6).

Jetzt folgen noch die obligatorischen *Allgemeinen Geschäftsbedingungen* von *web.de*. Häkchen dran – *Ja, ich akzeptiere die Nutzungsbedingungen von WEB.DE Freemail* und auf *weiter zu FreeMail* geklickt (siehe Abbildung 9.7).

Sie fragen, wir verraten die Lösungen

[Screenshot: WEB.DE Nutzerverwaltung – Schritt 4: Ihre Angaben, mit persönlichen Angaben (Frau Liese Müller, Hauptstrasse 122, D-40100 Düsseldorf, Geburtsdatum 25.12.1970), Nutzername sportshopmueller, E-Mail-Adresse sportshopmueller@web.de, Sicherheitsfrage Lieblingsfilm/Casablanca, sowie Optionen, wie man auf WEB.DE aufmerksam wurde, und Einwilligung zur Datenschutzerklärung.]

9.6 Die Einwilligung zur Datenschutzerklärung nicht vergessen

Jetzt erscheint eine Werbeseite von FreeMail, die nur Geld kostet. Deshalb gilt für alle, die eine wirklich kostenlose E-Mail-Adresse wollen: Jetzt nur auf das ganz kleine *FreeMail* klicken.

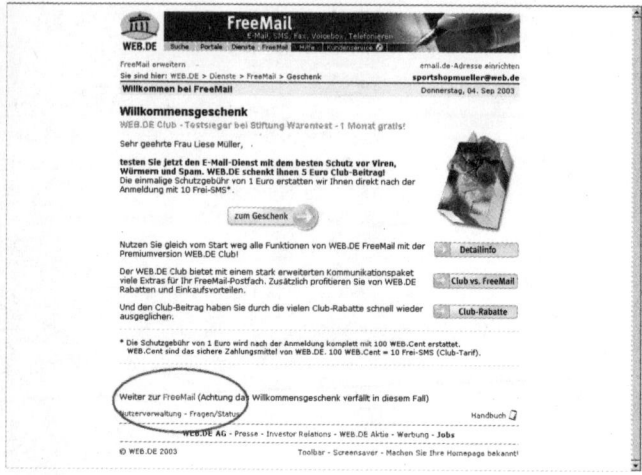

9.7 Hier geht es jetzt endlich zum Account

Herzlichen Glückwunsch – und so sieht Ihr FreeMail-Account beim ersten Aufruf aus.

9.8 Liese Müller hat eine neue E-Mail! Glückwunsch!

5. Wie kann ich meinen eBay-Mitgliedsnamen ändern?

Sie können Ihren eBay-Mitgliedsnamen jeweils einmal innerhalb von 30 Tagen ändern. Dies jedoch beliebig oft. Eine neulich erfolgte Änderung des Mitgliedsnamens erkennen Sie am *Geänderten-Namen*-Zeichen neben dem Mitgliedsnamen. Da eine Namensänderung nie sonderlich seriös aussieht, sollten sie nur bei wirklichem Bedarf durchgeführt werden. Ein wirklicher Bedarf liegt dann vor, wenn etwa eine ansehnliche Bewertungszahl von positiven Bewertungen vorhanden ist und der Mitgliedsname zuvor unglücklich gewählt worden ist.

Zur Änderung des Mitgliedsnamen öffnen Sie *Mein eBay* und klicken auf *Meine Daten / Einstellungen*. Von dort aus klicken Sie auf *Mitgliedsnamen ändern*.

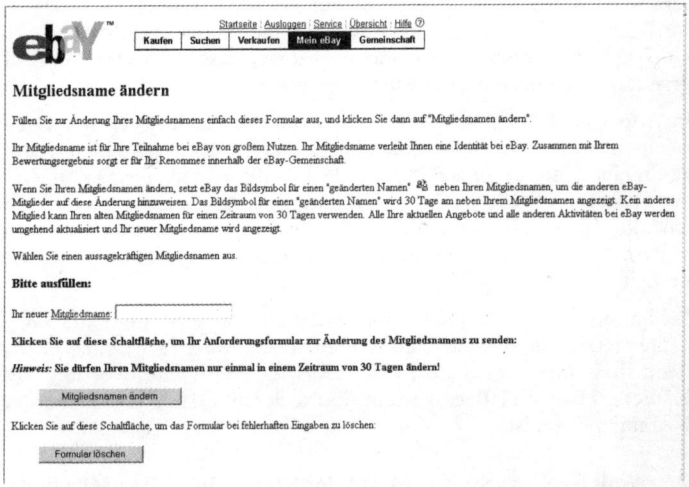

9.9 Sie dürfen Ihren Mitgliedsnamen einmal in einem Zeitraum von 30 Tagen ändern

6. Was ist ein Fake-Account?

Obwohl Sie als seriöser eBay-er niemals einen Fake-Account benötigen, sollten Sie jedoch ganz genau wissen, was das ist.

Ein Fake-Account ist eine Pseudo-eBay-Mitgliedschaft.

Die Personendaten sind in aller Regel rein fiktiv oder einfach von anderen, existierenden Personen übernommen worden. Diese Personen haben jedoch niemals einen eBay-Account angemeldet. Diese Daten dienen nur dazu, die Schufa-Prüfung zu passieren.

Hinter diesen Accounts befinden sich E-Mail-Postfächer mit fingierten Daten, die niemals geprüft worden sind.

Im harmlosesten Falle nutzen einige eBay-Mitglieder solche Fake-Accounts in aller Regel, um eigene Auktionen ein bisschen anzukurbeln. Das heißt, sie bieten selbst unter verschiedenen Namen auf eigenen Auktionen, um diese für andere Mitglieder interessanter erscheinen zu lassen und somit einen höheren Preis für ihre Waren zu erzielen. Dieses *Auktionspushing* oder auch genannt ist strengstens verboten. Kann eBay jemandem ein solchen Shilling nachweisen, wird dieses Mitglied aus der eBay-Gemeinde ausgeschlossen. Eine Umfrage unter eBay-Usern brachte zutage, dass etwa vier von fünf privaten Verkäufern eigene Auktionen pushen.

In Anbetracht der Lage, dass jeder Käufer eigentlich selbst verantwortlich ist, wie viel er auf einen bestimmten Gegenstand bietet, und kaum eine Ware zu einzigartig ist, als dass diese in kürzester Zeit wieder an anderer Stelle verfügbar ist, sind diese Auktionspusher als eher harmlos einzustufen. Professionelle Verkäufer mit zahlreichen Auktionen, die parallel laufen, haben für solche Spielereien ohnehin keine Zeit.

Schlimmer wird es, wenn unter solchen Fake-Accounts aktiv »Verkäufe« letztendlich ohne Ware laufen. Dann wird es wirklich ernst, denn dies unterliegt dann nicht mehr der Selbstverantwortung des Käufers. Hier sind Betrüger am Werk, deren Verfolgung Sache der Kriminalpolizei ist.

7. Welche Sicherheiten bietet der Status Geprüftes Mitglied?

In Anbetracht der Lage, dass wir in Deutschland keine amerikanischen Verhältnisse haben und nicht jeder möglichst im Jahr dreimal umzieht, bietet das *Postident*-Verfahren zumindest die Sicherheit, dass die Personendaten und die Adresse des geprüften Mitglieds während der Zeit seiner bestehenden Mitgliedschaft am Postschalter mittels Personalausweis geprüft worden sind. Dieses Mitglied ist un-

Sie fragen, wir verraten die Lösungen 131

ter seinen angegebenen personenbezogenen Daten existent. Zumindest zu irgendeinem Zeitpunkt während seiner Mitgliedschaft.

Besteht die eBay-Mitgliedschaft unter diesem Account schon seit drei Jahren, muss die hinterlegte Adresse nicht unbedingt dem realen Stand entsprechen. Ich denke jedoch, dass Mitglieder, die schon seit einigen Jahren aktiv dabei sind und keine auffällig hohen negativen Bewertungen haben, hier als unbedenklich einzustufen sind.

8. Was ist die Mich-Seite und welche Vorteile bietet sie mir?

Die *Mich-Seite* ist eine kleine Homepage des Mitglieds und richtet sich an die eBay-Gemeinde.

Auf dieser *Mich-Seite* können Sie sich und Ihre Produktpalette etwas genauer vorstellen.

Sinnvoll können Sie diese *Mich-Seite* nutzen, um Ihre Kompetenz in einem Fachgebiet hervorzuheben.

Das Erstellen der *Mich-Seite* ist auch für Non-Internetprofis kinderleicht, da eBay diverse Vorlagen zur Verfügung stellt. Dazu öffnen Sie *Mein eBay* und klicken auf *Meine Daten / Einstellungen*. Auf dieser Seite finden Sie den Menüpunkt *Mich-Seite erstellen*.

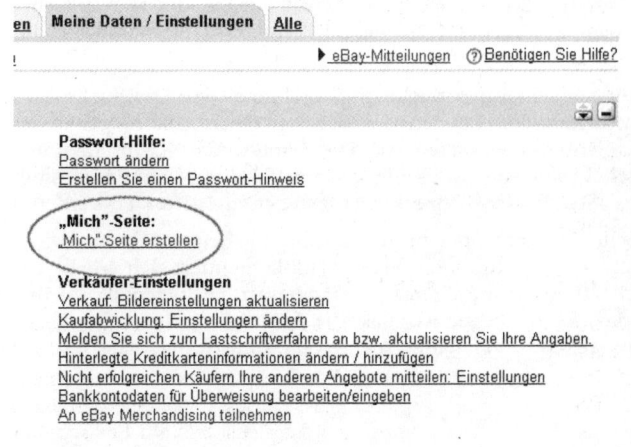

9.10 Die Nutzung der *Mich-Seite* ist kostenfrei

Auf der *Mich-Seite* können Sie auch empfehlenswerte Links einfügen und somit auf andere Webseiten verweisen. Dies ist ganz praktisch, wenn Sie einen Shop betreiben, denn dann müssen Sie nicht so plakative (verbotene und direkt auffallende) Werbung für Ihren Webshop innerhalb der Artikelbeschreibung vornehmen.

9.2 FAQs Suchen, Einstellen, Kaufen und Verkaufen

Hier finden Sie die Antworten zu den häufigsten Fragen rund um das Thema *Ware einstellen, Kaufen und Verkaufen*.

1. Ich habe Probleme, passende Suchbegriffe einzugeben

Die Suche bei eBay findet immer nur genau den Begriff, den ich eingegeben habe. Was muss ich unternehmen, damit die Suchmaschine auch »Kinderfahrrad« findet, wenn ich nur den Begriff »Fahrrad« eingegeben habe?

Lösung:
Für Einsteiger fühlt sich die Suche bei eBay sperrig an. Augenscheinlich werden nur genau die Artikel aufgelistet, bei denen der Suchbegriff genau im selben Wortlaut in der Artikelbezeichnung auftaucht. Daran ändern zunächst auch die Möglichkeiten der »Powersuche« nichts, hier lässt sich die Suche nur erweitern, beispielsweise auf Begriffe innerhalb der Artikelbeschreibung.

Beispiel: Sie geben den Suchbegriff »Schrank« ein. Die Suche wird jetzt Einträge finden, bei denen in der Artikelbezeichnung genau der Begriff »Schrank« enthalten ist. Die Groß- oder Kleinschreibung spielt dabei keine Rolle. Begriffe, die mit »/« oder »-« verbunden sind, wie etwa »Schubladen-Schrank« werden ebenfalls gefunden werden.

Die Suche lässt sich aber mittels Zusatzeingaben erweitern. Leider sind diese Zusatzcodes nicht bei eBay dokumentiert. Ich erhebe daher auch keinen Anspruch auf Vollständigkeit der folgenden Listung der Codes. Ich denke jedoch, dass die Anwendung dieser Codes die Suche erheblich vereinfachen bzw. verfeinern wird.

Eingabe	Suchergebnis
Schrank Wand	Alle Artikel, bei denen die Worte »Schrank« und »Wand« vorkommen.
»Schrank Wand«	Hier werden dann alle Artikel gelistet, in denen die Wortfolge »Schrank Wand« genau in dieser Reihenfolge vorkommt.
»Schrankwand«	Alle Angebote, in denen das Wort »Schrankwand« exakt so vorkommt.
Schrank, Wand	Alle Artikel, in denen das Wort »Schrank« oder der Begriff »Wand« vorkommen
Schrank –Wand	Alle Angeboten, in denen das Wort »Schrank« aber nicht das Wort »Wand« vorkommt.
Schrank –(Wand, Küchen)	Alle Angebote, in denen der Begriff »Schrank« aber nicht der Begriff »Wand« oder das Wort »Küchen« vorhanden ist.
Schrank +Wand	Alle Angebote, in denen beide Worte, »Schrank« und »Wand«, vorkommen.
Schrank,Wand	Bei dieser Suche ohne Leerzeichen, aber mit Komma getrennt, werden alle Angebote gelistet, in denen das Wort »Schrank« oder das Wort »Wand« vorkommt.
Schrank*	Bei dieser Suche mit einer Wildcard (Platzhalter), werden alle Angebote aufgelistet die mit »Schrank« beginnen, z.B. »Schrankwand«

Tab. 9.1 Kleine Tricks für Suchfreaks

2. Wie kann ich nachträglich ein Bild zur Artikelbeschreibung hinzufügen?

Lösung:
Dies ist grundsätzlich kein Problem. Es sind nur zwei »Betriebszustände« zu unterscheiden:

a) Es wurden auf die betreffende Auktion noch keine Gebote abgegeben.

b) Es sind schon Gebote auf der Auktion.

Kapitel 9

Fall a): Es sind noch keine Gebote auf der Auktion.

Dann öffnen Sie *Mein eBay*.

Klicken Sie auf *Verkaufen* und gehen Sie zur Rubrik *Meine aktuellen Angebote*.

Klicken Sie auf die Auktion, der Sie weiteres Bildmaterial zufügen wollen.

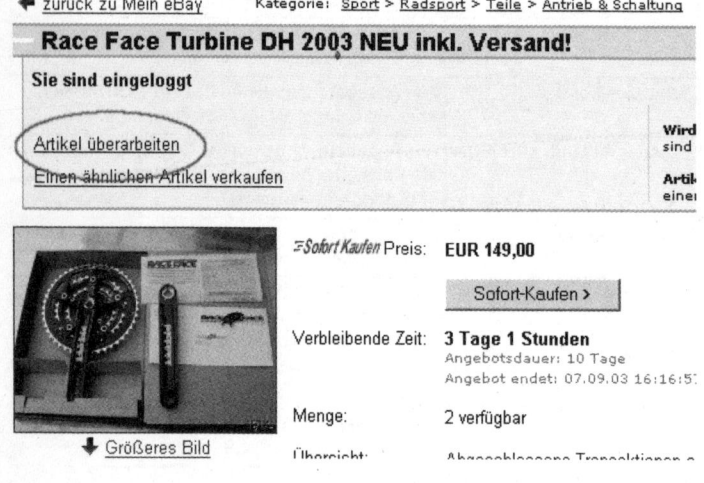

9.11 Jetzt klicken Sie auf den Link *Artikel überarbeiten*

Sie fragen, wir verraten die Lösungen

	Startseite | Ausloggen | Service | Übersicht | Hilfe ⑦
Kaufen | Suchen | **Verkaufen** | Mein eBay | Gemeinschaft	

Artikel überarbeiten

Überarbeiten Sie Ihr Angebot oder fügen Sie Zusatzoptionen hinzu
Wenn Sie weitere Angaben oder Zusatzoptionen hinzufügen möchten, geben Sie einfach Ihre Artikelnummer ein. Klicken Sie anschließend auf die nachfolgende Schaltäche.

Wenn für Ihr Angebot noch kein Gebot bzw. Kauf vorliegt und das Angebot nicht innerhalb der nächsten 12 Stunden endet

können Sie Ihren Artikel vollständig überarbeiten. Das gewählte Angebotsformat müssen Sie allerdings beibehalten. (Sie können z.B. nicht einen Auktionsartikel in einen Festpreisartikel ändern.)

Wenn für Ihr Angebot bereits ein Gebot bzw. Kauf vorliegt oder das Angebot innerhalb der nächsten 12 Stunden endet, haben Sie die folgenden Möglichkeiten:

- Sie können die Kategorie ändern oder eine neue Kategorie hinzufügen.
- Sie können weitere Informationen zur Artikelbeschreibung hinzufügen.
  (Ausnahme: Wenn für Ihr Angebot bereits ein Gebot bzw. Kauf vorliegt **und** das Angebot innerhalb der nächsten 12 Stunden endet, können Sie die Beschreibung nicht ergänzen.)
- Sie können Zusatzoptionen nutzen, um Ihren Artikel deutlich hervorzuheben.

Artikel hervorheben
Und so wird's gemacht
- Verwenden Sie Fettschrift oder Highlight für Ihr Angebot.
- Heben Sie Ihr Bild in der Galerie oder auf der Startseite von eBay hervor.

Artikelnummer eingeben 3624404176
[Artikel überarbeiten]

9.12 Jetzt auf *Artikel überarbeiten* klicken

Loggen Sie sich ein und bestätigen Sie auf der folgenden Seite *Artikel überarbeiten*. Diese Seite *Artikel überarbeiten* können Sie auch direkt über die Adresse aufrufen. Bitte notieren Sie sich dazu zuvor die Artikelnummer oder kopieren Sie diese über die Zwischenablage (Artikelnummer zuvor markieren, dann [Ctrl] + [C] betätigen, dann im entsprechenden Feld mit [Ctrl] + [V] wieder einfügen).

Es öffnet sich Ihre Auktion.

Klicken Sie nun auf *Bilder bearbeiten* und fügen über den *IPIX*-Bilderservice ein anderes Bild oder zusätzliche Bilder ein. Die Gebührenumrechnung durch eBay erfolgt automatisch, d.h. wenn Sie Bilder entfernen, erhalten Sie eine Gutschrift.

9.13 Jetzt auf *Bilder bearbeiten* klicken

Sie befinden sich nun im Bereich *Artikel überarbeiten: Bilder & Artikeldetails bearbeiten*. Fügen Sie nach Belieben neue Bilder ein. Die Größe der Fotos ist dabei unerheblich. Der *IPIX*-Bilderservice rechnet die Fotos auf ein für eBay verträgliches Maß runter. Die Abmessungen der Bilder betragen dann maximal 400 x 300 Pixel.

Zusatzoptionen wie *XXL-Bilder* (gebührenpflichtig – die Abbildungen werden dann in größer als 400 x 300 Pixel angezeigt) oder *Änderung der Laufzeit bis insgesamt maximal 10 Tage* können an dieser Stellen ebenfalls durchgeführt werden.

Sind alle Änderungen abgeschlossen, klicken Sie auf *Änderungen speichern*. Nun erfolgt der Upload des neuen Bildmaterials.

Sie fragen, wir verraten die Lösungen

9.14 *Änderungen senden* nicht vergessen

Abschließend, und dies bitte nicht vergessen, sehen Sie die Gesamtübersicht über Ihre Auktion. Jetzt auf *Änderungen senden* klicken und Ihre Anpassungen werden übernommen.

9.15 Jetzt sind die Änderungen vorgenommen. Zur Kontrolle können Sie direkt auf den angegebenen Link klicken und sich die geänderte Auktion ansehen.

Fall b): Es sind schon Gebote auf der Auktion.

Da verhält sich die Vorgehensweise etwas anders, und Sie benötigen eine Spur mehr Know-how. Bilder lassen sich jetzt nur noch über eine Änderung der Artikelbeschreibung zufügen, indem Sie einen zusätzlichen Link zu Ihrem Bild eintragen. Dazu benötigen Sie geringe HTML-Kenntnisse oder zumindest keine Angst davor, den nun folgenden Code in die Auktion einzugeben. Dazu benötigen Sie Speicherplatz auf einen Webserver, kurz *Webspace* genannt, auf den Sie das Bild zuvor geladen haben. Das Laden erfolgt mittels einer speziellen FTP-Client-Software, die entweder der Provider direkt mitliefert oder Sie als Produkt besitzen.

So sieht der HTML-Code zum Einbinden eines Bildes aus:

```
<img rc="http://www.ihredomain.de/Verzeichnis/Bild.jpg">
```

Sie fragen, wir verraten die Lösungen

Diese nachträglichen Änderung erscheint dann nicht direkt in der Artikelbeschreibung, sondern in einer Ergänzung unterhalb, sodass jeder erkennen kann, dass hier Ergänzungen vorgenommen worden sind.

Dies ist nicht problematisch. eBay hat dies so eingerichtet, da es für einen Bieter klar ersichtlich sein muss, dass Informationen zum Artikel verändert worden sind.

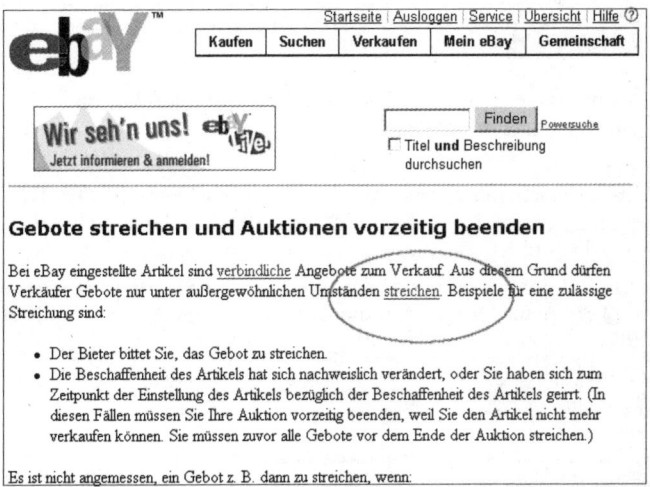

9.16 Hier wurden Änderungen nach Abgabe von Geboten vorgenommen

3. Wie ändere ich die Artikelbeschreibung bei einem Artikel, der noch nicht aktiv ist?

Lösung:
Sie haben Artikel über die Startzeitplanung eingestellt. Der Artikel ist noch nicht aktiv und über die Suche noch nicht zu finden. Sie möchten noch Änderungen vornehmen, da Ihnen noch ein paar wichtige Details eingefallen sind. Kein Problem.

Grundsätzlich gehen Sie vor wie gerade beschreiben. Der Unterschied ist nur, dass Sie Ihre Auktion unter *Mein eBay / Verkaufen / Vorbereitete Angebote* finden. Eventuell müssen Sie das Zeitfenster an-

Kapitel 9

passen. Ab Werk hat eBay das Zeitfenster auf zwei Tage eingestellt. Sollten Sie den Artikel schon vor beispielsweise fünf Tagen eingegeben haben, müssen Sie das Zeitfenster entsprechend ändern, damit der Artikel dann angezeigt werden kann.

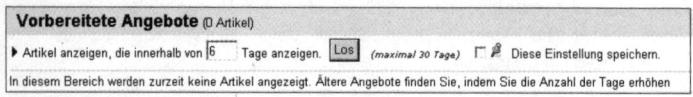

9.17 Zeitfenster einstellen und *Los* anklicken

4. Kann man doppelt eingestellte Auktionen kostenlos wieder herausnehmen?

Lösung:
Sie haben versehentlich eine Auktion doppelt eingestellt. Das Herausnehmen der Auktion ist kein Problem, die Einstellgebühren erhalten Sie jedoch nicht erstattet.

Um eine Auktion vorzeitig zu beenden, kopieren Sie zunächst mittels Ctrl + C die Artikelnummer in die Zwischenablage. Klicken Sie jetzt auf *Hilfe*.

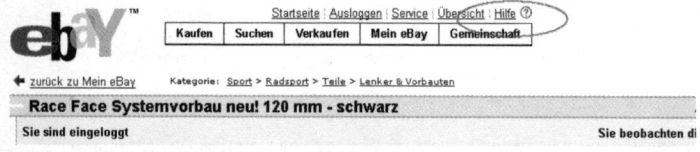

9.18 Hilfe naht

Innerhalb der eBay-Hilfe gehen Sie zum Stichwort *Verkaufen* und dann zum Untermenü *Artikel verwalten*.

Hier finden Sie die Option *Angebot zurückziehen*.

Sie fragen, wir verraten die Lösungen

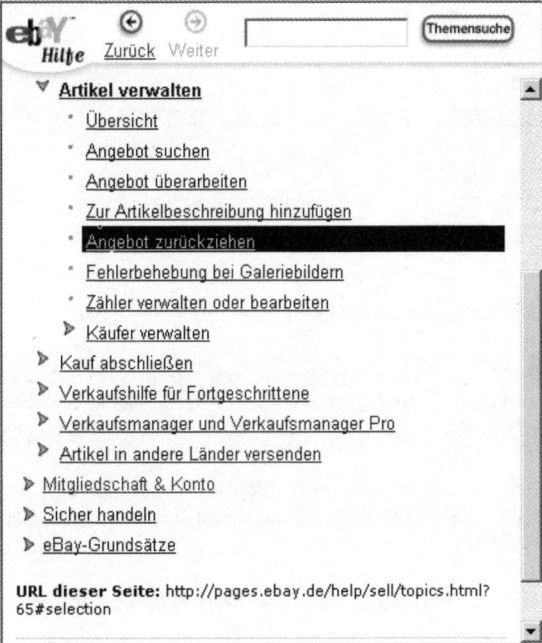

9.19 Keine Panik, es geht immer zurück

Folgen Sie diesem Link und klicken Sie dann auf *Formular für die Angebotsrücknahme*.

Jetzt müssen Sie sich in aller Regel einloggen. Danach folgt die Abfrage der betreffenden Artikelnummer. Diese fügen Sie jetzt über Ctrl + C in das betreffende Feld ein und klicken auf *Angebot beenden*. Abschließend werden Sie aufgefordert, einen Grund für das vorzeitige Beenden anzugeben. Aus vier vorgegebenen Antworten können Sie eine auswählen.

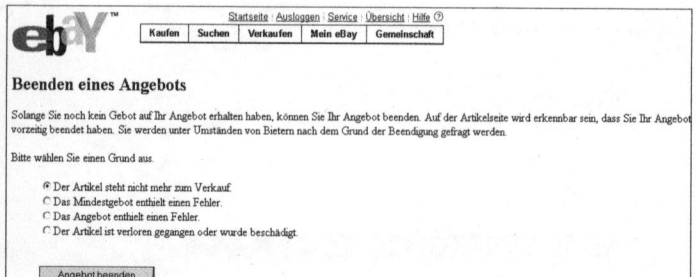

9.20 Eine Antwort auswählen und das Angebot wird vorzeitig beendet

Espresso-Tipp! Sie können jedoch die Auktion, solange noch keine Gebote darauf sind, problemlos in einen vollkommen anderen Artikel umändern. Sicherlich haben Sie noch etwas anzubieten – oder?

Das Procedere ist prinzipiell identisch mit der Vorgehensweise wie gerade beschrieben. Daher verzichte ich an dieser Stelle auf eine ausführliche Beschreibung.

5. Kann ich eine E-Mail-Adresse in die Artikelbeschreibung einbinden?

Lösung:

Ja, dies ist besonders einfach, wenn Sie bei der Erstellung der Auktionsbeschreibung den neuen *HTML-Text-Editor* verwenden.

Geben Sie beispielsweise einfach ein:

»Bei Fragen können Sie mir auch direkt eine E-Mail an *meinname@t-online.de* schicken.«

Für *Mein Name* steht dann Ihre E-Mail-Adresse.

Klickt ein Interessent auf die E-Mail-Adresse, öffnet sich in aller Regel sein E-Mail-Client, und er kann Ihnen direkt und ohne Umweg über eBay eine Nachricht zukommen lassen.

Sie fragen, wir verraten die Lösungen

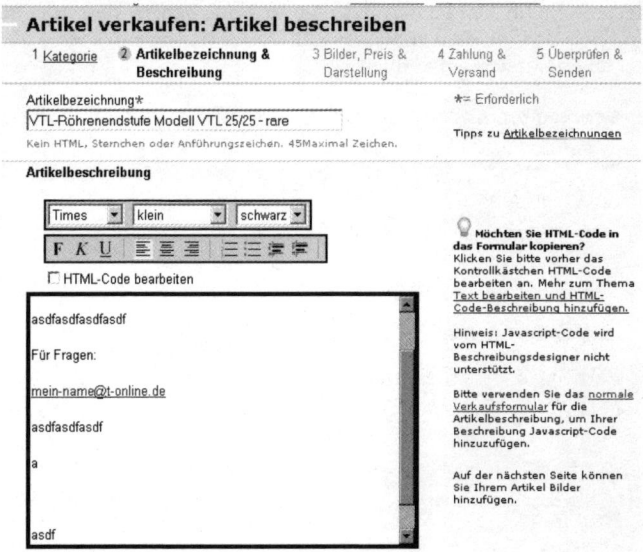

9.21 Mit dem HTML-Text-Editor lässt sich ganz prima die E-Mail-Adresse einbinden

Sie können auch im Nachhinein eine E-Mail-Adresse manuell einbinden.

Fügen Sie dazu den HTML-String

```
<a href="mailto:mein-name@provider.de">mein-name@provider.de</a></p>
```

in die Artikelbeschreibung ein.

6. Kann ich zwei identische Artikel hintereinander verkaufen?

Lösung:
Ja, wenn Sie einen Artikel ein zweites Mal zum Verkauf besitzen, können Sie diesen Artikel blitzschnell über *Mein eBay* ein zweites Mal zum Verkauf einstellen.

Gehen Sie hierzu zur Kategorie *Verkaufen* und dort zum Ordner *Meine verkauften Artikel*.

Artikel, die Sie in den letzten 30 Tage verkauft haben, sind dort zu finden. Gegebenfalls stellen Sie das Zeitfenster richtig ein, sodass alle Artikel angezeigt werden können.

9.22 Artikel wieder einstellen ist bei eBay kinderleicht

Klicken Sie einfach die entsprechende Check-Box an und anschließend auf *Artikel einstellen*. Alle Angaben des Artikels werden jetzt in ein neues Verkaufsformular übernommen. Selbstverständlich lässt sich jede Verkaufseinstellung beliebig ändern.

7. Wie kann ich einen bereits angebotenen Artikel erneut einstellen?

Der Artikel ist schon älter als 30 Tage und somit über die Artikelverwaltung nicht mehr aufrufbar.

Lösung:
Auch hier gibt es einen Trick. Dieser Trick heißt *Bewertungen*. Innerhalb der *Bewertungen* sind Auktionen 90 Tage lang aufrufbar. Falls Sie also für Ihren Handel eine Bewertung erhalten haben und seit Ablauf der Auktion nicht länger als 90 Tage vergangen sind, können Sie diese Auktion mit wenigen Mausklicks wieder komplett als Vorlage nehmen.

Sie fragen, wir verraten die Lösungen

145

Dazu gehen Sie innerhalb von *Mein eBay* zur Abteilung *Bewertungen*. Noch aktive und verfügbare Auktionen erkennen Sie ganz einfach an der blauen Artikelnummer. Auktionen, auf die kein Zugriff mehr möglich ist, sind dagegen an schwarzen Artikelnummern erkennbar.

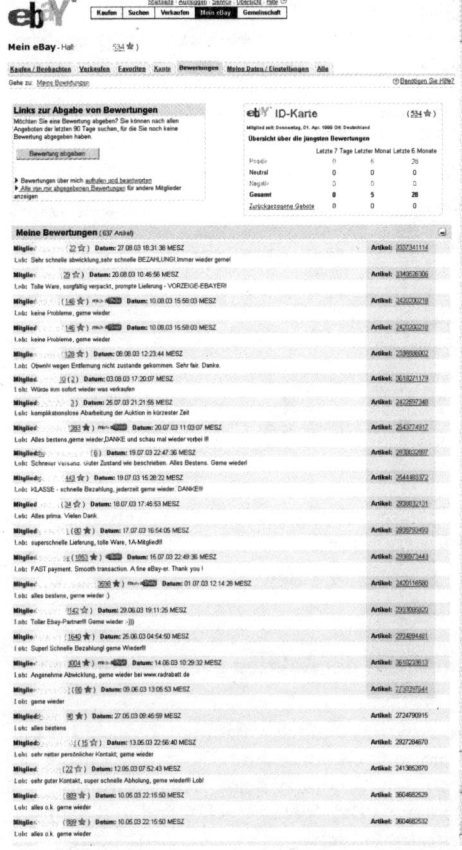

9.23 Über die Bewertungen ist ein Zugriff auf verkaufte Artikel bis zu 90 Tagen möglich. Alle hinterlegten Artikelnummern sind hier beispielsweise noch reaktivierbar

Suchen Sie sich die betreffende Auktion heraus und klicken Sie auf
Ähnlichen Artikel einstellen.

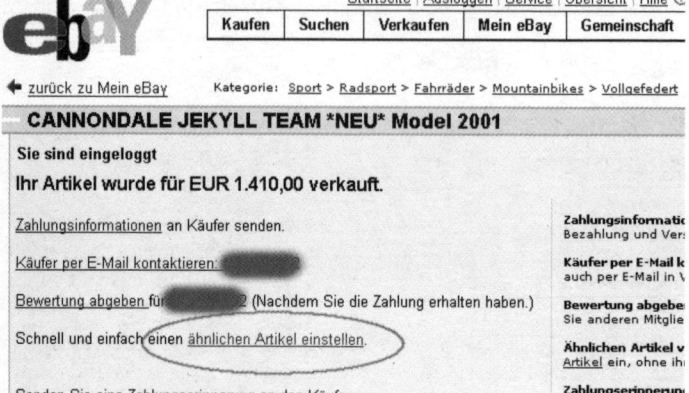

9.24 Der schnelle Weg, um viel Zeit zu sparen

Alle Angaben, Bilder, Text, Sonderformatierungen werden in ein neues Verkaufsformular übernommen.

Jetzt noch schnell Preis, Laufzeit und Startzeit anpassen und schon steht der Artikel wieder im Netz.

8. Können Artikel vor Ablauf der Auktion »verschwinden«?

Lösung:

Ja, der Verkäufer hat die Auktion einfach vorzeitig beendet. Im Gegensatz zum Zurückziehen von Geboten hinterlässt das Zurückziehen von Angeboten durch den Verkäufer keine negative Spuren auf der ID-Karte. Hier verhält sich eBay, wie bei vielen anderen Sachverhalten auch, stark verkäuferfreundlich.

Also, wenn eine Auktion mal nicht so läuft, lassen sich Angebote bis zur letzten Minute vor Ablauf ohne schmerzhafte Folgen zurückziehen. Das Schlimmste, was passieren könnte, wäre, wenn der ein oder andere Bieter sich per E-Mail meldet und wissen will, was los ist.

Diese Möglichkeit ist eine starke Verzerrung der Kräfte und Chancen zwischen Käufer und Verkäufer. Während Käufer nur mit Mühe und Not und denunzierenden Einträgen auf der ID-Karte davonkommen, können Verkäufer nach Herzenslust die Auktion abbrechen.

9. Ist der Gewährleistungsdisclaimer bei Auktionen von privat notwendig?

Lösung:
Leider ja, wenn man alle graue Theorie ernst nimmt. Auch beim privaten Verkauf hat der Käufer ein Recht auf Mängelfreiheit: die Ansprüche verjähren grundsätzlich erst nach zwei Jahren (§ 438 I Nr. 3 BGB).

Allerdings kann der Verkäufer die Gewährleistung auch vertraglich begrenzt oder sogar ganz ausgeschlossen haben – das muss er dann in der Artikelbeschreibung erwähnen.

Eine Beschränkung der Sachmängelhaftung gilt aber nur für Mängel, die der Verkäufer nicht kennt – wenn er etwas arglistig verschweigt, muss er trotzdem haften (§ 444 BGB).

Ein Beispiel: Es wird eine »ungetestete« Kaffeemaschine angeboten, für die der Verkäufer die Haftung ausschließt. Ist diese Maschine nun ohne Netzkabel geliefert worden, was der Anbieter auch erkannt hat, ohne dies jedoch in der Artikelbeschreibung aufgeführt zu haben, muss der Anbieter trotz Ausschluss haften und das Netzkabel nachliefern.

10. Wann sind die besten Auktionszeiten?

Lösung:
Diese Frage lässt sich nur sehr eingeschränkt pauschal beantworten. Die einzig richtige Antwort wäre: Die richtige Auktionszeit ist immer die Zeit, wenn ein Großteil der Zielgruppe vor eBay am PC sitzen kann. Dies kann, je nach Artikel, stark variieren.

Beispiele:

Babyprodukte: Mo. – Fr 10.00 – 17.00 Uhr. Zielgruppe Mütter, die tagsüber von zuhause aus surfen können.
Autos: So. – Fr. 20.00 – 23.00 Uhr Zielgruppe: Männer, oftmals mit Familienanbindung – für diese Produkte benötigen die meisten zur Kauffindung sehr viel Zeit und Ruhe
Regenschirme: Nur bei Regen, sonst geht da gar nichts ☺

Tab. 9.2   Beste Zeiten

Espresso-Tipp!   Zu beachten wäre noch, dass gewöhnliche Bürozeiten zwischen 9:30 Uhr und 16:30 Uhr nicht die schlechtesten Auktionszeiten sind. Viele eBay-er kaufen während der Arbeitszeit vom Büro aus ein und haben eventuell zuhause nicht einmal einen PC.

11. Wie kann ich bestimmte Bieter für Auktionen sperren?

Lösung:

Ein heikles Thema, denn viele Spaßbieter machen dem engagierten eBay-er das Leben unnötig schwer. Es kann durchaus vorkommen, dass der eine oder andere nach einer gewonnenen Auktion feststellt, dass die Ware einfach nicht passt. Es gibt jedoch Käufer, die sich kreuz und quer durch eBay kaufen und nichts abnehmen.

Droht ein Käufer mit vielen negativen Bewertungen zum Zuge zu kommen, so können Sie als Verkäufer bestimmte Gebote löschen oder einen Bieter komplett sperren, sodass dieser erst gar nicht mehr auf Auktionen von Ihnen bieten kann.

So streichen Sie Gebote:

Geben Sie diese Adresse der Seite ein:

http://pages.eBayde./help/sellerguide/selling-bids.html

Sie fragen, wir verraten die Lösungen

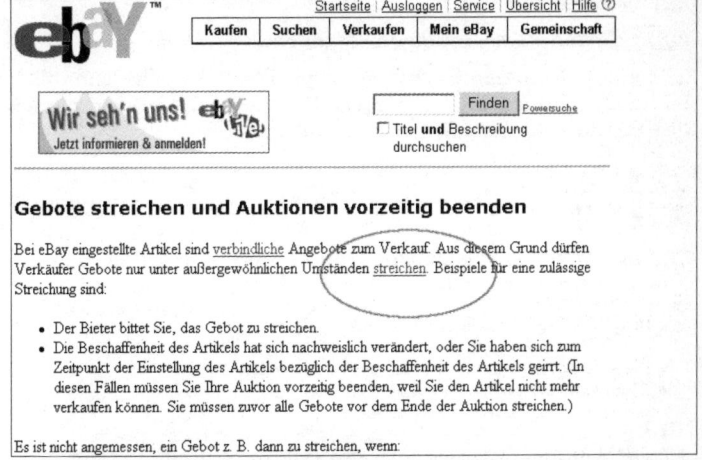

9.25 Jetzt klicken Sie auf den Hyperlink *Streichen*

Folgen Sie dem Hyperlink *Streichen*, der Sie zum Formular führt, von dem aus Sie abgegebene Gebote auf Ihre Auktion streichen können.

Dazu geben Sie im Formular die betreffende Artikelnummer ein sowie den Mitgliedsnamen des unerwünschten Bieters. Vergessen Sie nicht, den Grund Ihres Streichgesuchs einzutragen. Dazu stehen 80 Zeichen Platz zur Verfügung.

Anschließend bestätigen Sie den Vorgang durch Klicken auf *Gebot streichen*.

So sperren Sie ein unerwünschtes Mitglied für Ihre Auktionen aus:

eBay bietet die Möglichkeit, eine Liste unerwünschter Bieter bzw. Käufer abzulegen. Die eingetragenen Mitgliedsnamen können, solange diese in der Liste eingetragen sind, nicht auf Ihre Auktionen bieten oder Artikel kaufen. Diese Möglichkeit ist eine Konsequenz, die eBay Käufern bietet, um Spaßbietern, Rachebietern oder Wettbewerbsausbremsern das Handwerk zu legen.

Geben Sie folgenden Link ein:

http://pages.eBay.de/services/buyandsell/biddermanagement.html

oder alternativ:

http://cgi3.eBay.de/aw-cgi/eBayISAPI.dll?bidderblocklogin

Sie werden dann zum Einloggen aufgefordert. Anschließend öffnet sich die Seite mit Ihrer »schwarzen« Bieterliste. Diese Liste können Sie nach Belieben aktualisieren und ändern.

| Startseite | Ausloggen | Service | Übersicht | Hilfe |
| Kaufen | Suchen | Verkaufen | Mein eBay | Gemeinschaft |

Für Ihr Angebot abgegebene Gebote werden storniert

Sie sollten Gebote nur stornieren, wenn es einen guten Grund dafür gibt. Bitte denken Sie auch daran, dass Gebote nicht wiedereingesetzt werden können, wenn sie storniert worden sind. Hier einige **Beispiele für eine berechtigte Stornierung**:

- Der Bieter nimmt Kontakt mit Ihnen auf, um vom Gebot zurückzutreten.
- Sie können die Identität des Bieters nicht feststellen, obgleich Sie versucht haben, über verschiedene Wege Kontakt mit ihm aufzunehmen.
- Sie möchten Ihr Angebot vorzeitig beenden, da Sie Ihren Artikel nicht mehr verkaufen möchten. **In diesem Fall müssen Sie vor Angebotsende alle Gebote für Ihr Angebot stornieren.**

Da Ihre Stornierungen in der Übersicht der Gebote für dieses Angebot angezeigt werden, kann es sein, dass Sie von Bietern aufgefordert werden, Ihre Stornierung zu erklären. Daher möchten wir Sie bitten, **eine kurze Erklärung für Ihre Stornierung für die offiziellen Aufzeichnungen hinzuzufügen.**

Artikelnummer

Mitgliedsname des Bieters, dessen Gebot gestrichen werden soll

Grund der Gebotsstreichung:

(Maximal 80 Zeichen)

Klicken Sie auf diese Schaltfläche, um das Gebot zu streichen.

| Gebot streichen | Formular löschen |

9.26 Aha, der Franzis-Verlag steht schon auf der schwarzen Liste ;-)

Falls Sie auf solch einer schwarzen Liste stehen, erhalten Sie bei Abgabe eines Gebotes oder bei Kaufversuch eine Meldung von eBay, die Ihnen mitteilt, dass Sie auf dieses Angebot nicht bieten dürfen.

Sie fragen, wir verraten die Lösungen

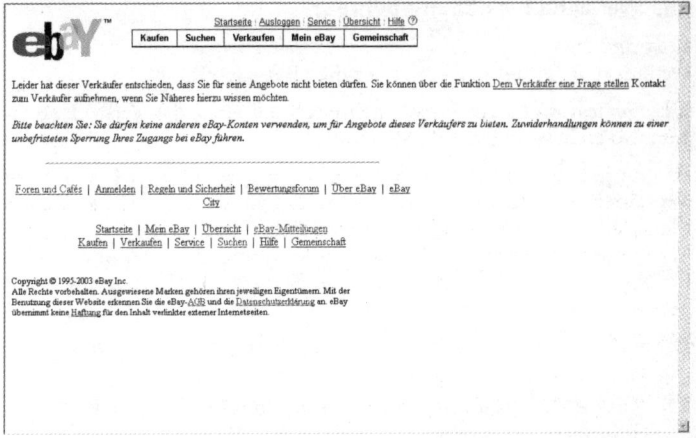

9.27 Hier dürfen Sie nicht bieten. Da bleibt nur die Kontaktaufnahme zum Verkäufer

12. Kann ich Auktionen einsehen, die älter als 30 Tage sind?

Lösung:
Ja und Nein. Sie können Auktionen einsehen, deren Artikel Sie verkauft haben und bei denen der Käufer Sie bewertet hat. Solche Artikel sind bis zu 90 Tage nach Auktionsende sichtbar.

Diese Auktionen können Sie über *Mein eBay*, Rubrik *Bewertungen* einsehen, da hier alle Auktionen hinter den Bewertungen aktiv gehalten werden.

13. Wie kann ich einen zweiten Account einrichten?

Lösung:
Zum Einrichten eines zweiten Accounts bei eBay benötigen Sie einen weiteren Mitgliedsnamen und eine weitere E-Mail-Adresse.

Eine Änderung der personenbezogenen Daten ist dabei nicht erforderlich, auch können Bankverbindungen mehrfach genutzt werden.

14. Wer zahlt die eBay-Gebühren?

Lösung:
Grundsätzlich trägt der Verkäufer die eBay-Gebühren.

Und zwar sowohl die Einstellgebühren als auch die Verkaufsprovision. So steht es in der eBay-Satzung.

Es gibt jedoch Ausnahmen mit Rechtsgültigkeit. Dabei schreibt der Verkäufer klipp und klar in die Artikelbeschreibung, dass der Käufer die anfallenden Auktionsgebühren zu tragen hat. In diesem Falle gehören die Gebühren zum Kaufgegenstand und der Bieter bzw. Käufer hat mit seiner Gebotsabgabe eine Einverständniserklärung abgegeben.

Diese Unsitte ist jedoch inzwischen die Ausnahme bei eBay.

15. Gibt es Rückgaberecht bei Kauf eines Geräts vom Profihändler?

Lösung:
Lange Zeit war es heiß diskutiert. Nun ist die Situation aber klar. Verkäufe und Auktionen von gewerblichen Anbietern unterliegen dem Fernabsatzgesetz.

Gemäß § 6 Nr. 5 der *Allgemeinen Geschäftsbedingungen* von eBay ist ein Unternehmer verpflichtet, über das gesetzliche Widerrufsrecht zu belehren und dem Verbraucher die gesetzlich vorgeschriebenen Informationen zu erteilen.

Das Widerrufs- und Rückgaberecht sieht vor, dass bei einer Warenlieferung der Käufer die Ware ohne Begründung bis zwei Wochen nach Erhalt zurückgeben kann. Voraussetzung ist jedoch, dass er ordnungsgemäß über sein Widerrufs- oder Rückgaberecht belehrt wurde. Ohne Belehrung erlischt die Frist zur Rückgabe der Ware nicht. Der Käufer kann somit bis zum jüngsten Tag die Ware auf Kosten des Verkäufers zurückgeben.

Gewerblichen Anbietern ist daher dringend anzuraten, den Informationspflichten nach den Grundsätzen des *Fernabsatzgesetzes* (§ 312b BGB bis 312f BGB), der *BGB-InfoVO* und der *Belehrung über das Widerrufs- und Rückgaberecht* nachzukommen.

Sie fragen, wir verraten die Lösungen 153

16. Wie kann ich mein Maximalgebot (Bietagent) erhöhen?

Lösung:
Sie bieten auf eine Auktion mit dem eBay-Bietagenten. Zurzeit sind Sie der Höchstbietende. Da Sie sich nicht sicher sind, ob das eingetragene Höchstgebot reichen wird, möchten Sie Ihr Höchstgebot erhöhen.

Dies ist kein Problem mehr. Gehen Sie einfach zur betreffenden Auktion und bieten auf diese Auktion. Geben Sie dabei Ihr korrigiertes Höchstgebot ein. Keine Bange, der derzeitige Stand der Auktion wird sich nicht erhöhen (so wie früher), es wird nur der Maximalbetrag neu eingetragen, bis zu dem Sie mitbieten wollen.

17. Was kann ich unternehmen, wenn der Käufer sich nicht meldet?

Lösung:
Das Schlimmste, was einem Verkäufer passieren kann, wenn sich ein Käufer nicht meldet, ist, dass er auf der Verkaufsprovisionen an eBay hängen bleibt. Doch auch dies muss nicht sein, wenn er ein paar einfache Regeln einhält.

→ Warten Sie, bevor Sie mit weiterführenden Maßnahmen durchstarten, ein paar Tage ab. Es kann immer sein, dass der Käufer kurzfristig verreist ist oder er keine Möglichkeit hat, seine E-Mails durchzusehen. Auch kommt es oftmals vor, dass die Transaktions-Nachrichten von eBay verspätet oder gar nicht eintreffen. Prüfen Sie die Adressdaten. Dazu eignet sich prima eine Telefon-CD wie etwa *KlickTel*.

→ Warten Sie nicht darauf, dass der Käufer sich meldet. Senden Sie unmittelbar nach Auktionsende dem Käufer eine Bestätigungsnachricht.

→ Sind fünf Tage fruchtlos verstrichen, und der Käufer hat weder auf Ihre Bestätigungsnachricht geantwortet geschweige denn bezahlt, senden Sie ihm eine Erinnerungsnachricht. Dies hat für den Käufer keine Konsequenzen. Hier werden jetzt die letzten auch wach. Die Zahlungserinnerung finden Sie in der Rubrik *Mein eBay* unter *Von mir verkaufte Artikel*. Klicken Sie dann einfach auf das Erinnerungs-E-Mail-Symbol. Sie können die automatisiert erstellte Nachricht noch textlich anpassen, bevor Sie diese versenden.

→ Um Ihre Rechte an einer von eBay zu wahren, reichen Sie eBay eine Benachrichtigung über einen unzuverlässigen Bieter ein. eBay versendet jetzt eine Zahlungsaufforderung an den Käufer. Dieses Formular kann frühestens sieben Tage nach Auktionsende und muss spätestens 45 Tage nach Auktionsende abgesendet worden sein.

→ Bleibt auch dies fruchtlos, und der Käufer meldet sich nicht, reichen Sie das Formular zur Gutschrift von Verkaufsprovisionen ein. Diese Gutschrift muss innerhalb von 60 Tagen nach Auktionsende beantragt werden. Grundsätzlich empfehle ich, die Sache nicht endlos vor sich herzuschieben. Sieben bis zehn Tage nach Auktionsende sollten alle Daten ausgetauscht sein, wenn nicht, geben Sie die Meldung an eBay ab. 14 Tage nach Auktionsende sollten Sie dann die Provisionsgutschrift anfordern, bevor dies in Vergessenheit gerät.

→ Ein kaufrechtlich wichtiger Aspekt ist, dass Sie als Verkäufer unbedingt vom Kaufvertrag zurücktreten. Teilen Sie dies dem Käufer unbedingt mit! Nicht, dass nachher noch jemand kommt und den Vertrag einlösen will – und Sie haben den Gegenstand zwischenzeitlich anderweitig verkauft.

18. Was kann ich unternehmen, wenn ich die Ware nicht mehr abnehmen möchte?

Lösung:
Sie haben einen Artikel ersteigert. Nachdem sich der Rausch gelegt hat, stellen Sie fest, dass Sie den Artikel eigentlich gar nicht benötigen und wollen. Jetzt ist guter Rat teuer. Doch keine Panik, es wird auch bei eBay-Geschäften nie so heiß gegessen wie gekocht.

Ich denke da an die wilden Androhungen, die man heute innerhalb eBay liest, wie etwa: »An alle Spaßbieter, denkt dran, mein Anwalt wartet schon!«

Was soll dieser Unsinn, kaufen Sie umgekehrt ernsthaft bei einem Verkäufer, der Ihnen schon so unpassend beim Eintreten ins Geschäft kommt? Sicherlich nicht. Insofern ist mir jeglicher Hintergrund für solche vollkommen deplazierten Bemerkungen bei eBay

Sie fragen, wir verraten die Lösungen

noch nicht klar geworden. Auf solche Auktionen biete ich einfach nicht.

Die Gefahr, als unzuverlässiger Käufer einem gerichtlichen Prozess ausgesetzt zu sein scheint doch eher gering. Was will der Verkäufer denn einklagen? Gut, er hat formal einen Kaufvertrag, aber was nutzt der? Der Verkäufer will verkaufen und nicht seine Zeit mit Anwälten und Gerichtsbesuchen vergeuden, daher ist er an einer sachdienlichen Lösung vielmehr interessiert als an aufwändigen Klagewegen.

In diesem Sinne: Bieten Sie dem Verkäufer eine verträgliche Lösung an. Kontakten Sie den Zweitbieter und erzählen Sie ihm, was geschehen ist. In den meisten Fällen wird sich der Zweitbieter zum Kauf überreden lassen. Die Chancen stehen 50:50. Nutzt alles nichts, bieten Sie dem Verkäufer die Übernahme der Einstellgebühren und eventuell der Verkaufsprovision an. Letzteres erhält er zwar grundsätzlich von eBay wieder, dafür bedarf es allerdings eines recht umfangreichen Procedere, von der Meldung eines unzuverlässigen Bieters über die Verbindung mit lästigen Wartezeiten. Solange nicht über Unsummen gesprochen wird, sollte Sie einfach die Übernahme der Kosten anbieten. So sind Sie aus dem Schneider und Sie können aus einer schlechten Bewertung noch eine gute Bewertung herausschlagen – ein bisschen diplomatisches Geschick vorausgesetzt.

Denken Sie daran, dass der Verkäufer in aller Regel keinen Stress will, er will nur seine Ware verkaufen. Bei gewerblichen Händlern haben Sie als Verbraucher ganz andere Rechte. Verweisen Sie direkt auf das *Fernabsatzgesetz*. Jetzt kann sich der Verkäufer aussuchen, ob er zunächst die Ware aussenden will – um sie dann postwendend wieder zurücknehmen zu müssen und dabei noch die Portokosten auf der Sollseite stehen hat – oder ob er direkt vom Kaufvertrag zurücktritt. Letztes ist einfacher, stressfreier und billiger. Bitte verstehen Sie mich jetzt nicht falsch, dies ist keine Aufforderung für Spaßbieter! Sie sollten nur im Fall des Falles einen kühlen Kopf bewahren (den hatten Sie schon bei der Auktion verloren) und die Angelegenheit auf den Boden der Vernunft zurückholen.

19. Wie kann ich prüfen, ob der Verkäufer seriös ist?

Lösung:
Es gehört schon eine Portion Mut und Vertrauen dazu, wildfremden Menschen Geld im Vertrauen auf einwandfreie Ware zu senden.

Stellen Sie sich immer kritisch die Frage: Passt der Preis zum Produkt? Bei Notebooks etwa gibt es keine großartigen Handelsspannen. Seien Sie bei so genannten »Schnelldrehern« immer besonders kritisch.

Daher empfehle ich bei kostspieligen Sachen eine Kontaktaufnahme mit dem Verkäufer im Vorfeld.

Fragen Sie dabei nach, ob Sie die Ware zuvor besichtigen können, fragen Sie, ob Sie die Ware anholen können oder fragen Sie einfach nach seiner Telefonnummer.

Prüfen Sie alle Angaben mittels einer Telefon-CD oder durch die Auskunft.

Kontakten Sie andere Käufer und fragen Sie, ob die Transaktion sauber gelaufen ist – bitten Sie freundlich um die Adresse des Verkäufers.

Stimmt alles, können Sie davon ausgehen, dass alles seine Richtigkeit haben wird.

20. Was bedeutet Powerseller?

Lösung:
Powerseller ist ein besonderer Status bei eBay und verweist auf einen Händler, der im hohen Maße Geschäfte über eBay abwickelt. An den Status eines Powersellers sind bestimmte Kriterien geknüpft.

Powerseller gibt es in vier Leistungsklassen, die sich im Wesentlichen durch den Umsatz unterscheiden. Powerseller genießen bei eBay verschiedene Vorteile.

Die entscheidenden Kriterien sind:

Punkt 1: Der Powerseller benötigt monatlich ein durchschnittliches Handelsvolumen in den letzten drei Monaten von

- → EUR   3.000 für den Status Bronze
- → EUR 10.000 für den Status Silber
- → EUR 25.000 für den Status Gold
- → EUR 150.000 für den Status Platin

Weiterhin müssen Powerseller folgende Kriterien ständig erfüllen:
- Mindestens 100 Bewertungen, davon mind. 98% positiv
- Einhaltung der eBay-Grundsätze und den Powerseller-AGB
- Durchschnittlich mindestens vier erfolgreich verkaufte Artikel pro Monat in den letzten drei Monaten
- Bezahlung der eBay-Rechnungen per Lastschrift oder Kreditkarte
- Registriert bei *eBay.de*, *eBay.ch* oder *eBay.at* und Wohnsitz in Deutschland, Schweiz oder Österreich

Werden diese Kriterien erfüllt, wird eBay Sie automatisch zum Powerseller-Programm einladen.

9.3 FAQs Kaufabwicklung, Bezahlung und Versand

In diesem Abschnitt finden Sie Lösungen zu typischen Fragen zur Kaufabwicklung, Bezahlung und Tipps zum kostengünstigen Versand.

1. Welche Möglichkeiten der Bezahlung haben Käufer an den Verkäufer?

Lösung:
Grundsätzlich stehen den beiden Vertragspartnern, Verkäufer wie Käufer, alle denkbaren Möglichkeiten zur Verfügung. Die Wahl der Zahlart gibt der Verkäufer an. Meistens stehen mehrere Optionen zur Verfügung.

eBay ist damit groß geworden, dass Käufer in aller Regel in Vorleistung gehen und die ersteigerte Ware gegen Vorkasse bezahlen. Diese Gepflogenheit konnte sich bis dato weiter durchsetzen. In aller Regel verlangt der Verkäufer Vorkasse durch Überweisung. Wurde der Betrag auf sein Konto gutgeschrieben, versendete er die Ware an den Käufer.

Barzahlung bei Übergabe oder Nachnahme sind sicherlich die weiteren üblichen Optionen.

Für latent misstrauische Kandidaten und für größere Geldbeträge empfiehlt sich eine Zahlungsabwicklung über den *iloxx*-Treuhandservice.

Hier stellt ein Treuhänder, in diesem Falle die Firma iloxx, den rechtmäßigen Ablauf sicher, sodass der Käufer seine Ware erhält und der Verkäufer sein Geld.

Ein neues Zahlungssystem, das zur Unternehmensgruppe von eBay gehört, ist *Paypal*.

PayPal bietet ähnliche Vorteile und Sicherheiten wie der Treuhandservice, die Abwicklung ist nur einfacher, billiger und schneller. Dabei können Zahlungen auch bequem über ein Kreditkartenkonto vorgenommen werden.

Der große Vorteil von PayPal ist, dass die Kontoverbindung oder das Kreditkartenkonto, das belastet wird, nur einmal angegeben werden muss, und zwar bei PayPal. So senden Sie nicht fortlaufend Ihre Bankverbindung durch das Netz und halten Ihre privaten Bankdaten wirklich privat.

2. Wie funktioniert der eBay-Treuhandservice?

Lösung:
Die Zahlung über den Treuhandservice von eBay ist eine sichere Zahlungsmethode, bei der der Treuhänder erst die Zahlung an den Verkäufer freigibt, wenn die Ware angekommen ist, bzw. erst den Verkäufer anweist, die Ware zu versenden, wenn vom Käufer die Zahlung eingetroffen ist. Der

Treuhandservice ist gebührenpflichtig. Käufer und Verkäufer teilen sich in aller Regel die Kosten. Der Treuhandservice wird über das Unternehmen ILOXX abgewickelt.

Bitte beachten Sie dazu die Webseite: *http://pages.eBay.de/help/community/escrow.html*

Die Abwicklung über den Treuhandservice gehört sicherlich zu den sichersten Zahlungsmethoden. Die *Stiftung Warentest* schreibt dazu in ihrer Ausgabe der Zeitschrift »test« vom 20.12.2002: »Empfehlenswert und am sichersten ist die Zahlung per Treuhänder, wie sie eBay beispielsweise über die Firma iloxx anbietet«.

Sie fragen, wir verraten die Lösungen

Doch auch hier ist Vorsicht angebracht! Eine ganz neue Masche bei Betrugsserien im großen Stil sind gefälschte Treuhandservices. Besonders bei Auktionen aus dem Ausland ist diese Betrugsmasche ins Gespräch gekommen.

Der Verkäufer verlangt die Abwicklung über einen Treuhänder und verweist bei der Gelegenheit direkt auf eine Internetadresse. Als Gründe, falls überhaupt, werden in aller Regel günstigere Konditionen oder ein schon bestehendes Konto angegeben. Der Käufer gelangt zu einer Webseite, die auf ein seriöses Bankhaus schließen lässt. Der Käufer überweist und erhält dann auch sicherlich noch eine Nachricht, dass die Ware verschickt worden ist. Das Problem ist nur: Dieses Bankhaus gibt es gar nicht, der komplette Internetauftritt ist eine Fälschung. Das Geld ist nun weg und Ware kommt garantiert nicht.

Espresso-Tipp! Nutzen Sie daher unbedingt nur den von eBay autorisierten Treuhandservice!

3. Bezahlung mit PayPal – was ist PayPal überhaupt?

Lösung:
PayPal gehört zu eBay und sitzt in Kalifornien, Mountain View, USA. PayPal bietet mit über 1.000 Angestellten seine Dienstleistungen in 38 Ländern an.

PayPal gehört zu den größten und erfolgreichsten Anbietern von Internet-Zahlungssystemen. Kunden nutzen PayPal zum Bezahlen von Waren, aber auch um Dienstleistungen auszugleichen. Selbst traditionelle Geschäfte wie Anwaltskanzleien, Ärzte und Handwerker haben mit Annahmen von Zahlungen via Paypal begonnen.

PayPal ist weitgehend sicher und verwendet zur Übertragung von Daten SSL-Technologie. Persönliche Daten (wie z.B. Kreditkarten-Nummern und Bankkonto-Daten) bleiben geheim, wenn Sie via PayPal Gelder an Dritte senden.

Die Kontoeröffnung sowie das Verschicken von Geldern ist kostenfrei. Für das Empfangen von Geldern wir eine geringe Gebühr erhoben.

Das Schöne ist, dass PayPal über eine Kreditkartenkonto als Bezugskonto geführt werden kann, so sind nicht einmal mehr klassische Überweisungen notwendig.

Wenn Sie keine Kreditkarte besitzen, können Sie PayPal nur begrenzt nutzen. Um Geld zu verschicken, tätigen Sie erst eine Überweisung an PayPal. Klicken Sie auf *Add Funds, Transfer from German Bank Account* und befolgen dann dort die weiteren Anweisungen.

Zum Anmelden bei PayPal gehen Sie zur Internetseite:

http://www.paypal.com

9.28 Zur Anmeldung klicken Sie auf *Sign up*

Sie fragen, wir verraten die Lösungen

> **Espresso-Tipp!** Um direkt Geld zu verschicken, registrieren Sie eine Kreditkarte auf Ihr PayPal-Konto. Nachdem eine Kreditkarte hinzugefügt wurde, qualifizieren sich manche Konten bereits für ein anfängliches Versandlimit. Dieses Limit hängt von der Bestätigung von Informationen ab, die Sie angegeben haben. Sollte Ihr Limit bei Null liegen oder wenn Sie in die Nähe Ihres Limits geraten, werden Sie gebetenn den *Expanded Use Enrollment Process* abzuschließen. Sobald Sie den *Expanded Use Enrollment Process* abgeschlossen haben, erhält Ihr PayPal-Konto den Status *German-Verified*. Das anfängliche Versandlimit gilt dann nur noch für die Kreditkarten, die den *Expanded Use Enrollment Process* noch nicht durchlaufen haben.

4. Wie teuer und aufwändig sind Überweisungen innerhalb der EU?

Seit 1. Juli ist die EU-Verordnung *2560/2001/EC* in Kraft. Sie können jetzt zu Inlandskonditionen in andere EU-Staaten überweisen. Beachten Sie die Voraussetzungen:

Mit der EU-Standard-Überweisung (EU-Binnenzahlung) können Sie ab 1.7.2003 zu den Kosten von Inlandsüberweisungen in jedes Land der EU überweisen. Um als EU-Standard-Überweisung abgewickelt werden zu können, muss Ihr Zahlungsauftrag die folgenden Regeln erfüllen:

→ Der Überweisungsbetrag ist in Euro und darf 12.500 € nicht übersteigen.

→ Die Überweisung erfolgt auf ein Konto, das in einem EU-Staat geführt wird.

→ BIC und IBAN des Empfängers sind im Überweisungsauftrag angeführt. Natürlich müssen diese Angaben auch richtig sein.

→ Die gemeinsame Angabe von BIC und IBAN ermöglicht die automatische Verarbeitung des Auftrages bis hin zur Buchung auf das Konto des Empfängers. BIC und IBAN sind die Schlüssel für die kostengünstige Überweisung innerhalb der EU.

5. Wie überweise ich in ein anderes EU-Land?

Lösung:
Für Überweisungen in das EU-Ausland bitten Sie Ihren Geschäftspartner um rasche Mitteilung der BIC seiner Bank und seiner IBAN und verwenden Sie diese Angaben in Ihren Zahlungsaufträgen.

Errechnen Sie sich die IBAN Ihrer Geschäftspartner auf keinen Fall selbst! Die Gefahr, dass Sie eine falsche IBAN produzieren ist zu hoch. Überweisungen mit falscher IBAN führen zu aufwändigen Rückleitungen, deren Kosten Ihnen die Bank weiterberechnen muss.

Wenn Sie den Auftrag mittels Beleg erteilen, verwenden Sie auf keinen Fall die Belege für Inlandsüberweisungen, sondern nur die Belege für Auslandsüberweisungen! Auf diesen Belegen und auch in den Eingabemasken bei elektronischer Überweisung sind für BIC und IBAN eigene Felder vorgesehen. Tragen Sie die Werte nur dort ein! BIC und IBAN sind ausreichend, Sie brauchen die Kontonummer des Begünstigten oder den *Routing-Code* seiner Bank nicht zusätzlich anzuführen.

Bei der EU-Standard-Überweisung gibt es nur die Spesenteilung (Option SHA) zwischen Auftraggeber und Begünstigtem, d.h. jeder der beiden zahlt die in seinem Inlandszahlungsverkehr anfallenden Spesen.

Bitte beschränken Sie den Text des Verwendungszwecks möglichst auf 35 Zeichen, da nicht in allen EU-Ländern die Weitergabe eines längeren Texts an den Begünstigten garantiert werden kann.

6. Kleines Versandkosten 1 x 1: So versenden Sie am günstigsten

In aller Regel sind Sie bei normalen Versandaufkommen mit der Post gut bedient. Für alles, was transportabel ist, also Briefe, Päckchen, Pakete bis 20 kg, fahren Sie mit der Post, jetzt DHL, unter dem Strich gut. Hier hat die Post für private Kunden die besten Preise.

Bei höherem Gewicht oder sperrigen Gütern, wie beispielsweise einem Fahrrad, sind andere Dienstleister oftmals günstiger und unkomplizierter.

Eine sehr günstige Alternative für kleinere Gegenstände bis maximal 500 g ist die Warensendung. Diese ist zwar auch nicht versichert, und Sie haben keinen Versandnachweis, dafür lassen Versandkosten bis maximal EUR 1,53 keine Auktion zum Ladenhüter werden.

Sie fragen, wir verraten die Lösungen

	Mindestmaße	Höchstmaße	Höchstgewichte	Preis / Euro
Standard	14 x 9 cm	23,5 x 12,5 x 0,5 cm	20 g	0,41
Kompakt	10 x 7 cm	60 x 30 x 15 cm*	50 g	0,66
Maxi	10 x 7	60 x 30 x 15 cm*	500 g	1,53

* oder Länge, Breite und Höhe zusammen 90 cm, jedoch in keiner Ausdehnung mehr als 60 cm. Für die Formate Standard und Kompakt ist die Rechteckform verbindlich. Maxisendungen können auch quadratisch sein, falls die Breite mehr als 12,5 cm beträgt.

Tab. 9.3 Warensendungen

Bücher und Drucksachen versenden Sie zu günstigen Sondertarifen mit der Post.

	Mindestmaße	Höchstmaße	Höchstgewichte	Preis / Euro
Standard	14 x 9 cm	23,5 x 12,5 x 0,5 cm	20 g	0,41
Kompakt	10 x 7 cm	60 x 30 x 15 cm*	50 g	0,56
Groß	10 x 7 cm	60 x 30 x 15 cm*	500 g	0,77
Maxi	10 x 7 cm	60 x 30 x 15 cm*	1000 g	1,28

* oder Länge, Breite und Höhe zusammen 90 cm, jedoch in keiner Ausdehnung mehr als 60 cm. Für die Formate *Standard* und *Kompakt* ist die Rechteckform verbindlich. Maxisendungen können auch quadratisch sein, falls die Breite mehr als 12,5 cm beträgt.

Tab. 9.4 Besonders günstig

Online-Checker für Preise und Sendungsverfolgung:

Deutsche Post AG:	*http://www.post.de und http://www.euroexpress.de*
Hermes-Versand:	*http://hermes-vs.de*
UPS:	*http://www.ups.de*
Iloxx:	*http://www.iloxx.de/preischeck.asp*

Tab. 9.5 Surfen spart Bares

Paketsendungen mit der Deutsche Post AG (DHL)

Hier finden Sie die wichtigsten Tarife für Päckchen und Pakete auf einen Blick:

Päckchen:

Das unversicherte Päckchen eignet sich für kleinere Gegenstände bis zu einem Maximalgewicht von 2 kg. Da Sie keinen Versandnachweis erhalten und somit bei Reklamationen nicht nachweisen können, dass Sie die Ware auch wirklich abgeschickt haben, empfehle ich diese Versandart nur für Gegenstände bis EUR 50,00

Tarife (Stand 11.09.2003) für Päckchen:

Inland:	EUR 4,10
Europa:	EUR 8,20
Welt:	EUR 12,30

Tab. 9.6 Päckchen

Tarife für Pakete:

Gewicht	Deutschland	Zone 1*	Zone 2*	Zone 3*	Zone 4*
bis 5 kg	6,70 EUR	16,50 EUR	25,00 EUR	29,00 EUR	35,00 EUR
über 5 bis 10 kg	9,70 EUR	20,50 EUR	35,00 EUR	39,00 EUR	50,00 EUR
über 10 bis 20 kg	13,00 EUR	28,50 EUR	45,00 EUR	59,00 EUR	80,00 EUR

Zone 1 - EU (Europäische Union)

Andorra, Azoren, Belgien, Dänemark, Färöer (DK), Finnland, Frankreich, Griechenland, Grönland, Großbritannien (inklusive Isle of Man), Guernsey, Irland, Italien, Jersey, Korsika, Liechtenstein, Luxemburg, Madeira, Monaco, Niederlande (Holland), Nordirland, Österreich, Polen, Portugal, San Marino, Schweden, Schweiz, Slowakei, Spanien (inklusive Balearen), Tschechien, Vatikanstadt.

Sie fragen, wir verraten die Lösungen

Zone 2 - Rest-Europa

Zu Rest-Europa gehören folgende Länder:

Albanien, Armenien, Aserbaidschan, Bosnien-Herzegowina, Bulgarien, Estland, Georgien, Gibraltar, Island, Jugoslawien, Kanarische Inseln, Kasachstan, Kosovo, Kroatien, Lettland, Litauen, Mazedonien, Malta, Republik Moldau, Norwegen, Rumänien, Russische Föderation, Serbien und Montenegro (ehem. Jugoslawien), Slowenien, Türkei, Ukraine, Ungarn, Weißrussland (Belarus), Zypern.

Zone 3 - Welt

Zu Welt gehören folgende Länder:

Ägypten, Algerien, Bahrain, Irak, Iran, Israel, Jemen, Jordanien, Kanada, Katar, Kuwait, Libanon, Libyen, Marokko, Oman, Saudi-Arabien, St. Pierre und Miquelon, Syrien, Tunesien, USA, Vereinigte Arabische Emirate.

Zone 4 - Rest Welt

Hierzu gehören alle Länder, die nicht in die übrigen Zonen eingeordnet sind. Wenn Sie also Ihr Zielland nicht in den anderen Regionen auffinden, fällt es in diese Zone.

Tab. 9.7 Pakete weltweit

7. Die Freeway-Paketmarke – Geld sparen beim Versand von Paketen

Hat Ihr Handel bei eBay schon ein gewisses Volumen angenommen? Versenden Sie jetzt des öfteren Pakete? Dann ist die *Freeway-Paketmarke* zum Sparen bestens geeignet. Hier räumt Ihnen die Post quasi einen Mengenrabatt ein, da Sie ja das Porto für eine bestimmte Anzahl von Paketsendungen im voraus bezahlen.

Zudem bieten die Freeway-Paketmarken einen weiteren Vorteil: Sie brauchen nicht immer zur Post zu rennen, denn gegen entsprechendes Entgelt holt DHL die Paketsendungen bei Ihnen ab. Das heißt, Sie könnten etwa die Aussendungen von Ihrem Arbeitsplatz abholen lassen.

Die neue Freeway-Paketmarke, nach der der Postversand über DHL abläuft, gibt es in drei verschiedenen Varianten:

→ Gelb   Versand innerhalb Deutschlands

→ Rot   Versand innerhalb Deutschlands mit Abhol-Service

→ Blau Versand in die Europäische Union

Die alten Freeway-Paketmarken und Zusatzmarken behalten ihre Gültigkeit, sie sind zeitlich unbeschränkt weiterhin verwend- und auch mit den neuen Paket- und Zusatzmarken kombinierbar.

Die Freeway-Paketmarken sind, je nach Leistung, in 5er-, 10er-, 50er- oder 100er-Einheiten erhältlich.

Für Sendungen innerhalb Deutschland gelten beispielsweise folgende Konditionen:

Einheit	Preis (Euro)	Ersparnis
10er-Pack (5kg)	63,00 EUR	d.h. knapp 6% gespart*
50er-Pack (5kg)	295,00 EUR	d.h. knapp 12% gespart*
100er-Pack (5kg)	530,00 EUR	d.h. knapp 21% gespart*
* gegenüber dem regulären Porto		

Tab. 9.8 Einheits-Preise

Eine ausführliche Übersicht der Konditionen erhalten Sie bei der Post oder über das Interportal von DHL: *http://www.euroexpress.de*

Espresso-Tipp! Bedenken Sie immer, dass Sie bei alternativen Versandarten wie etwa Päckchen oder Paket bei der günstigeren Variante keine Versicherung und keinen Nachweis über Ihren Versand haben. Im Fall des Falles können Sie mit einem Einlieferungsbeleg der Post und dem entsprechenden Identcode den Versand nachweisen und den Versandstatus kontrollieren lassen. Oftmals lässt sich der Versandstatus online prüfen. Sparen Sie also nicht am falschen Ende. Auch als Käufer sollten Sie hier nicht knausern. Bei einer Lieferung, die angeblich vor drei Tagen aufgegeben worden ist und noch nicht bei Ihnen eingetroffen ist, können Sie sich die Nummer geben lassen und selbst bei der Post telefonisch nachfragen.

9.4 FAQs Bilder und HTML

Kostenlos Bilder einbinden, Auktionen mit schönen, imposanten Abbildungen schmücken. Alle Fragen, Lösungen und Antworten finden Sie hier.

Sie fragen, wir verraten die Lösungen 167

1. Was ist ein FTP-Client und wozu benötige ich dieses Tool?

Lösung:
Ein FTP-Client ist eine Software, mit der HTML-Seiten, komplette Programme oder einfach nur Bilder von einem stationären Rechner auf einen Webserver geladen werden. So eine Software benötigen Sie, wenn Sie Ihre Fotos von den Artikeln auf Ihren Webspace laden wollen.

FTP bedeutet *File Transfer Protocol*.

Viele Provider bieten bei ihren Webspace-Angeboten FTP-Tools an. Oftmals handelt es sich hierbei um Online-Tools, die mehr oder weniger unkomfortabel in der Bedienung sind.

Eine preisgünstige, einfach zu bedienende und deutschsprachige Software ist der *FTP-Pilot* vom Franzis' Verlag. Den FTP-Pilot können Sie sich für EUR 9,95 von der Franzis' Webseite runterladen:

www.franzis.de

Oftmals wird diese Software auch diversen Homepage-Softwareprodukten als Vollversion beigepackt.

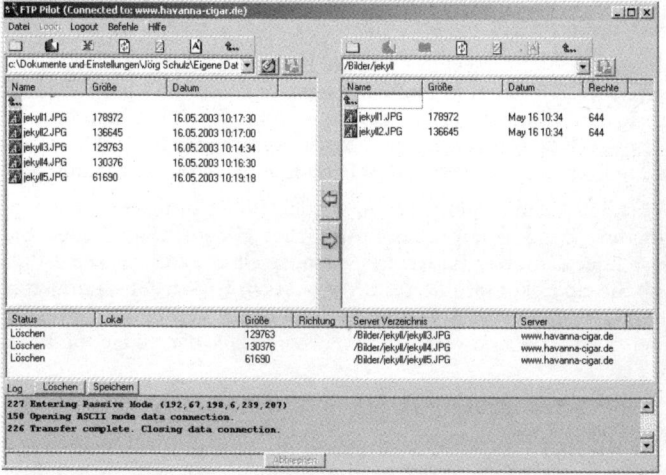

9.29 Mit dem FTP-Pilot ist das Hochladen von Dateien ins Web ein Kinderspiel

2. Welche Größe dürfen Bilder bei eBay besitzen?

Größe ist nicht gleich Größe. Zum einen meint Größe die Abmessungen, die für Bildschirmauflösungen in Pixel angegeben wird, zum anderen, und dies ist in aller Regel noch viel relevanter, die Dateigröße.

Entscheidend ist: Je größer das Dateivolumen ist, umso länger dauert es für den Betrachter einer Internetseite, das eingebundene oder verlinkte Bild zu sehen.

Die Größe der Abbildung hat dabei nur bedingt Einfluss auf die Dateigröße. Farbtiefe und das entsprechende Bilddateiformat sind in deutlich höherem Umfang verantwortlich für die Dateigröße.

Es gibt eine Reihe unterschiedlicher Bilddateiformate.

→ Grundsätzlich lassen sich die Bilddateiformate in zwei Gruppen unterteilen:

→ Unkomprimierte Bilddateiformate und komprimierte Bilddateiformate.

Ein umkomprimiertes Bilddateiformat ist beispielsweise ein Bitmap, eine BMP-Datei. Populäre komprimierte Bildformate sind das JPEG (JPG) und das GIF.

Grundsätzlich verschlechtert sich die Informationsdichte bei komprimierten Bildformaten gegenüber einem unkomprimierten Originalbild. Inwiefern diese Verschlechterung sichtbar wird, hängt von der Stärke der Komprimierung ab. Extrem komprimierte JPEGs erkennen Sie leicht an einer »Bauklötzchenbildung«, *Artefakte* genannt.

Für schnell ladene Internetseiten werden Bilder oftmals bis zur vertretbaren Grenze komprimiert. Ähnliches gilt für eBay. Laden Sie Bilder über den eBay-Bilderservice ein, spielt es zunächst keine Rolle, ob Sie ein unkomprimiertes BMP oder ein Ladezeiten-optimiertes JPEG hochladen. IPIX komprimiert alle zur Verfügung gestellten Bilder recht stark und verkleinert gegebenenfalls die Bilder auf 400 x 300 Pixel.

In aller Regel ist die Bildqualität von IPIX brauchbar, aber nicht optimal.

Deutlich besser, mit größeren Abmessungen, können Sie ein Bild über den *Eigenen Bilderservice* einbinden, oder, noch besser, mehrere

Bilder mittels HTML-Link aus der Artikelbeschreibung heraus aufrufen.

Damit das Betrachten Ihrer Auktionen für weitgehend alle eBay-Nutzer noch Spaß macht, sollten Sie hier auf bestmögliche Qualität bei größtmöglicher Abbildung achten.

Dies bedeutet für Sie:

Legen Sie die *Maximale Größe* Ihrer Bilder bei detailreichen Artikeln auf maximal 800 x 600 Pixel fest, in den meisten Fällen ist eine Auflösung von 640 x 480 Pixel vollkommen ausreichend und ohnehin schon mehr als 2,5 mal so groß wie eine standardisierte Abbildung bei eBay, die via IPIX eingestellt worden ist.

Damit der Ladevorgang noch flüssig läuft, sollten diese Bilder keine Dateigröße von über 70 KB haben.

Erstellen Sie diese Bilder mit einer Digitalkamera, stellen Sie die Kamera für diese Aufnahmen auf 640 x 480 Pixel ein. Als Bildformat wählen Sie JPEG. Die Komprimierung oder Qualität stellen Sie am besten auf *Standard-Modus* und nicht auf *Fine-Modus* ein. Die Mehrzahl der Digitalkameras verfügen über solche Optionen. Lesen Sie dazu bitte die Bedienungsanleitung Ihrer Kamera.

In den meisten Fällen sind die so erstellten Bilder schon optimal für den Transfer geeignet. Je nach Detailreichtum, wie etwa Farbverläufe der so erstellten Bilder, werden diese Bilder nach meinen Erfahrungen zwischen 45 KB und 70 KB Dateiumfang aufweisen. Diese Bilder können Sie direkt, falls Farben, Kontrast, Ausschnitt und Format stimmen, ohne weitere Nachbearbeitung direkt mit einer FTP-Software auf Ihren Speicherplatz im Web hochladen.

3. Was ist Webspace, wozu benötige ich ihn, wo erhalte ich ihn?

Antwort:
Als Webspace bezeichnet man den Speicherplatz auf einem Webserver, auf dem Sie Ihre Daten, Bilder, Ihre Homepage laden können. Je nach Internetprovider stehen Ihnen zwischen 2 MB und 200 MB zur Verfügung. Falls Sie eine Homepage besitzen, ist Ihnen dieser Begriff sicherlich schon geläufig.

Wozu benötige ich Webspace?

Antwort:
Diesen Webspace benötigen Sie für eBay, um Ihre Artikelbilder kostenlos bei eBay einzustellen. Sie legen das Bild nicht bei eBay auf den Server (Rechner), sondern auf den Server Ihres Providers oder Webspace-Anbieters. Provider und Webspace-Anbieter müssen nicht identisch sein. Sie haben beispielsweise einen Zugang über T-Online, Speicherplatz im Web haben Sie auf gemieteten Platz bei Strato.

In Ihrer Artikelbeschreibung legen Sie nur eine Verbindung, einen Link, zu der Adresse, wo das entsprechende Bild zu finden ist. Dieses Bild wird dann entweder bei Abruf der Artikelseite direkt aufgerufen oder Sie haben einen Verweis hinterlegt, der dann bei Klick das entsprechende Bild öffnet.

Woher erhalte ich Webspace?

Antwort:
Webspace, Speicherplatz auf einem Webserver, erhalten Sie von vielen Anbietern. Die Leistungspakete sind sehr unterschiedlich, je nachdem, in welchem Maße die Dienstleistungen des Providers genutzt werden.

Ausschließlich für eBay reicht schon ein kostenfreier Free-Account mit 10 MB, beispielsweise bei *gmx.de* (Tarif Freemail NG mit Upgrade Paket Plus). AOL- und T-Online-Nutzer haben ohnehin schon bei der Anmeldung ein wenig Speicherplatz für ihre Homepage zur Verfügung gestellt bekommen.

Profi-Verkäufer, die zudem noch eine oder mehrere Homepage(s) betreiben, mieten sich Speicherplatz und Dienstleistungen bei einem Provider wie etwa Strato (*www.strato.de*) oder 1&1 (*www.1und1.de*). In aller Regel sind kleinere Webhosting-Pakete mit 25 oder 30 MB Speicherplatz mehr als ausreichend. Die laufenden Kosten belaufen sich auf etwa EUR 3,00 bis EUR 5,00 pro Monat.

4. Wie kann ich einen Link auf der Angebotsseite erstellen?

Antwort:
Innerhalb der Artikelbeschreibung Ihrer Auktionen können Sie Links (Verbindungen) zu anderen

→ Webseiten

Sie fragen, wir verraten die Lösungen

→ Extern gelagerten Bildern
→ Extern gelagerten Videos
→ E-Mail-Adressen

einfügen. Somit haben Sie die Möglichkeit, Ihr Produkt noch umfangreicher vorzustellen. Für alle diese Links gibt es HTML-Befehle. Diese *Codes* geben Sie dann penibel genau ein. HTML-Befehle werden immer in spitze Klammern gesetzt. Bitte beachten Sie, dass eBay keine Link-Blocker verwendet, Sie aber, wenn Sie Interessenten auffordern, ihre Ware doch bei Ihnen direkt zu kaufen, gegen die Vereinbarungen mit eBay verstoßen. Unter Umständen können solche Angebote dann von eBay gelöscht werden.

Das ist der Code zum Verlinken von Webseiten:

```
<a href="http:// www.domain.de">Name der Webseite</a>
```

Das ist der Code zum Verlinken von extern gelagerten Bildern:

```
<img src="http://www.domain.de/Verzeichnis/Bild.jpg">
```

Das ist der Code zum direkten Verknüpfen mit Bildern:

```
<a href="http://www.domain.de/Verzeichnis/Bild.jpg">
Name des Bildes</a>
```

Super praktisch ist es, die eigene E-Mail-Adresse in die Artikelbeschreibung einzusetzen. Mit diesem Code wird dann die E-Mail gestartet, der Interessent kann sofort eine Nachricht eingeben. Damit erreichen Sie auch Kunden, die gerade nicht bei eBay eingeloggt sind oder noch gar kein Mitglied sind.

```
< a href=mailto:name@provider.de>E-Mail-Adresse</a>
```

Kapitel 9

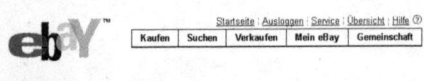

← zurück zu Mein eBay   Kategorie: Sport > Radsport > Teile > Lenker & Verbauten

Race Face Systemvorbau neu! 120 mm - schwarz
Artikelnummer:

Sie sind eingeloggt

Ihr Artikel wurde für EUR 42,10 verkauft. (Der Käufer bezahlt EUR 49,10 per Überweisung.)

Käufer per E-Mail kontaktieren: hschumi78

Zahlungsstatus aufrufen

Bewertung abgeben für hschumi78 (Nachdem Sie die Zahlung erhalten haben.)

Schnell und einfach einen ähnlichen Artikel einstellen.

Senden Sie eine Zahlungserinnerung an den Käufer.

Für den Ausnahmefall gibt es die Option: Angebot an Zweitbieter.

Bewertung abgeben: Geben Sie eine Bewertung für den Käufer ab. So schildern Sie anderen Mitgliedern Ihre Erfahrung mit diesem Mitglied.

Käufer per E-Mail kontaktieren: Nach wie vor können Sie sich mit dem Käufer auch per E-Mail in Verbindung setzen.

Ähnlichen Artikel verkaufen. Mit dieser Funktion stellen Sie einen ähnlichen Artikel ein, ohne ihn komplett neu erstellen zu müssen.

Zahlungserinnerung senden: Wenn sich der Käufer drei Werktage nach Angebotsende noch nicht mit Ihnen in Verbindung gesetzt hat, sollten Sie ihm eine Zahlungserinnerung senden. Weitere Informationen.

Angebot an Zweitbieter: Wenn Ihnen ein verkaufter Artikel einmal nicht abgenommen wird, können Sie ihn einem unterlegenen Bieter anbieten.

Erfolgreiches Gebot:	**EUR 42,10**	
Endet:	03.09.03 21:46:00 MESZ	
Übersicht:	12 Gebote (EUR 1,00 Startpreis)	
Käufer:	(7)	
Ort:	Poing / München Deutschland/München	

↓ Größeres Bild

↓ Angaben zu Zahlung und Versand

Angaben zum Verkäufer

(535 ★)
Bewertungen: 535
Positive Bewertungen: 99,1%
Angemeldet seit 01.04.99 Land: Deutschland

Bewertungen ansehen

Frage an den Verkäufer

Andere Artikel des Verkäufers

ಲ Vertrauensvoll handeln

Beschreibung   Der Verkäufer ist verantwortlich für das Angebot, insbesondere Titel und Beschreibung.

ultimativer Vorbau von Race Face

120 mm / 5 Grad

komplett in schwarz

uvP. EUR 109,- jetzt hier ab EUR 1,- !

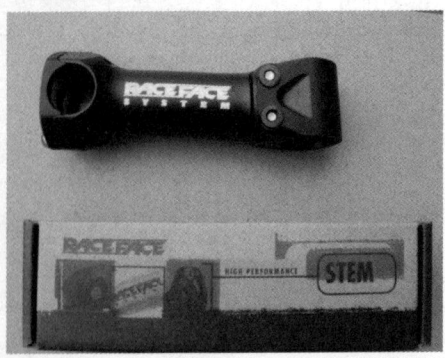

9.30 So sieht ein verknüpftes Bild in der Artikelbeschreibung aus

Sie fragen, wir verraten die Lösungen 173

Fast ein Frevel: Aber der Speaker eignet sich als allererste Wahl als Orgel- oder Keyboardsystem in einem 80-100l Bassrefelxgehäuse

weitere Bilder:

http://www.havanna-cigar.de/Bilder/JBL/DSC00753.JPG

http://www.havanna-cigar.de/Bilder/JBL/DSC00755.JPG

http://www.havanna-cigar.de/Bilder/JBL/DSC00756.JPG

Bei Fragen können Sie mich auch unter der e-Mail Adresse: restek-factor@web.de erreichen.

9.31 Jetzt ist die eingebundene E-Mail-Adresse ein heißer Link! Darüber sind drei Hyperlinks zu weiteren Fotos zu erkennen

5. Meine Bilder lassen sich nicht richtig ansehen, das Laden dauert zu lange

Lösung:
Ihre Abbildungen sind aller Wahrscheinlichkeit nach zu groß. Achten Sie darauf, dass Bilddateien, die Sie verlinken und verknüpfen, möglichst nicht umfangreicher als 70 KB sind.

Lassen sich die Bilder gar nicht aufrufen und ist nur ein Platzhalter zu sehen, dann stimmt der Link nicht. In den meisten Fällen haben sich Schreibfehler eingeschlichen oder die Groß- und Kleinschreibung wurde nicht genau beachtet. In eher seltenen Fällen ist gerade der Server, auf dem Ihre Bilder und Daten liegen, nicht erreichbar. Service oder Defekte können hier die Ursachen sein.

Kapitel 9

komplett in schwarz

uvP. EUR 109,- jetzt hier ab EUR 1,- !

9.32 Hier lässt sich das Bild nicht abrufen

Prüfen Sie den Link durch Klick mit der rechten Maustaste auf das Bild bzw. seinen Platzhalter. Hier sehen Sie den Pfad zu dem Bild.

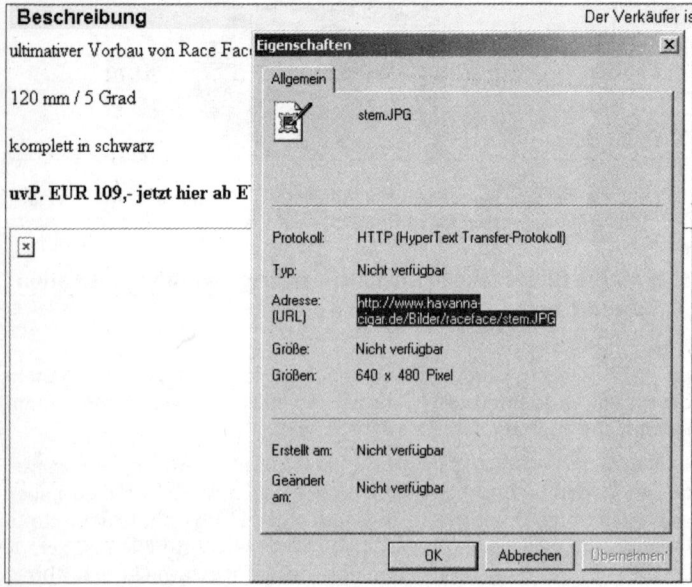

9.33 Pfad markieren und in die Zwischenablage kopieren

Prüfen Sie nun diesen Pfad mit dem Pfad auf dem Webspace. Dazu öffnen Sie den Webspace mit einem FTP-Tool und prüfen ganz genau die Syntax.

Sie fragen, wir verraten die Lösungen 175

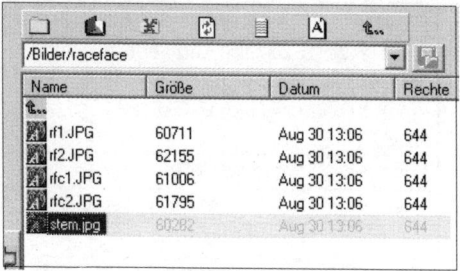

9.34 Fehler gefunden – der Name des JPG war groß geschrieben, die Dateiendung jedoch klein (*.jpg)

9.5 Die wichtigsten HTML-Befehle in einer Kurzübersicht

Hier finden Sie eine Auflistung der wichtigsten HTML-Befehle, mit denen Sie Ihre Auktionen schöner und auffälliger gestalten können.

Wenden Sie diese Möglichkeit intensiv an. Ihre Anzeigen werden attraktiver, und es kostet Sie keinen Cent mehr.

Aufgabe	entsprechender HTML-Befehl
Zeilenumbruch	Hier wird eine\<br\> Zeile umgebrochen
Absatz (Zeilenumbruch und Leerzeile)	Hier wird\<p\> ein Absatz eingefügt
Textabschnitt zentrieren	\<center\>
Textabschnitt zentrieren aufheben	\</center\>
Trennlinie	\<hr\>

Aufgabe	entsprechender HTML-Befehl
Schriftgrößen	`<font size=1>` ziemlich winziger Text `</font>`
	`<font size=2>` ziemlich kleiner Text `</font>`
	`<font size=3>` normaler Text`</font>`
	`<font size=4>` etwas größerer Text`</font>`
	`<font size=5>` großer Text`</font>`
	`<font size=6>` ziemlich großer Text `</font>`
	`<font size=7>` ziemlich riesiger Text`</font>`
Schriftart	`<font face="Arial">`Das ist der Text in Arial
Schriftfarben definieren	`<font color="red">`Knallroter Text `</font>`
	`<font color="white">`Weißer Text `</font>`
	`<font color="blue">`Blauer Text`</font>`
	`<font color="green">`Grüner Text `</font>`
ÜBERSCHRIFTEN DEFINIEREN	
Größe 1 = sehr groß 1. Ebene	`<h1>`Hier steht die Überschrift`</h1>`
Größe 2 = groß 2. Ebene	`<h2>`Hier steht die Überschrift`</h2>`
Größe 3 = mittel 3. Ebene	`<h3>`Hier steht die Überschrift`</h3>`
Größe 4 = mittel klein 4. Ebene	`<h4>`Hier steht die Überschrift`</h4>`
Größe 5 = klein 5. Ebene	`<h5>`Hier steht die Überschrift`</h5>`
Größe 6 = sehr klein 6. Ebene	`<h6>`Hier steht die Überschrift`</h6>`

Aufgabe	entsprechender HTML-Befehl
Überschriften zentrieren	`<h1 align=center>`Überschrift`</h1>` je nach Größe h1 bis h6
Fettdruck	`<b>`Dieser Text ist fett
Fettdruck aufheben	`</b>`Dieser Text ist normal
Lauftext (nur für den Internet Explorer)	`<marquee>`Dieser Text wird horizontal wie am Laufband gescrollt`</marquee>`
HINTERGRÜNDE EINBAUEN	
Hintergrundbild einbauen	`<body background="bild name.gif">`
Schriftart	`<font face=>` (face="Schriftname")
Hintergrund zentrieren	`<center>`
Hintergrund aufheben	`</center>`
Lauftext (nur für den Internet Explorer)	`<marquee direction=left>`Text`>`
BILDER IN DEN ARTIKELTEXT EINBAUEN	
Ein Bild aus einem Verzeichnis einbinden, das sich auf einem anderen Webserver befindet	`<img src="http://www.domain.de/Verzeichnis/Bild.jpg">`
Einbinden und Rahmen um ein Bild legen. Hier mit 10 Pixel Breite	`<img src="http://www.domain.de/Verzeichnis/Bild.jpg" border=10>`
Beschriftung für ein Bild Beschriftung erfolgt oben bündig zur Grafik	`<img src="http://www.domain.de/Verzeichnis/Bild.jpg" align=top>`Beschriftungstext
Beschriftung erfolgt mittig zur Grafik	`<img src="http://www.domain.de/Verzeichnis/Bild.jpg" align=middle>`Beschriftungstext
Beschriftung erfolgt unten bündig zur Grafik	`<img src="http://www.domain.de/Verzeichnis/Bild.jpg" align=bottom>`Beschriftungstext
Hyperlink (Verweis) zu einem Bild legen	`<a href=«http://www.domain.de/Verzeichnis/Bild.jpg»>` Name des Bildes`</a>`

Aufgabe	entsprechender HTML-Befehl
LINK ZUR EIGENEN HOMEPAGE ODER WEBSHOP LEGEN	
Verweis auf WWW-Adresse legen	`<a href="http:// www.domain.de">Name der Webseite</a>`
LINK ZU EINER E-MAIL-ADRESSE LEGEN	
Verweis auf eine E-Mail-Adresse	`< a href=mailto:name@provider.de> E-Mail-Adresse</a>`

Tab. 9.9   HTML-Befehl

Teil 3:
Workshop für angehende Profis

10 Klasse präsentieren = erfolgreich verkaufen

Wenn Sie bis jetzt durchgehalten haben, wissen Sie jetzt wahrscheinlich mehr als 90% aller eBay-er. Das ist sicherlich ein ganzer großer Vorteil im harten eBay-Leben. Alles Wissen über das Handwerk, über Ihre Pflichten und Rechte sind schön und gut, aber das Wichtigste ist immer noch:

Verkaufen. Und das müssen Sie selbst!

→ Sie können sich die optimalsten Auktionszeiten gewählt haben, die besten Artikel besitzen, die günstigen Einkaufsquellen aufgerissen haben – das alles nützt herzlich wenig, wenn

→ Ihre Artikelbezeichnung keine Aufmerksamkeit erweckt,

→ die Artikelbeschreibung und unwichtiges, wirres Zeug beinhaltet und

→ das Foto einen verschmutzen Staubsauger im feuchten Keller neben dem Benzinkanister zeigt.

Die wichtigsten Voraussetzungen für eine erfolgreiche Auktion sind:

→ dass Ihr Angebot gesehen wird,

→ die Artikelbeschreibung alle relevanten Informationen über das Angebot enthält und diese in positiver Weise beschreibt.

→ Ein Bild sagt mehr als 1.000 Worte! Top-Fotos sind Gold (Geld) wert.

Lektion 1:
So wird Ihr Angebot interessant – das muss in die Artikelbezeichnung

Was Käufer und Interessenten bei eBay zuerst sehen, sind die Artikelbezeichnungen.

Hier liegt der erste Schritt zum erfolgreichen Verkauf. Klingt eine Artikelbezeichnung interessant, wird diese zumindest schon einmal angeklickt und der potentielle Käufer hat im Dschungel der Angebote eine Vorauswahl getroffen.

Also: Eine möglichst perfekte Artikelbezeichnung ist der erste Schritt zu einer erfolgreichen Auktion.

Beachten Sie, dass die Worte und Wortkombinationen der Artikelbezeichnung erstrangig für die Suchmaschine bei eBay ist. Bedenken Sie, dass 95% aller Anwender die Möglichkeiten der Suchmaschine nicht im vollen Umfang nutzen, sondern nur einfach Suchbegriffe in das Suchfeld eingeben.

Versetzen Sie sich in die Lage des Käufers. Wie würde er vorgehen, um Ihren Artikel zu finden und wie müsste dann folgerichtig die Artikelbezeichnung aussehen?

Gehen Sie bei der Formulierung der Artikelbezeichnung systematisch vor:

- Der Gegenstand – was bieten Sie an? Wenn Sie eine Espressomaschine anbieten, dann schreiben Sie auch Espressomaschine.
- Ein Markenprodukt? Handelt es sich um ein Markenprodukt, dann nennen Sie unbedingt den Hersteller
- Eine Typenbezeichnung oder besondere Merkmale (Abmessungen)? Sind solche Angaben bei Ihrem Angebot wichtig, dann nennen Sie diese.
- Neu? – Verkaufen Sie ein neues, ungebrauchtes Teil? Schreiben Sie es.

Das Problem ist nur, dass die Artikelbezeichnung gerade einmal 45 Zeichen, einschließlich Leerzeichen, lang sein darf. Hier lassen sich keine Romane unterbringen, knappes, aussagekräftiges Formulieren ist gefragt.

Einige Beispiele:

A) Allgemeiner Haushaltsgegenstand als Neuware

Geben Sie also immer zunächst genau an, was Sie anbieten. Haben Sie beispielsweise einen Espressoautomaten von AEG im Angebot, dann schreiben Sie:

AEG CaFamosa CF90 Espressomaschine ++NEU++

Hier sind für den Käufer wichtig: Hersteller, Modell, Neuware

B) Sammlerware

Bieten Sie eine erstklassig erhaltene und unbeschädigte, handsignierte Erstausgabe des Buches *Hundejahre* von Günter Grass an, könnte dies bei Käufern Interesse wecken:

Klasse präsentieren = erfolgreich verkaufen

Hundejahre G. Grass Erstausgabe handsigniert

Hier bieten Sie eine Rarität, ein vom Autor signiertes Exemplar – schreiben Sie solche Einzigartigkeiten immer in die Artikelbezeichnung. Nur so können Sie sich aus der Menge der Angebote abheben.

C) Technischer Gegenstand für »Fachleute«

Sie bieten einen Gegenstand für eine bestimmte, fachlich vorgebildete Zielgruppe an. Als Beispiel möchten Sie einen hochwertigen Kettenumwerfer der Firma Shimano, XTR-Baureihe verkaufen. So könnte die betreffende Artikelbezeichnung aussehen:

Umwerfer XTR Top Pull, 31,8mm – neuwertig

Hier ist die Nennung des Herstellers zweitrangig. Es handelt sich hier um einen Gegenstand, der ohnehin nur Fachleute anspricht. Hier sind wichtig: die Art des Bauteils, also ein Umwerfer, die Baureihe, in diesem Beispiel XTR, die Funktionsweise (Top Pull bedeutet, der Schaltzug kommt von oben) und die Baugröße, in diesem Fall 31,8 mm Schellenmaß.

Sie sehen, je nach Artikel werden ganz unterschiedliche Kriterien relevant. Schauen Sie sich einmal ganz genau die Schreibweisen an und achten Sie auf die Leerzeichen in den exemplarisch gezeigten Beispielen.

»G. Grass« wurde bewusst mit Leerzeichen zwischen Initial und Nachnamen formuliert. Denken Sie an die Suchmaschinen. Bei einem Flüchtigkeitsfehler wie »G.Grass« würde bei Eingabe des Suchbegriffs »Grass« G.Grass nicht gefunden werden. Haben Sie Fragen zur Funktionsweise der Suchmaschine bei eBay, schauen Sie bitte im Teil 2 des vorliegenden Titels nach.

Espresso-Tipp! Nutzen Sie bekannte Suchbegriffe gezielt für Ihre Artikelbeschreibung, auch wenn der vermeintliche Suchbegriff bei Ihrem Angebot nur einen unwesentlichen oder keinen Anteil hat. Dies ist besonders wichtig bei Angeboten von weniger bekannten Marken, die der breiten Masse nicht so geläufig sind.

Ein Beispiel aus der Fahrradwelt:

Die Marke *Cannondale* kennt fast jeder halbwegs Interessierte für Mountainbikes. *Cannondale* steht für *Mercedes* bei Laien. *XTR* ist die

Spitzenreihe für Komponenten aus dem Hause Shimano. *XTR* ist der Inbegriff für Spitzenqualität und jedem Laien geläufig.

Sie bieten jetzt ein Mountainbike mit einem Rahmen von *Chaka* an, einer relativ unbekannten Marke, zumindest in Kreisen von Halbwissenden, die ja doch in aller Regel den größten Kundenkreis ausmachen. Ein *Chaka* würde sich also zunächst nur eine verschwindend geringe Anzahl von Stöbernden ansehen, bzw. erst finden, da nur sehr wenige nach einem *Chaka* suchen werden. Und dies, obwohl dieses Bike für eine deutlich größere Anzahl von Suchenden hochinteressant wäre. Was ist zu tun? Denn Sie wollen schließlich das Bike bestmöglich verkaufen.

An dem Rad befinden sich Teile von *Cannondale* und auch *XTR*-Komponenten, also schreiben Sie:

Highend Hardtail Chaka Mauna XTR Cannondale

Jetzt haben Sie eine deutlich bessere Ausgangsposition, um einen oder mehrere Suchende für Ihr Bike zu begeistern. In jedem Falle taucht bei jedem Suchvorgang nach den Schlagworten *XTR* und *Cannondale* das Bike mit in der Suchliste auf. Mit den Worten »Highend« verweisen Sie direkt auf ein äußerst hochwertiges Rad. Mit dem Begriff Hardtail teilen Sie dem halbwegs Fachkundigen mit, dass es sich um einen Rahmen ohne gefederten Hinterbau handelt.

Ganz dreiste Verkäufer platzieren Formulierungen wie:

Rotes Abendkleid Gr. 38 – wie Escada

Mit diesem durchaus legalen Trick taucht das Angebot eines No-Name-Abendkleids zumindest bei jeder Suchabfrage nach »Escada« auf. Auf wenn diese Art von »Werbung« schnell einen schalen Beigeschmack hinterlassen kann, ist diese Auktion in aller Regel deutlich erfolgreicher, als ob ein »schmuckloses rotes Abendkleid« angeboten würde.

Besonders Anfänger machen oftmals den Fehler, dass sie sich über eine verkaufsfördernde Artikelbezeichnung nicht ausreichend Gedanken machen. Die Artikelbezeichnung beinhaltet jedoch die Schlüsselfunktion, ob ein Angebot hinreichend Beachtung findet.

Klasse präsentieren = erfolgreich verkaufen

Espresso-Tipp! Installieren Sie bei Ihren ersten 100 Auktionen immer den kostenlosen Besucherzähler. Vergleichen Sie die Anzahl der Besucher Ihrer Seiten mit der Anzahl der Besucher anderer, vergleichbarer Angebote. Angebote mit *High-Interest-Faktor* erhalten während einer Laufzeit von sieben Tagen durchaus 1.200 Besucher und mehr.

Hier (siehe Abbildung 10.1) ein reales Beispiel, wie es garantiert daneben geht :

Die hier aufgeführte Auktion einer Neuware brachte gerade einmal ein Drittel des Ladenpreises, der bei dieser Ware bei EUR 129,00 liegt. Es wurden bei diesem Angebot mindestens EUR 30,00-40,00 Erlös verschenkt.

Es sind zunächst folgende, elementaren Fehler gemacht worden:

→ Hersteller *Race Face* fehlt – *Race Face* ist innerhalb der Zielgruppe ein hoch frequentierter Suchbegriff

→ Modellbezeichnung falsch geschrieben, das Modell heißt Real Seal und nicht »Rael Seal«

Hersteller und richtiger Modellname sind nur auf dem Foto zu erkennen. Klarheit! Damit Sie sicher sein können, das es sich nicht um ein Fake handelt, fragen Sie in solchen Fällen vor Abgabe eines Gebotes beim Verkäufer nach.

Dass sich dennoch 150 Besucher auf diese Seite verirrt haben liegt daran, dass es sich grundsätzlich um ein für eBay attraktives Warensegment handelt und dieses Angebot nur durch Stöbern ans Licht kommt.

Kapitel 10

10.1 Das kann nichts geben: Erst den Typennamen falsch geschrieben und dann noch den Imageträchtigen Hersteller *Race Face* weggelassen

Lektion 2:
Artikelbeschreibung optimieren

Hat der potentielle Käufer die erste Hürde überwunden und auf Ihr Angebot geklickt, sind Sie schon ein ganzes Stück näher am Verkauf. Jetzt gilt es, den Käufer zu begeistern und ihm, ganz wichtig, ein Sicherheitsgefühl geben: »Bei mir sind Sie gut aufgehoben – hier bekommen Sie Ware wie versprochen – schnell und sicher.«

Mit der Artikelbeschreibung haben Sie es in der Hand. Sie müssen kein begnadeter Werbetexter sein, um eine Ware oder Dienstleistung optimal anpreisen zu können. Es sind nur ein paar Kleinigkeiten, die, penibel beachtet, den Verkaufserfolg deutlich in die Höhe schnellen lassen.

Schauen Sie sich einmal diese beiden Auktionen genauer an: Hierbei handelt es sich um ein- und denselben Artikel. Nicht um ähnliche, nein um ein- und dasselbe Teil. Sehen Sie den Unterschied, einmal abgesehen davon, dass Verkäufer B EUR 350,00 Verkaufserlös erzielt hat, während Verkäufer A drei Wochen davor für dasselbe Teil nur EUR 240,00 Erlös hatte? Dies ist ein Unterschied von über 45% Mehrerlös (siehe Abbildungen 10.2 und 10.3).

Die Unterschiede sind geradezu offensichtlich. Verkäufer A schreibt das Nötigste in wenig übersichtlicher Weise und hängt ein Bild an, das unvorteilhafter kaum zu fotografieren wäre: Ein vermeintlich hochwertiger Rahmen im Keller auf einem alten Koffer. Dahinter ist noch eine Gießkanne zu sehen.

Verkäufer B,. der diesen Rahmen gekauft hat, lichtet die Ware freundlich aus verschiedenen Perspektiven ab. Er schafft ein freundliches Umfeld vor der grünen Hecke – all dies ist weder übertrieben aufwändig noch überzogen professionell, dennoch so, dass die Ware der Mittelpunkt ist und nicht eine Gießkanne. Hier lenkt nichts vom Verkaufsobjekt ab. Die Artikelbeschreibung ist klar strukturiert und leicht lesbar.

Diese unterschiedlichen Ergebnisse mit ein- und derselben Ware ließen sich vielfach fortführen und sind, zumindest für mich, der eindeutige Beweis dafür, dass Erfolg und Nichterfolg bei eBay in erster Linie mit Sorgfältigkeit und einem gewissen Maß an Sachkenntnis zusammenhängt.

Auktionsende oder Zusatzoptionen sind dagegen absolut zweitrangig. Wenn eine Auktion nicht gerade nachts um 2:30 Uhr ausläuft, hat das Auktionsende weniger Einfluss auf das zu erwartende Ergebnis, sprich den Verkaufserlös, als eine formal saubere, gut lesbare, mit aussagekräftigen Fotos unterfütterte Artikelbeschreibung.

10.2 Angebot und Ergebnis des Verkäufers A

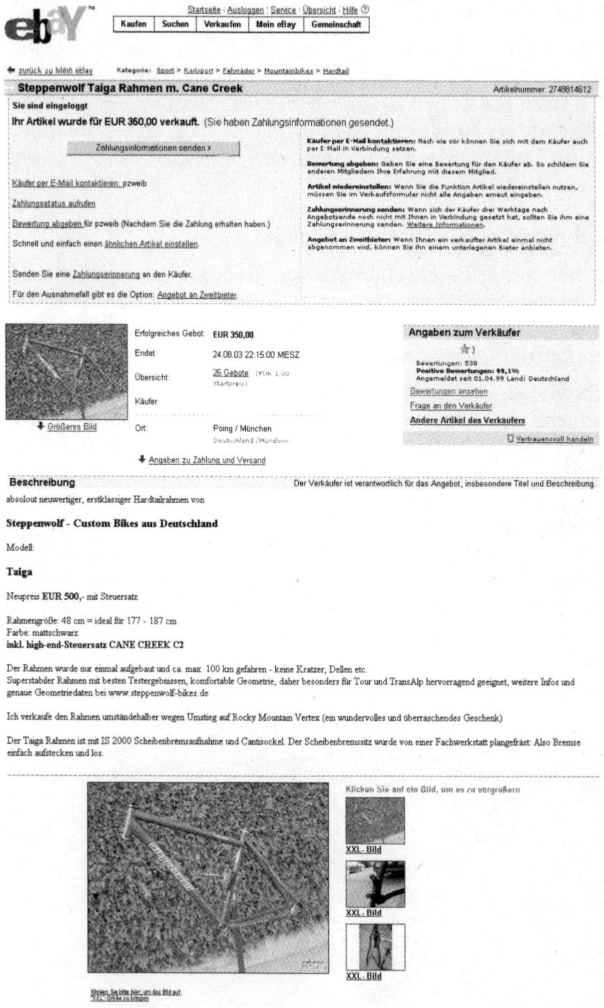

Klasse präsentieren = erfolgreich verkaufen

Startseite · Ausloggen · Service · Übersicht · Hilfe

| Kaufen | Suchen | Verkaufen | Mein eBay | Gemeinschaft |

← zurück zu Mein eBay   Kategorie: Sport > Radsport > Fahrräder > Mountainbikes > Hardtail

Steppenwolf Taiga Rahmen m. Cane Creek
Artikelnummer: 2749814612

Sie sind eingeloggt

Ihr Artikel wurde für EUR 350,00 verkauft. (Sie haben Zahlungsinformationen gesendet.)

> Zahlungsinformationen senden >

Käufer per E-Mail kontaktieren: Nach wie vor können Sie sich mit dem Käufer auch per E-Mail in Verbindung setzen.

Bewertung abgeben: Geben Sie eine Bewertung für den Käufer ab. So schildern Sie anderen Mitgliedern Ihre Erfahrung mit diesem Mitglied.

Käufer per E-Mail kontaktieren: pzweib

Zahlungsstatus aufnehmen

Bewertung abgeben für pzweib (Nachdem Sie die Zahlung erhalten haben.)

Schnell und einfach einen ähnlichen Artikel einstellen.

Artikel wiedereinstellen: Wenn Sie die Funktion Artikel wiedereinstellen nutzen, müssen Sie im Verkaufsformular nicht alle Angaben erneut eingeben.

Zahlungserinnerung senden: Wenn sich der Käufer zwei Werktage nach Angebotsende noch nicht mit Ihnen in Verbindung gesetzt hat, sollten Sie ihm eine Zahlungserinnerung senden. Weitere Informationen.

Angebot an Zweitbieter: Wenn Ihnen ein verkaufter Artikel einmal nicht abgenommen wird, können Sie ihn einem unterlegenen Bieter anbieten.

Senden Sie eine Zahlungserinnerung an den Käufer.

Für den Ausnahmefall gibt es die Option: Angebot an Zweitbieter.

	Erfolgreiches Gebot:	**EUR 350,00**	**Angaben zum Verkäufer**
	Endet:	24.08.03 22:15:00 MESZ	(★)
	Übersicht:	26 Gebote (EUR 1,00 Startpreis)	Bewertungen: 538 Positive Bewertungen: 99,1% Angemeldet seit 01.04.99 Land: Deutschland
	Käufer:		Bewertungen ansehen
↓ Größeres Bild	Ort:	Poing / München Deutschland / München	Frage an den Verkäufer
			Andere Artikel des Verkäufers
			☐ Vertrauensvoll handeln

↓ Angaben zu Zahlung und Versand

Beschreibung
Der Verkäufer ist verantwortlich für das Angebot, insbesondere Titel und Beschreibung.

absolout neuwertiger, erstklassiger Hardtrailrahmen von

Steppenwolf - Custom Bikes aus Deutschland

Modell:

Taiga

Neupreis **EUR 500,-** mit Steuersatz

Rahmengröße: 48 cm = ideal für 177 - 187 cm
Farbe: mattschwarz
inkl. high-end-Steuersatz CANE CREEK C2

Der Rahmen wurde nur einmal aufgebaut und ca. max. 100 km gefahren - keine Kratzer, Dellen etc.
Superstabiler Rahmen mit besten Testergebnissen, komfortable Geometrie, daher besonders für Tour und TransAlp hervorragend geeignet, weitere Infos und genaue Geometriedaten bei www.steppenwolf-bikes.de

Ich verkaufe den Rahmen umständehalber wegen Umstieg auf Rocky Mountain Vertex (ein wundervolles und überraschendes Geschenk)

Der Taiga Rahmen ist mit IS 2000 Scheibenbremsaufnahme und Cantisockel. Der Scheibenbremssitz wurde von einer Fachwerkstatt plangefräst. Also Bremse einfach aufstecken und los.

Klicken Sie auf ein Bild, um es zu vergrößern

XXL - Bild

XXL - Bild

XXL - Bild

Klicken Sie bitte hier, um das Bild auf XXL-Größe zu bringen

10.3 Angebot und deutlich besseres Ergebnis des Verkäufers B

So ausführlich wie möglich!

Es gibt verschiedene Dinge, die beim Schreiben einer Artikelbeschreibung beachtet werden sollten. Ausführlichkeit ist dabei die erste Regel. Lassen Sie keinen Raum für Fragen. Die Beschreibung der Artikel sollte so genau wie möglich erfolgen. Falls die Ware überdurchschnittliche Qualitäten hat, sagen und schreiben Sie es. Lassen Sie nichts aus, auch keine Fehler!

Artikelbeschreibung übersichtlich gestalten!

Gestalten Sie Artikelbeschreibungen so, dass sie gut lesbar sind. Seien Sie sparsam mit Formatierungen, unterschiedlichen Schriften und Farben. Viel besser ist eine saubere Absatzformatierung und Hervorhebungen da, wo es wirklich notwendig ist.

Auch überstylte Anzeigen, wie sie oftmals bei Profis zu finden sind, schrecken mehr ab, als dass sie verkaufsfördernd sind. Hintergründe, Rahmen, hier und da Infos verwirren nur. Zumal bekommt der Käufer bei absolut scheinbar professionell gestalteten Anzeigen schnell das Gefühl, bei einem gewöhnlichen Händler einzukaufen – und da gibt es im seltensten Fall den besten Preis. Aus meinen Erfahrungen sind einfache, schön formatierte Textanzeigen auf weißem Grund, mit gut lesbarer Schrift (Arial 8-12 Punkt oder Times Roman, ebenfalls mit 8-12 Punkt Schrifthöhe) vollkommen ausreichend, ganz im Gegenteil, sie versprechen den höchsten Erlös.

Klasse präsentieren = erfolgreich verkaufen

Beschreibung
Der Verkäufer ist verantwortlich für das Angebot, insbesondere Titel und Beschreibung

High-End für kleines Geld! Der audiophile Vollverstärker mit superben Phonoteil!

Absolut neuwertig mit Originalrechnung und Garantie!

Pro-Ject 7 ist ein puristisch konzipierter Vollverstärker, der neben einem sehr günstigem Preis auch gute Klangeigenschaften über den Phonoeingang besitzt.
Dies macht ihn vor allem für Einsteiger und preisbewußte Analoghörer attraktiv. Er ist ein idealer Mittler zwischen Pro-Ject Plattenspielern und Lautsprechern guten Wirkungsgrades.

+ Zeitloses, puristisch-elegantes Design
+ Voller, räumlicher Klang
+ Einfache, minimalisierte Schaltung designed by Dr. Sykora
+ Einfache und übersichtliche Bedienführung
+ Hochwertige, selektierte Bauteile
+ Aufwendiges Netzteil mit 18.800 µF pro Kanal
+ Hohe Impulsfestigkeit (stabil an allen Lasten)
+ Doppel-Monoaufbau !!
+ Ringkerntrafo
+ Externes hochwertiges Aciddamp-Phonoteil, das sich in Bezug auf Kapazität und Widerstand an jeden Tonabnehmer anpasst
+ Extrem rauscharm, vor allem im Phonoteil (88 dB MM)
+ MM- und MC- System tauglich
+ RIAA Entzerrung extrem linear (+/- 0,5 dB)
+ 4 Hochpegeleingänge, 2 Tapeausgänge
+ Alle Quellen sind direkt mit der Endstufe verbunden (vergleichbar mit CD-Direktschaltung)
+ Vergoldete Anschlußklemmen
+ 2 x 60 Watt / 4 Ohm
+ Massives Gehäuse mit resonanzableitenden Kegelfüßen - die ideale als Basis für alle Pro-Ject Laufwerke

Bei Kauf dieses Gerätes erhalten Sie die Originalrechnung vom 01.02.2003 mit ausgewiesener MWSt. und Garantie. Das Gerät wurde kurzzeitig (etwa 30 Stunden Spielzeit) genutzt - selbstverständlich absolut ohne jegliche Kratzer etc.
Auslieferung erfolgt in Originalverpackung

Vorkasse oder Abholung nach Terminvereinbarung

Erstellt durch eBay Turbo Lister

10.4 Diese Artikelbeschreibung ist ausführlich, schlicht und übersichtlich gestaltet

Keine kleinen Fehler »vergessen«!

Gerade Anfänger widerstehen oftmals der Versuchung nicht, Fehler an der Ware einfach zu verschweigen. Dies ist falsch und bringt anschließend nur Ärger. Gerade kleine Fehler, offen eingestanden, schaffen Vertrauen beim Käufer. Das gilt besonders bei gebrauchter Ware. Bedenken Sie immer: Wie würden Sie sich als Käufer verhalten? Welche Erwartungshaltung haben Sie? Wer etwa ein hochwertiges, gebrauchtes HiFi-Gerät sucht, hat Verständnis dafür, dass eventuelle kleinere Kratzer auf dem Gerätedeckel sind, da dort vier Jahre lang ein weiteres Gerät draufgestanden hat. So ist das Leben, alles andere wäre schon suspekt – oder?

Erhält er diese Information vor dem Kauf nicht und packt später das ersteigerte Gerät mit den verschwiegenen Kratzern aus, dürfte er, und Sie wären es sicherlich auch, enttäuscht und verärgert sein. Er könnte Besserung oder Wandlung verlangen. Dies muss nicht sein. Daher sollten Sie zu Ihrer eigenen Sicherheit auch nebensächliche Mängel aufführen.

Nebenkosten klar nennen!

Fallen Kosten für Verpackung und Versand an? Dann nennen Sie diese Kosten in der Auktion. Dies schafft Klarheit und Vertrauen.

Möchten Sie nicht ins Ausland versenden – schreiben Sie es klipp und klar in der Artikelbeschreibung.

Klären Sie auch direkt schon die Zahlungsmodalitäten mit freundlichen Worten: »Lieferung nur gegen Vorabüberweisung oder gerne Barzahlung bei Abholung. Standort Nähe Autobahnkreuz Hilden Süd.«

Vertrauen vermitteln – Sicherheit schaffen!

Nennen Sie so viele Details wie möglich, schaffen Sie Vertrauen. Wenn der Kunde nicht hundertprozentig sicher ist, wird er nichts kaufen. Fühlt er sich bei Ihnen sicher, ist dies ein ganz relevanter Grund, mehr bei Ihnen zu kaufen.

Kleiner Leitfaden: Das gehört in die Artikelbeschreibung

Anbei eine kleine Checkliste für die geläufigsten Artikel. Die Inhalte zu den Stichworten in der rechten Tabellenspalte sollten Sie in jedem Falle erfüllen können.

Angebot	Das gehört unbedingt in die Artikelbeschreibung
Autos und Motorräder	Hersteller Typ Baujahr Kilometer Farbe TÜV Extras Mängel Bild von vorne, Seite, hinten Bild von innen
Bücher, Schallplatten und CDs, DVDs	Titel Autor, Künstler, Interpret Zustand Inhaltsangabe, eventuell Klappentext (gibt es bei den entsprechenden Verlagen) Foto von der Vorder- und eventuell Rückseite
Computer und Zubehör	Hersteller Genaue Modellbezeichnung Genaue technische Spezifikationen wie Prozessor, Speicher, Festplatte, Laufwerke, Brenner etc. Alter und Zustand Versandkosten Bild
Fahrräder, Teile und Zubehör	Hersteller und Modell Genaue Rahmengröße Hersteller und Typ der Komponenten wie Gabel, Schaltung, Laufräder, Vorbau, Lenker, Sattel, Stütze Alter, Farbe und Zustand Eventuelle Mängel Versandkosten klären Bilder vom Gesamtobjekt und verschiedene Detailaufnahmen

Angebot	Das gehört unbedingt in die Artikelbeschreibung
Kameras, Digitalkameras, Video	Hersteller Exakte Modellbezeichnung Zustand Objektiv Technische Informationen Link zur Homepage des Herstellers, bzw. direkt zum Modell Mögliche Anschlüsse Mitgeliefertes Zubehör Mängel (falls vorhanden) Fotos von vorne, Seite und hinten Foto vom Objektiv, sodass der einwandfreie Zustand zu erkennen ist
Kleidung	Hersteller Modell Größe Farbe und Material Zustand Alter Bilder von allen Seiten Detailaufnahmen vom Material oder Ausstattungsdetails
Möbel	Hersteller Genaues Modell mit Farbangabe Alter und Zustand Abmessungen Eventuelle Fehler Transport und Transportkosten
Werkzeug	Hersteller Modell Alter und Zustand Zubehör Garantie Versand klären (bei großen Gegenständen)
Wein	Name Region und Jahrgang Füllmenge Verpackung, evt. Verpackungseinheit Foto vom Etikett

Tab. 10.1 Alles dabei?

Lektion 3:
Digitale Fotopraxis für eBay-er

Ein Bild sagt mehr als 1.000 Worte – wer kennt dieses Sprichwort nicht. Und dies trifft ganz im besonderen auf eBay zu. Sie können noch so schöne Artikelbeschreibungen verfassen, mit ein paar begleitenden Fotos, die Ihre Ausführungen unterstreichen, kommen Sie deutlich näher ans Ziel. Das Ziel heißt ja bekanntlich: Zum höchstmöglichen Preis verkaufen.

Die fototechnische Ausstattung für eBay-er: Die Digitalkamera

Ohne Digitalkamera geht bei eBay gar nichts mehr. Den alten Weg, mit dem analogen Fotoapparat ein paar Bildchen zu schießen und diese anschließend einzuscannen – na ja, den nimmt keiner mehr. Der Aufwand ist viel zu hoch und es dauert mindestens ein paar Tage, bis Sie die Fotos verfügbar haben. Falls Sie noch keine Digitalkamera besitzen, ist eBay ein willkommener Anlass, mal wieder etwas für die erste Bürgerpflicht, den Konsum, zu tun ...

Die Digitalkamera ist das Herzstück neben dem PC. Möchten Sie sich eine Kamera anschaffen, dann beachten Sie im Hinblick auf Ihre Verkaufstätigkeiten bei eBay folgende Punkte:

a) Die Kamera sollte über ein lichtstarkes Objektiv verfügen. Oftmals haben die meisten (Ultrakompakt-)Modelle eine Lichtstärke 3,5 oder schlechter. Besonders im Telebereich sind Lichtstärken von 4,5 oder schlechter üblich. Solche Modelle sind »Schönwetter-Kameras« und taugen für Objektfotografie nicht viel. Bedenken Sie: Oftmals werden Sie Aufnahmen von Gegenständen nur bei Fenster-(Tages-)licht, ohne Blitz-Unterstützung, machen wollen. In diesen Fällen zählt die Lichtstärke und die Abbildungsleistung des Objektivs. Ansonsten sind Bilder schnell verwackelt oder so körnig wie der Strand an der Côte d'Azur. Achten Sie beim Kauf auf ein lichtstarkes Objektiv. Ich empfehle Kameras mit Lichtstärke 2,8 oder besser und zwar möglichst über den gesamten einstellbaren Brennweitenbereich.

b) *Makro* heißt das nächste Zauberwort. Das Objektiv sollte nicht nur lichtstark sein, es sollte auch über überdurchschnittliche Nahaufnahmequalitäten verfügen. Besonders bei Detailaufnahmen, auch von großen Gegenständen, werden Sie diese Eigenschaften schnell schätzen lernen.

c) Die Auflösung des Chips, oftmals das herausgehobene Leistungskriterium beim Kauf einer Kamera, ist bei Aufnahmen für das Internet und somit eBay sekundär. Die Monitore lösen nur mit 72 dpi (dots per inch) auf. Hier sind bei Fotos für eBay im seltensten Falle mehr als 800 x 600 Pixel Abmessung gefragt. Dies bedeutet, es reicht eine historisch wertvolle 1,3 MB-Kamera, dies unter der Voraussetzung, dass die Optik etwas taugt. Anders verhält es sich natürlich, wenn Sie von den mit der Digitalkamera geschossenen Bildern Ausdrucke erstellen wollen. Bei Prints ist die Auflösung umgerechnet etwa 300 dpi, ein Vielfaches der Bildschirmauflösung. Ein guter Kompromiss zwischen Preis und Leistung bieten derzeit Kameras der 3 MegaPixel-Klasse. Mit diesen Modellen sind 15 x 18 cm Anzüge in Fotoqualität ohne Einbußen möglich.

An dieser Stelle möchte ich Ihnen einfach einen ganz privaten Tipp geben, falls Sie eine Kamera nur für eBay suchen: Eine alte Sony Mavica mit Diskettenlaufwerk erfüllt geradezu ideal die Voraussetzungen für eBay. Ich selbst habe mit so einem Modell drei Jahre gearbeitet und beste Ergebnisse damit erzielt. Zwischenzeitlich unternommene Versuche mit einem High-Tech-Mininatur-Spielzeug habe ich direkt wieder aufgegeben. Das von mir verwendete High-End-Modell eines Markenherstellers, selbstverständlich mit allerbesten Testergebnissen renommierter Fachmagazine, konnte die eigentlich recht banalen Anforderungen, die an eine eBay-taugliche Kamera gestellt werden, nicht wirklich gut erfüllen. Ich bin dann wieder bei meiner Mavica geblieben. Alle Fotobeispiele dieses Buches entstammen der Mavica mit 640 x 480 Pixel Auflösung.

10.5 Solche gut erhaltenen SONY Mavicas bekommen Sie öfters bei eBay für kleines Geld

Nützliches Zubehör für die Fotosession

Ganz praktisch und ganz preiswert sind ein paar Rollos oder Pappe. Sie kennen die Situation: Wie fotografiere ich jetzt Tante Luises Sammeldose, die so wunderbar in meine Wohnung passt? Vielleicht findet sich ja noch jemand, bei dem sie noch besser passt ;-)

Auf dem Tisch mit den Brötchenkrümeln vom Frühstück daneben? Auf der fein gerippten Gartenbank mit dem ungemähten Rasen im Vordergrund? Irgendwie findet sich nie der passende Hintergrund oder das passende Umfeld.

Was macht eigentlich der Fotograf bei den Aufnahmen für Ihre Passbilder? Ja richtig, er hat verschiedene Pappen als Hintergrund, je nach Haarfarbe sucht er eine kontrastreiche Pappe raus. Bei Ganzkörperfotos werden als Hintergrund große Stoff- oder Pappbahnen verwendet, die mit weichem Bogen auf den Boden übergehen.

Genau so wie der Fotograf machen Sie es auch. Aus dem nächsten unmöglichen Möbelhaus besorgen Sie sich das preiswerteste Rollo. Wichtig: Es muss uni (einfarbig) und ohne Raffung oder Musterung sein. Bei der Wahl der Farben lassen Sie jegliche Kreativität zuhause und nehmen einfach ein weißes oder beigefarbenes und dazu ein dunkelblaues Rollo. Die Farben rot oder orange bringen nur den Weißabgleich der Kamera durcheinander, grün verbietet sich von selbst. Abmessungen mit Breiten zwischen 1,2m und 1,5m bei einer Länge von 1,8m bis 2m sind ideal.

10.6 Tante Luises Sammeldöschen auf dem Gartenstuhl – ob sich das verkaufen lässt? Mit Sicherheit ist diese Lösung nicht optimal!

10.7 So ist es schon viel besser! Einfach ein blaues Rollo darunter gelegt wirkt wahre Wunder

Für kleine Gegenstände wie Schmuck, Uhren, Porzellan oder CDs sind solche Rollos etwas unhandlich. Hier bieten Kartons eine bemerkenswert einfache Handhabung. Gehen Sie in den nächsten Schreibwarenladen und kaufen Sie sich ein paar Bögen Dekorationskarton. Schön sind auch edle Wellpappen. Achten Sie hier darauf, dass die Kartons ohne jegliche Verschmutzung und Beschädigung sind. Auf Markoaufnahmen sehen Sie jedes Detail, schonungslos klar und prägnant.

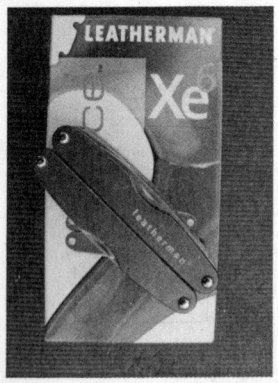

10.8 Kleinere Gegenstände lassen sich prima auf Karton ablichten

Neun kleine Tipps für gute Fotos

1. Immer ran ans Objekt!

Versuchen Sie, Ware immer formatfüllend abzubilden. Ist dies nicht möglich, wählen Sie eine höhere Auflösung der Kamera und schneiden das Bild später mit einer Bildbearbeitung zurecht. Zeigen Sie Details Ihrer Ware. Je mehr aussagekräftige Fotos, umso besser ist es für einen erfolgreichen Verkauf.

10.9 Zeigen Sie Details der Ware

2. Für neutralen Hintergrund sorgen!

Konzentrieren Sie den Käufer auf die Ware und lenken Sie ihn nicht durch Nebensächlichkeiten aus Ihrem privaten Umfeld ab. In aller Regel reichen einfachste Mittel wie Stoffbahnen, Bettlaken, Kartons, Decken. Achten Sie darauf, dass der Kontrast zwischen Objekt und Hintergrund angenehm ist.

3. Immer richtig und ausreichend belichten!

Dies ist mit moderner Digitaltechnik glücklicherweise recht einfach. Doch überschätzen Sie die Lichtempfindlichkeit moderner Digitalkameras nicht, auch DigiCams benötigen Licht. Verzichten Sie bei allen Nahaufnahmen auf Blitzlicht. Ist es zu dunkel und die Verwendung des Blitz lässt sich nicht verhindern, nehmen Sie etwas mehr Abstand zum Objekt, wählen Sie eine größere Auflösung und schneiden Sie später den Ausschnitt passend.

4. Sonne, nein danke!

Licht ist gut, zu viel Licht ist ganz schlecht. Direktes Sonnenlicht ist bei guten Fotos zu vermeiden. Bei schönstem Sonnenschein wirft jeder Gegenstand Schlagschatten. Dann gehen Sie lieber in den Schatten und fotografieren das Objekt da. Am idealsten ist leicht bedeckter Himmel, der bietet beste Lichtverhältnisse ohne harten Schattenwurf.

> **Espresso-Tipp!** Fotografieren Sie nie einen Gegenstand im Gegenlicht. Das heißt, die Lichtquelle steht hinter dem Objekt, bzw. das Objekt steht zwischen Lichtquelle (Sonne) und Kamera. Wenn sich dies nicht ändern lässt, benutzen Sie den Blitz (auch bei ausreichender Helligkeit) und blitzen Sie den Gegenstand an.

Experimentieren Sie ein bisschen herum. Auf dem Display der Kamera können Sie recht gut die ersten Ergebnisse beurteilen.

5. Metall- und Spiegelflächen sind tabu!

So ähnlich, wie es sich mit der Sonne verhält, so schwierig ist es, mit glänzenden Metallflächen umzugehen. Fotografieren Sie nie Gegenstände auf Metall- oder Spiegelflächen. Das Ergebnis wird grauenhaft sein.

Müssen Sie Gegenstände mit reflektierenden Metallflächen ablichten, wählen Sie einen möglichst steilen Winkel zur Kamera und achten Sie darauf, dass kein direktes Licht reflektiert. Kein Käufer erwartet professionelle Aufnahmen von Ihnen, gute Aufnahmen können jedoch nie schaden.

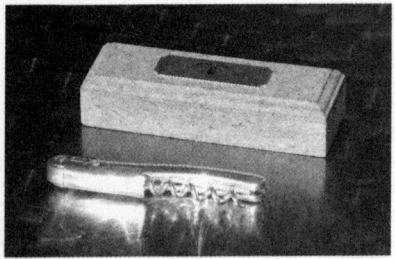

10.10 Dieses silberne Kellnermesser ist ganz schwirig zu fotografieren. Direkte Sonneneinstrahlung und Metallgrund überstrahlen die Konturen

6. Kamera ruhig und gerade festhalten!

»Verwackler« sind im wahrsten Sinne des Wortes unscharf und sehen absolut nicht professionell aus. Haben Sie einfach keine ruhige Hand (das sieht man besonders bei Nahaufnahmen), benutzen Sie ein Stativ. Oftmals reicht schon ein Gartenzaun oder eine Stuhllehne, auf der Sie den Arm abstützen können.

Auch das gerade Festhalten einer Kamera ist nicht jedermanns Sache. Achten Sie gezielt darauf, ob Sie die Kamera gerade gehalten haben. Hat das zu fotografierende Objekt waagerechte oder senkrechte Linien oder Ränder, richten Sie den Sucherrand danach aus.

7. Auf die richtige Perspektive kommt es an!

Die richtige Perspektive hängt natürlich in erster Linie davon ab, was Sie fotografieren. Gerade bei kleinen oder winzigen Gegenständen ist es manchmal recht schwierig, die richtige Perspektive zu finden. Uhren oder Schmuck können Sie auch in die Hand nehmen und direkt vor die Linse halten.

Klar sollte sein: Abgekaute Fingernägel und eingerissene Nagelbetten sind absolut nicht verkaufsfördernd. Falls Sie keine Modellfinger haben, lieber das gute Stück aus der Hand geben.

10.11 Autos immer im richtigen Winkel zum Licht ablichten, sauber und gewaschen (auch die Felgen!) müssen sie sein. Und Sie selbst gehen dabei bitte in die Hocke

Wenn Sie Ihr Auto oder Ihr Motorrad fotografieren, gehen Sie doch einfach mal in die Hocke und stellen Sie etwa die Maschine auf den Seitenständer. Die Bilder erhalten so direkt eine ganz andere Dynamik. Auch hier gilt: Eine schöne Wiese im Hintergrund ist allemal verkaufsfördernder als der Lattenzaun vom benachbarten Schrotthändler.

8. Bilder ohne Nachbearbeitung direkt aus der Kamera ins Web!

In aller Regel reichen 640 x 480 Pixel Auflösung vollkommen aus. Stellen Sie die Digitalkamera auf diese Auflösung ein. Können Sie das Bilddateiformat einstellen, wählen Sie das komprimierte Dateiformat JPEG (JPG). Können Sie darüber hinaus die Komprimierung der Kamera einstellen, wählen Sie *Standard* oder *Hohe Komprimierung*. Je nach Motiv sind diese Bilder aus Erfahrung ca. 60KB groß, was für eine Verwendung bei eBay gut geeignet ist. Diese Bilder können Sie direkt über den *eBay-Bilderservice* zu eBay oder über einen FTP-Client in Ihren Webspace-Bereich laden.

Dateiname	Größe	Typ
DSC00878	61 KB	JPEG-Bild
DSC00879	60 KB	JPEG-Bild
DSC00880	61 KB	JPEG-Bild
DSC00881	59 KB	JPEG-Bild
DSC00882	59 KB	JPEG-Bild
DSC00883	59 KB	JPEG-Bild
DSC00884	59 KB	JPEG-Bild
DSC00885	61 KB	JPEG-Bild
DSC00886	62 KB	JPEG-Bild
DSC00887	62 KB	JPEG-Bild
DSC00888	61 KB	JPEG-Bild
DSC00889	60 KB	JPEG-Bild
DSC00890	60 KB	JPEG-Bild
DSC00891	58 KB	JPEG-Bild
DSC00892	59 KB	JPEG-Bild
DSC00893	59 KB	JPEG-Bild
DSC00894	58 KB	JPEG-Bild
DSC00895	62 KB	JPEG-Bild
DSC00896	58 KB	JPEG-Bild

10.12 Fast alle JPEG-Bilder im Modus 640 x 480 Pixel mit Auflösung *Standard* sind direkt zum Hochladen geeignet

9. CD-Cover spiegelfrei fotografieren!

CD-Hüllen (Jewel-Cases) sind oftmals verkratzt, oder das Acryglas spiegelt unvorteilhaft. Das Cover ist so in aller Regel schlecht zu

Klasse präsentieren = erfolgreich verkaufen

lesen. Ziehen Sie einfach das Booklet (Titelbild) aus der Hülle und legen es auf die CD, so ausgerichtet, als ob es innen eingesteckt wäre. Jetzt sieht die CD direkt viel deutlicher und besser aus. Fotografieren Sie jetzt die CD genau senkrecht von oben.

Espresso-Tipp! Niemals in der Sonne fotografieren!

10.13 CD-Hüllen spiegeln ganz übel

10.14 Besser das Cover auf die Hülle legen und senkrecht von oben fotografieren

11 eBay-Tools im Überblick – nützliche Helfer

Solange Sie als Verkäufer nur zwei, drei Auktionen laufen haben, kommen Sie »zu Fuß« innerhalb von eBay gut zurecht. So wenige Auktionen lassen sich gut verwalten. Sind Sie jedoch ein ambitionierter eBay-er und wollen aktiv in das Geschäft bei eBay einsteigen, dann wird es Ihnen auf die Dauer ganz schön lästig erscheinen, alle Schritte zum Einstellen einer Auktion online auszuführen.

Zwischenzeitlich gibt es rund um das Thema eine Reihe interessanter Software, die das Einstellen, das Verwalten, das Bearbeiten und das Nacharbeiten von Auktionen bis hin zur besseren optischen Gestaltung von Auktionen leichter macht.

Titel: *eBay Toolbar*

Genre: PlugIns für Internet Explorer und Navigator

Preis: ----

Sprache: Deutsch

Mit der **eBay-Toolbar** haben Sie die wichtigsten Funktionen immer griffbereit im Browser.

Bei echten eBay-ern darf die **eBay-Toolbar** auf gar keinen Fall fehlen. Sie wird nach dem Download automatisch in den Internet Explorer eingefügt. Zur Verfügung steht eine eBay-Suche, die sich entweder auf die ganze Seite erstreckt oder sich auf eine bestimmte Kategorie beschränken lässt. Natürlich können Sie auch nach Artikelnummern oder Anbietern suchen. Suchanfragen werden gespeichert und stehen so bei Bedarf zu einem späteren Zeitpunkt erneut zur Verfügung. Direkten Zugriff haben Sie auf *Mein eBay*, wo Sie Ihre Auktionen verwalten.

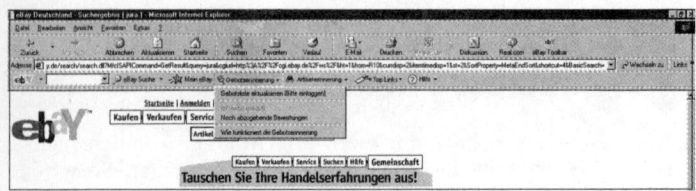

11.1 Über die eBay Toolbar werden Sie auch offline an Auktionen erinnert, die Sie auf beobachten gesetzt haben

Wesentlich interessanter ist aber die *Gebots- und Artikelerinnerung*. In einer übersichtlichen Liste können Sie sehen, für welche Produkte Sie bieten, beziehungsweise was Sie beobachten. Das Auktionsende ist mit dem genauen Datum und der Uhrzeit angegeben. Die Listen werden automatisch aktualisiert, Sie können sie außerdem jederzeit manuell auf den neuesten Stand bringen. Kurz vor Ende einer Auktion, die Sie beobachten oder bei der Sie mitbieten, werden Sie optisch und/oder akustisch erinnert. Den Zeitraum können Sie unter *Einstellungen* selbst festlegen. Vergessen Sie auch nicht, die eBay-Zeit als Standard einzustellen, damit Sie keine Auktion verpassen.

Titel:	*eBay Turbo Lister*
Genre:	Auktionserstellung
Preis:	----
Download:	*http://pages.ebay.de/turbo_lister/*
Umfang:	18 MB
Sprache:	Deutsch

(Der Download ist kostenlos, für vereinzelte Dienste fallen jedoch Gebühren an.)

eBay Turbo Lister ist die neueste Variante vom zwischenzeitlich nicht mehr unterstützten *Mr. Lister*. Besonderes Augenmerk wurde auf die grafischen Möglichkeiten gelegt, um Auktionen einfacher zu gestalten und ihnen ein gefälligeres Aussehen zu geben.

Turbo Lister ist ebenfalls ein so genanntes Offline-Tool. Sie stellen die Auktionen ohne aktive Verbindung zum Internet auf Ihrem PC zusammen und laden die gewünschten und ausgewählten Auktionen dann online mit einem Upload zu eBay. Bei *Turbo Lister* können Sie

eBay Tools im Überblick – nützliche Helfer

sogar die Einstellzeiten definieren. Dies ist ein nicht zu unterschätzender Vorteil: Sie stellen vormittags die Auktionen zusammen, wollen aber, dass diese erst abends zur besten Zeit beendet werden. Mit *Turbo Lister* ist dies kein Problem. Allerdings ist diese Startzeitplanung gebührenpflichtig.

Leider macht es eBay Anwendern nicht immer leicht, die entsprechenden Tools sofort zu finden. Daher die URL zum Download der Software *eBay Turbo Lister*:
http://pages.ebay.de/turbo_lister/download.html

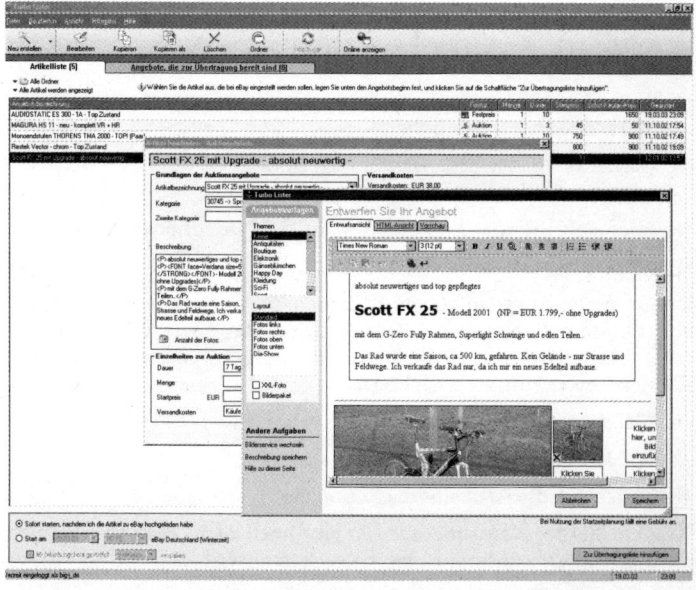

11.2 Der *eBay Turbo Lister* empfiehlt sich für alle Verkäufer, die mehr als drei Auktionen in der Woche einstellen

Die Download-Datei umfasst ca. 18 MB, dies ist nicht gerade wenig, doch der Download lohnt sich allemal. Denn *Turbo Lister* ist ein interessantes Tool, das den Einsatz von eBay deutlich komfortabler gestaltet.

Zum Download der Datei klicken Sie auf den Button *Download*. Speichern Sie die Downloaddatei auf Ihrem System. Nach erfolgreichem Download starten Sie die Installation des *eBay Turbo Lister* durch Doppelklick auf die Setup-Datei. Folgen Sie jetzt den Anweisungen auf dem Bildschirm.

Bitte beachten Sie vor der Installation die notwendigen Systemvoraussetzungen für die Software *eBay Turbo Lister*:

➔ PC Intel Pentium II Prozessor oder kompatibler Prozessor

➔ 64 MB RAM

➔ 20 MB verfügbarer Festplattenspeicher

➔ Verbindung zum Internet (mindestens 28.800 KB/s)

➔ Super VGA-Grafikkarte und -Monitor mit einer Auflösung von 800 x 600 Pixel oder höher

➔ Windows 98, 98 SE, ME, NT 4+SP6, 2000 oder XP Betriebssystem

➔ Microsoft Internet Explorer Version 5.01 oder höher

So arbeiten Sie mit *eBay Turbo Lister*:

Der *Turbo Lister* ist einfach zu bedienen. Sie müssen nur Ihre Angebote mit dem *Turbo Lister* erstellen und zu eBay übertragen. Das Programm ermöglicht es, Artikeldaten zu speichern und so eine spätere Wiederverwendung zu erleichtern.

➔ Wählen Sie Ihr Land aus.

➔ Wählen Sie das Angebotsformat aus.

➔ Geben Sie die Artikelbezeichnung ein.

Wählen Sie die Kategorie aus. Ist sie Ihnen nicht bekannt, können Sie diese über das Menü *Kategorie* suchen auswählen.

Jetzt folgt der Teil der Artikelbeschreibung. *Turbo Lister* bietet Ihnen eine Reihe von Möglichkeiten, Ihre Anzeige ansprechend zu gestalten. Unter *Angebotsvorlagen* finden Sie diverse Gestaltungsvorlagen. Ferner können Sie bei der Erstellung zwischen den Modi *Entwurfsansicht*, *HTML-Ansicht* und *Vorschau* nach Belieben wechseln. Sollten Sie an dieser Stelle nicht weiterkommen, so beachten Sie dazu die vorzügliche *Hilfe*. Die *Hilfe* zu *eBay Turbo Lister* finden Sie unter *Andere Aufgaben – Hilfe* auf dieser Seite.

Nun folgt der letzte Schritt mit der Bezeichnung *Formatmerkmale*. Auf diesen Seiten beschreiben Sie komfortabel alle Merkmale wie Auktionsdauer, Versandkosten, Zahlungsadresse, Artikelstandort und, und, und.

Nachdem Sie alle Artikel, die Sie bei eBay verkaufen wollen, aufgenommen haben, übertragen Sie sie in die Liste *Angebote, die zur Übertragung in das eBay-Portal bereit sind*. Das Übertragen von der Artikelliste in die Übertragungsliste erfolgt durch Auswahl der Artikel mittels Mausklick und Klicken des Buttons *Zur Übertragungsliste hinzufügen*.

Die Übertragung zu eBay erfolgt durch Klick auf den Button *Übertragen*. Dazu muss Ihr Rechner online sein.

Das Interessante am *eBay Turbo Lister* ist, dass einmal aufgenommene Artikel sehr einfach verändert und wiederholt eingestellt werden können. Zudem besteht die Möglichkeit, Artikel nach Gruppen zu sortieren und anzulegen. Besonders Verkäufer mit vielen unterschiedlichen Produkten werden dieses Ausstattungsmerkmal schätzen.

Titel: *Profiseller 3.0 für eBay*

Genre: Tool-Sammlung

Preis: EUR 39,95

Download: *www.franzis.de*

Umfang: CD-ROM

Sprache: Deutsch

(Inkl. Auktionator Standard-Version und Webshop-Software WEB66)

Der *eBay Profiseller 3.0* ist die neue Version, mit der Sie grafisch gestaltete Artikelbeschreibungen erstellen können.

Der *eBay Profiseller* macht sich eine Eigenart von eBay zunutze und zwar, dass es sich bei der Artikelbeschreibung letztendlich um HTML-Code handelt bzw. dass im Feld *Artikelbeschreibung* HTML-Code akzeptiert wird.

Aus dem Feld *Artikelbeschreibung* heraus lassen sich weitere Bilder einbinden oder verlinken. Auf diese Weise lässt sich eine ganze Menge Geld für Einstellgebühren für weitere Bilder sparen. Einfach weitere Bilder aus der Artikelbeschreibung heraus einbinden, fertig. Alles vollkommen kostenfrei!

Der *eBay Profiseller* erstellt einfach nur aus einer kompletten Artikelbeschreibung, egal ob mit einem Bild, zwei drei oder fünf Bildern, nichts anderes als ein einziges Bild im Dateiformat eines JPEGs. Einfacher geht's nicht.

Doch das macht der *eBay Profiseller* ausgesprochen clever. So simpel und einfach in der Bedienung wie eine Einladungskartensoftware bauen Sie mit dem *eBay Profiseller* komplette, attraktiv gestaltete Werbeanzeigen. Sie binden einfach per Drag&Drop mehrere Bilder ein, können diese kinderleicht in der Größe verändern, mit Rändern oder Passepartouts versehen, beliebig Text dazufügen usw.

Anschließend speichern Sie dieses Projekt auf Ihrem PC ab und erzeugen aus der komplett gestalteten Werbeanzeige ein einziges JPEG. Dieses Bild lässt sich intelligent verkleinern, für das Internet optimieren und dann mittels integrierter FTP-Software an einem beliebigen Platz im Web laden, auf den Sie Zugriff haben.

Dabei erzeugt der *eBay Profiseller* automatisch den Link und die HTML-Befehlszeile, die Sie dann nur noch mit Ctrl + C in die Artikelbeschreibung einfügen.

So können Sie quasi beliebig viele Bilder ohne zusätzliche Kosten einbinden. Sie können auch einen klassischen Artikelbeschreibungstext mit Bildersammlungen, die vom *eBay Profiseller* erstellt wurden, mischen. Oder Sie können mit dem *eBay Profiseller* verschiedene Bildsammlungen bzw. Werbeanzeigen erstellen und diese verlinken oder einbinden.

Damit das Gestalten leicht von der Hand geht, stehen als Vorlage oder als Ideenlieferant ca. 150 Templates zur Verfügung.

Zum Lieferumfang des neuen *Profisellers 3.0* gehören die neue Version 2.x vom *Auktionator*, dem meist genutzten Auktionsverwaltungstool, weiter ein Webshop-System WEB66 sowie eine Sammlung von Vorlagen.

Titel:	*Der Auktionator*
Genre:	Auktionsverwaltung
Preis:	diverse Versionen ab Freeware
Download:	*http://franzis.de* oder *http://www.z-dev.de*

Umfang: 10,3 MB

Sprache: Deutsch

Der *Auktionator* von Z-DEV ist eine absolut professionelle Software zur Abwicklung großer Auktionsmengen. Mehrere hundert oder Tausende Auktionen lassen sich mit diesem Tool monatlich abwickeln. Diese Software ist erstklassig betreut, alle ein bis zwei Wochen erreicht Sie ein Update per E-Mail, wenn sich innerhalb der eBay-Struktur wieder irgendetwas geändert hat.

Der *Auktionator* richtet sich an eBay-Profis, die zahlreiche Auktionen gleichzeitig laufen haben. Mit dem *Auktionator* bereiten Sie nicht nur Ihre Auktionen offline an Ihrem PC auf und stellen diese dann mit einem einzigen Upload in das eBay-Portal ein, sondern Sie automatisieren mit Hilfe dieser Software den gesamten E-Mail-Schriftverkehr. Die Software verwaltet die komplette Abwicklung. So werden zum Beispiel die Bestätigungsmails von eBay automatisch erkannt und den eingestellten Artikeln automatisch die entsprechenden Auktionsnummern zugeordnet. Nach der abgelaufenen Auktion erkennt die Software die Benachrichtigung von eBay, ermittelt den Mitgliedsnamen und die E-Mail-Adresse des Käufers sowie das abschließende Gebot. Mittels vorbereiteter Vorlagen wird der Käufer benachrichtigt.

Dabei werden Auktionsnummer, Titel der Auktion, Gebot und Versandkosten sowie gegebenenfalls eine Bankverbindung für die Zahlung automatisch eingetragen.

Sogar die Kontrolle des Zahlungsverkehrs erfolgt über eine vordefinierte Schnittstellendatei. Abschließend erstellt der *Auktionator* Lieferscheine, Rechnungen und Versandetiketten.

Die Software ist in verschiedenen Leistungsstufen erhältlich. Am interessantesten ist die Premium Edition (ca. EUR 60,00), die Sie im Fachhandel oder MediaMarkt etc. finden. Diese Ausgabe beinhaltet zudem eine original *KlickTel*-Telefonnummern-CD-ROM, mit der Sie sofort Adressen von Käufern und Verkäufern überprüfen können.

Legen Sie sich eine aktuelle Telefon-CD-ROM zu. Mit Hilfe dieser Telefon-CD-ROM können Sie sehr leicht Adressangaben überprüfen und sich so präventiv vor Schaden schützen.

Titel: *Schnäppchenjäger 4.0 für eBay*

Genre: Auktionsbeobachtung

Preis: EUR 19,95
Download: *www.franzis.de*
Umfang: CD-ROM
Sprache: Deutsch

Schnäppchenjäger 4.0 für eBay ist eine Suchmaschine, mit der Käufer gezielt nach Produkten suchen können. Die Suchfunktionen gehen über die Powersuche von eBay hinaus. So können Sie nach Auktionen suchen, die beispielsweise in den nächsten Minuten enden und die noch auf Euro 1,00 stehen. Die gefundenen Auktionen werden nach Suchaufruf über eine direkte eBay-Online-Abfrage übersichtlich aufgelistet. Dabei werden Artikelnummer, Artikelbezeichnung, Preis, Sofortkauf-Option, Anzahl der Gebote und die Restlaufzeit der Auktion angezeigt. Ohne den Browser zu öffnen zeigt der *Schnäppchenjäger* ausgewählte Auktionen in einem integrierten Vorschaufenster an. Dabei können Sie direkt aus dem *Schnäppchenjäger* die Auktion öffnen und mitbieten oder sofort kaufen.

Für Sie interessante Auktionen können Sie auf *Beobachten* setzen. Dabei werden Sie auf Wunsch automatisch über ein Systemfenster benachrichtigt wenn beispielsweise eine Auktion kurz vor dem Auktionsende steht oder sich die laufenden Gebote außerhalb eines Preislimits bewegen. Die notwendige Aktualisierung erfolgt über Online-Updates.

Titel: *4My Auction*
Genre: Auktionsverwaltung
Preis: EUR 5,00 oder Freeware ohne Support
Download: *http://www.seeebay.de*
Umfang: 3,4 MB
Sprache: Deutsch

4MyAuction ist ein Auktionsverwaltungsprogramm und erleichtert die Verwaltung und Abwicklung von eBay-Auktionen. In *4MyAuction* werden alle Daten der eBay-Auktionen in Tabellenform dargestellt.

Titel: *Auktionaut 1.0*
Genre: Auktionsbeobachtung
Preis: ----

eBay Tools im Überblick – nützliche Helfer

Download: *http://auktionaut.iolani.de*
Umfang: 0,7 MB
Sprache: Deutsch

Auktionaut ist ein Programm zum Beobachten von einer oder mehreren eBay-Auktionen.

Titel: *Auktionsbuddy 3.0*
Genre: Auktionsverwaltung
Preis: EUR 49,00
Download: *http://auktionsbuddy.de*
Umfang: 20,0 MB
Sprache: Deutsch

Mit dem *Auktionsbuddy* lassen sich Auktionen vorbereiten und an eBay übertragen. Das Programm übernimmt den automatischen E-Mail-Versand von Zahlungsinformationen; darüber hinaus bietet es eine Adressdatenbank, erstellt Rechnungen und schreibt Mahnungen, falls ein Kunde nicht bezahlt.

Titel: *Auto-Feedback 1.5*
Genre: Bewertungstool
Preis: EUR 15,00
Download: *http://www.itefix.de*
Umfang: 0,9 MB
Sprache: Deutsch

Eine Bewertungshilfe für Vielverkäufer zum automatischen Beantworten aller erhaltener positiver Bewertungskommentare bei eBay.

Titel: *Baywatcher Pro 5.0*
Genre: Tool-Sammlung
Preis: EUR 23,00
Download: *http://www.aborange.de*
Umfang: 1,7 MB
Sprache: Deutsch

Der *BayWatcher Pro* ist eine Softwaresammlung für Käufer und Verkäufer bei eBay. Der integrierte Funktionsumfang vereinfacht den Umgang mit eBay, erweitert die Möglichkeiten der Suche, Beobachtung und Analyse von Auktionen.

BayWatcher Pro besteht aus den folgenden Programmteilen:

BaySearcher dient der Verwaltung beliebig vieler kategorisierbarer Suchbegriffe, nach welchen zeitgleich bei eBay gesucht werden kann. Mit *BayObserver* kann eine unbegrenzte Anzahl von Auktionen beobachtet werden.

Abgelaufene Auktionen können im *BayAnalyzer* statistisch ausgewertet werden.

BayBrowser ist ein im Programm integriert und für eBay optimierter Browser, der es erlaubt, beliebig viele Auktionsseiten und sonstige Webseiten zeitgleich innerhalb einer Anwendung zu betrachten.

BayDesigner ist ein einfacher HTML-Editor, mit dem Auktionsbeschreibungen gestaltet werden können.

BayReminder läuft im Hintergrund und informiert rechtzeitig über das Ende einer Auktion.

Titel:	*Superseller*
Genre:	Auktionsverwaltung
Preis:	EUR 24,95
Download:	*http://www.databecker.de*
Umfang:	37,8 MB
Sprache:	Deutsch
Titel:	*Tradewatcher 2.1 für eBay*
Genre:	Auktionsbeobachtung
Preis:	EUR 14,96
Download:	*http://www.pocketbit.de*
Umfang:	1,9 MB
Sprache:	Deutsch

Tradewatcher speichert und analysiert beliebig viele eBay-Artikel in einer lokalen Datenbank. Mit dem integrierten Internetbrowser kön-

eBay Tools im Überblick – nützliche Helfer

nen Anwender wie gewohnt in den Artikeln bei eBay stöbern. Artikel lassen sich mit der Software dauerhaft speichern.

Die Informationen aufgrund des Speichervorgangs sind auch dann noch gespeichert, wenn die Informationen auf dem eBay-Server nach 30 bzw. 90 Tagen nicht mehr zur Verfügung stehen.

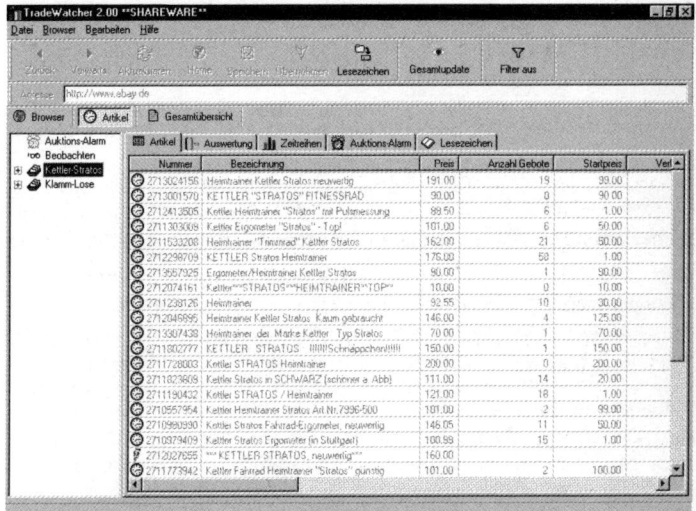

11.1 Artikelinformationen lassen sich mit dem *Tradewatcher* nach Gruppen und Kategorien sortieren

TradeWatcher errechnet Kennzahlen, die sich für Kaufen- und Verkaufen-Strategien nutzen lassen. Folgende Kennwerte kann die Software errechnen:

→ Durchschnittspreis

→ Maximaler/Minimaler Preis

→ Verkaufsquote (wie gut ist ein Produkt verkäuflich)

→ Verkaufte Anzahl

→ Währung (das Programm gruppiert automatisch nach verschiedenen Währungen)

→ Durchschnittspreis für Auktionen, Sofort-Kaufen-Artikel, 3-, 5-, 7- und 10- Tage-Auktionen

→ Umsatz

Die Kennzahlen werden dabei nach Kategorien und Produkten ausgegeben.

Titel: *AuctionSniper*

Genre: Bietagent

Preis: provisionsabhängig

Download: *http://www.auctionsniper.com*

Umfang: Online-Tool

Sprache: Englisch

Bemerkung:Die Nutzung dieser Software ist gemäß den AGBs von eBay untersagt

AuctionSniper ist ein Online-Tool, das Sie im Internet unter der Adresse: *http://www.auctionsniper.com* finden. Mit diesem Sniper können Sie probeweise drei Auktionen erfolgreich abschließen, danach wird der Bietagent kostenpflichtig. Durch Weiterempfehlen erhalten Sie jedoch weitere »Freispiele«, sodass in aller Regel, es sei denn, Sie sind kaufsüchtig, keine Kosten anfallen. Sie können auch mehrere eBay-Mitgliedsnamen an melden, sich reihum bewerben und schon haben Sie eine ansehnliche Anzahl von Auktionen frei.

Das sollten Sie zum Thema *Sniper* wissen:

In dem Kapitel *Die eBay-Winner-Strategie* haben Sie gelesen, wie Sie mit ganz legalen Mitteln Auktionen erfolgreich abschließen. Wenden Sie diese Strategie konsequent an, werden Sie Ihre gewünschten Produkte mit einer sehr hohen Wahrscheinlichkeit erfolgreich ersteigern. Es gibt jedoch Möglichkeiten, noch zielgenauer zu bieten. Und zwar, wenn Sie innerhalb der letzten drei, vier oder fünf Sekunden Ihr Gebot in der genau richtigen Höhe auf dem eBay-Server platzieren. Für diese Aufgabe gibt es im Web diverse Bietagenten, so genannte Sniper, die, im Gegensatz zum Bietagenten von eBay, das Gebot erst zu einem genau definierten Zeitpunkt, und zwar wenige Sekunden vor Auktionsende abgeben. Dabei müssen Sie in der Regel nicht einmal online sein und vor dem PC dem Ende der Auktion entgegenfiebern. Diese Operationen laufen, einmal aktiviert, von einem fremden Server aus. Grundsätzlich ist dies nichts für misstrauische Gemüter, denn Sie müssen Ihre vertraulichen eBay-Daten wie Mitgliedsnamen und das dazugehörige Passwort diesem fremden Server anvertrauen.

Der einmal eingerichtete Sniper führt das Bieten in aller Regel höchst zuverlässig aus. Zudem hat das Einsetzen von Snipern noch eine Reihe von Vorteilen, die eBay gar nicht so gerne sieht, **und daher den Gebrauch per Satzung verbietet. Wird der Einsatz nachgewiesen, schließt eBay das Mitglied aus der eBay-Gemeinschaft aus.**

Bietagenten bieten jedoch auch handfeste Vorteile:

Keine Gefahr durch Biet-Terror, sondern Geld sparen!

Die Bietarien, die oftmals in den letzten Minuten einer Auktion ablaufen, sind oftmals der Grund dafür, dass Sie letztendlich mehr Geld ausgeben, als Sie eigentlich zunächst für einen Artikel auszugeben bereit waren. Da Sie bei der Verwendung eines Snipers Ihr maximales Gebot in aller Regel deutlich vor Ende einer Auktion bei »klarem Kopf« abgeben, entziehen Sie sich der Gefahr, in ein Bietwettrennen einzusteigen. Der Sniper gibt nur einmal ein Gebot in den letzten Sekunden einer Auktion ab. Sie sind zuvor in dieser Auktion nicht in Erscheinung getreten und haben nicht zu einem Bietwettrennen beigetragen. Es gibt auch keinen sinnvollen Grund, Tage vor Auktionsende ein Gebot abzugeben und somit nur den Preis hochzutreiben. Mit der Eingabe des maximalen Gebotes in einen Bietagenten haben Sie den Betrag definiert, den Sie bereit sind zu zahlen. Daher besteht auch nicht die Gefahr, dass Sie sich mitreißen und hochtreiben lassen. Ein Sniper ist auch ein Tool, um die Kosten clever im Griff zu halten. Dies ist meines Erachtens auch der Grund, weshalb eBay solche Sniper nicht gerne sieht. Durch einen massiven Einsatz von Snipern fallen die Gebote letztendlich geringer aus und es fällt weniger Provision für eBay ab.

Keine Auktion verpassen, nur weil gerade ein Meeting angesetzt ist!

Lassen Sie andere die Arbeit machen! Sie können Ihre Freizeit wieder aktiver planen und machen sich nicht von Auktionsabschlusszeiten abhängig. Ihre Freunde, Ihre Familie und Ihr Arbeitgeber werden es Ihnen danken, da Sie jetzt nicht mehr Tage und Nächte vor dem

PC bei eBay hocken, weil Sie unbedingt eine Auktion erfolgreich abschließen wollen.

Kontrollierter Einkaufen und Gebote bis zur letzten Minuten abbrechen!

Einmal bei eBay den internen Bietagenten aktiviert, gibt es nur schwer ein Zurück aus der Bietspirale. Ohne triftigen Grund können Sie Ihr Gebot bei eBay nicht zurückziehen. Besonders kritisch wird es in den letzten 12 Stunden vor Auktionsende. Da geht faktisch nichts mehr und Sie können nur noch hoffen, dass irgendjemand noch mehr bietet als Sie, damit Sie den Artikel nicht ersteigern, den Sie, aus welchen Gründen auch immer, jetzt nicht mehr ersteigern möchten. *AuctionSniper* bieten den Vorteil, dass bis zu einer Minute vor Ablauf der Auktion der Sniper gestoppt werden kann.

Sie sehen, es sind schon handfeste Vorteile, die für den Gebrauch eines externen Bietagenten sprechen.

12 Glossar

Agentengebote

Ein Gebot, das Sie in das Bieten-Fenster eintragen, ist ein maximales Gebot. Das Gebot kann nur eingegeben werden, wenn es über dem Mindestgebot liegt. Das System bietet automatisch nur so viel, wie Sie für die Führung in der Auktion benötigen. Das ist der so genannte Agent. Der Agent bietet für Sie, auch wenn Sie nicht online sind. Der Agent bietet automatisch bis zu Ihrem maximalen Gebot mit.

Allgemeine Geschäftsbedingungen

In den Allgemeinen Geschäftsbedingungen sind die Bedingungen für die Nutzung der Dienstleistungen von eBay festgelegt. Sie müssen diesen Bedingungen zustimmen, um bei eBay aktiv handeln zu können.

Angebotsgebühr

Die Angebots- oder Einstellgebühr für das Einstellen von Artikeln in Auktionen ist von der Höhe des Startpreises abhängig.

Angebot vorzeitig beenden

Solange Verkäufer noch kein Gebot auf Angebote erhalten haben, können sie ihre Auktion jederzeit beenden. Auf der Artikelseite wird angezeigt, dass der Verkäufer das Angebot vorzeitig beendet hat. Diese Information ist für potentielle Käufer oder bisherige Auktionsteilnehmer sehr wichtig. Verkäufer können aus verschiedenen Gründen ihr Angebot vorzeitig beenden. Gründe können sein:

→ Der Artikel steht nicht mehr zum Verkauf (das kann passieren, wenn er zwischenzeitlich bereits verkauft wurde oder es sich um Ware handelte, die der Verkäufer noch gar nicht hatte).

→ Das Mindestgebot enthielt einen Fehler (wenn es z.B. einfach viel zu hoch war).

→ Das Angebot enthielt einen Fehler (der tolle Verstärker hat gar keine 1.500 Watt pro Kanal, sondern nur 15).

→ Der Artikel ist verloren gegangen oder wurde beschädigt (man denke z.B. an ein Fahrrad).

Artikellisten

Listen mit Auktionen, die in unterschiedlichen Kategorien eingeordnet sind.

Artikelsuche

Die Möglichkeit, einen Artikel nach seiner Artikelnummer im Bereich Powersuche zu finden. Jeder Auktion wird beim Einstellen eine Artikelnummer zugewiesen.

Bewertung

Kommentare, die ein Käufer oder Verkäufer über seinen Auktionspartner abgibt, um auf seine Erfahrungen beim Handeln mit diesem Mitglied hinzuweisen.

Bieten

Das Abgeben eines Gebots für einen in einer Auktion angebotenen Artikel.

Bild-Symbol

Das Bild-Symbol bedeutet, dass zu einem Artikel ein Bild vorhanden ist. Das Bild-Symbol wird solchen Einträgen automatisch hinzugefügt, falls Sie beim Einstellen der Auktion eine entsprechende Web-Adresse im Feld Bild-URL eingetragen haben oder den *iPIX*, den eBay-Bilderservice, verwendet haben. Dieses Symbol erscheint nicht, wenn Sie ein Bild über HTML-Befehle in die Artikelbeschreibung eingebunden haben.

Erhöhungsschritte

Die Erhöhungsschritte sind abhängig vom aktuellen Preis:

→ Bei einem Preis von EUR 1,00 bis EUR 49,99 steigen die Gebote um mindestens EUR 0,50.

→ Bei einem Preis von EUR 50,00 bis EUR 499,99 steigen die Gebote um mindestens EUR 1,00.

- Bei einem Preis von EUR 500,00 bis EUR 999,99 steigen die Gebote um mindestens EUR 5,00.
- Bei einem Preis von EUR 1.000,00 bis EUR 4.999,99 steigen die Gebote um mindestens EUR 10,00.
- Bei einem Preis über EUR 5.000,00 steigen die Gebote um mindestens EUR 50,00.

Gebote auf eigene Artikel

Gebote auf eigene Artikel bei eBay sind verboten! Solche Manipulationen werden durch die *Allgemeinen Geschäftsbedingungen* von eBay untersagt und können zum Ausschluss durch eBay von der eBay-Handelsplattform führen.

Gebote in der letzten Sekunde (3-Fenster-Technik)

Gebote in der letzten Sekunde sind Gebote, die kurz vor Ablauf der Auktion für einen Artikel abgegeben werden. Die Regeln von eBay besagen, dass jedes Gebot, das vor dem Ende der Auktion abgegeben wird, legitim ist.

Geprüftes Mitglied

Das Häkchen auf der Mitgliedskarte zeigt, dass die Identität eines Mitglieds durch die Deutsche Post AG anhand seiner Ausweispapiere festgestellt und bestätigt wurde.

Mein eBay

Mein eBay ist Ihr persönlicher Bereich bei eBay. Von hier aus haben Sie den Überblick über alle Ihre Aktivitäten bei eBay.

Registrierte Mitglieder

Registrierte Mitglieder sind eBay-Benutzer, die sich bei eBay angemeldet haben.

Rücknahme eines Gebots

Der Bieter nimmt sein eigenes Gebot zurück. Dies ist nur in Ausnahmefällen, etwa bei falschen Eingaben, möglich. Sie dürfen Ihr Gebot nicht zurückziehen, weil Ihnen der Artikel nicht mehr gefällt, oder weil Sie ihn woanders billiger gesehen haben. Rücknahmen von Geboten werden auf der ID-Karte eingetragen.

Sniper

Unter Sniper versteht man Bietagenten-Programme, die in letzter Sekunde vor Auktionsende ein Gebot abgeben. Diese Software findet der eBay-Nutzer nicht innerhalb von eBay, sondern ausschließlich über außenstehende Kanäle im Internet. Der Einsatz solcher Bietagenten ist laut eBay verboten.

Sofort-Kaufen

Die *Sofort-Kaufen*-Option ermöglicht Ihnen, einen Artikel sofort zu einem festen Preis zu kaufen oder zu verkaufen. Die Artikel mit *Sofort-Kaufen*-Option erkennen Sie an dem *Sofort-Kaufen*-Zeichen.

Um *Sofort-Kaufen*-Artikel einstellen zu können, müssen eBay-Verkäufer über ein Bewertungsprofil von mindestens 10 Punkten verfügen oder ein geprüftes Mitglied sein.

Bitte beachten Sie, dass es zwei Möglichkeiten gibt, *Sofort-Kaufen*-Artikel anzubieten:

→ Auktion mit *Sofort-Kaufen*-Zusatzoption

Schnell entschlossene Käufer haben die Möglichkeit, einen Artikel sofort zu dem vom Verkäufer festgesetzten *Sofort-Kaufen*-Preis zu erwerben. Sie können aber auch auf herkömmliche Weise auf den Artikel bieten. Sobald ein erstes Gebot abgegeben wurde, verschwindet das *Sofort-Kaufen*-Zeichen und die Option ist nicht mehr verfügbar. Der Artikel wird nun im Rahmen einer klassischen Auktion versteigert.

→ Reine *Sofort-Kaufen*-Artikel

Als Verkäufer können Sie Ihre Artikel als reine *Sofort-Kaufen*-Angebote bei eBay einstellen. Dazu setzen Sie einen *Sofort-Kaufen*-Preis fest. Käufer können den Artikel dann zu eben diesem Preis kaufen. Ein Ersteigern des Artikels auf herkömmliche Weise ist nicht möglich. Auch mehrere Artikel können gleichzeitig mit dem *Sofort-Kaufen*-Preis eingestellt werden. Es fallen keine zusätzlichen Gebühren an.

Startpreis

Der Startpreis ist der kleinste Betrag, der für eine Auktion geboten werden kann. Dieser wird auf der Auktionsseite angezeigt und vom Verkäufer beim Eintragen des Artikels festgelegt.

Streichung eines Gebots

Das Stornieren eines Gebotes durch den Verkäufer. Der Verkäufer hat die Möglichkeit, Gebote von Mitgliedern abzulehnen und das Gebot zu streichen. Hintergrund könnte sein, dass der Verkäufer in der Vergangenheit durch diesen Bieter getäuscht worden ist. Wichtig: Der Käufer erfährt das nicht durch eine E-Mail oder dergleichen, sondern kann es nur feststellen, wenn er sich die Gebote anschaut. Wenn Sie also berechtigte Sorge haben, dass ein Verkäufer Ihre Gebote streicht, sollten Sie öfters in der Gebotsliste nachsehen.

Suchen

Eine Funktion, mit der Sie nach einem Artikel gezielt suchen können. Dabei geben Sie entsprechende Suchbegriffe ein, und die Suchfunktion liefert eine Liste mit Artikeln, die den Begriffen entsprechen. Mit der *Powersuche* können Sie die Suchkriterien verfeinern und z.B. auch innerhalb der Artikelbeschreibungen nach Begriffen suchen.

Überboten

Wenn ein anderer Bieter ein Höchstgebot abgibt, das über Ihrem Höchstgebot liegt, wurden Sie überboten. Sie müssen ein neues, höheres Gebot abgeben, oder Sie scheiden aus der Auktion aus.

Verkaufsprovision

Verkäufern berechnet eBay am Ende einer Auktion bei erfolgreichem Verkauf eine Provision, die von der Höhe des Höchstgebotes abhängig ist.

Wiedereinstellen

Wenn ein Artikel beim ersten Mal nicht verkauft wurde, und der Verkäufer ihn erneut anbieten möchte, kann er dies mit der Funktion *Erneut versteigern* vornehmen. Die Artikeldaten brauchen dabei nicht wieder neu eingegeben werden. Die Einstellgebühren für diesen Artikel entfallen, falls der Artikel bei diesem zweiten Anlauf verkauft wird. Zusatzleistungen werden aber erneut berechnet.

13 Die AGBs von eBay zum Nachlesen

13.1 Allgemeine Geschäftsbedingungen für die Nutzung der deutschsprachigen eBay-Websites

Willkommen auf der Website der eBay International AG (im Folgenden: »eBay«), Bubenbergplatz 5, CH-3011 Bern, vertreten durch den Direktor, Herrn Michael van Swaaij, und eingetragen im Hauptregister des Handelsregisters Bern-Mittelland unter der Firmennummer CH-035.3.023.263-7.

Dies sind die Allgemeinen Geschäftsbedingungen von eBay (im Folgenden: »AGB«). Sie regeln das Vertragsverhältnis zwischen eBay und den natürlichen und juristischen Personen, die Teledienste von eBay nutzen (im Folgenden: »Mitglied«). Die AGB betreffen die Nutzung der Websites eBay.de, eBay.at, eBay.ch, eBayshops.de, eBayshops.at, eBayshops.ch, eBaymotors.de, eBaymotors.at, eBaymotors.ch sowie aller zu diesen Domains gehörenden Subdomains (im Folgenden: »eBay-Website«).

Außerdem bestimmen sie die wesentlichen Grundsätze, die für die Nutzung aller Webseiten gelten, die von eBay-Gesellschaften betrieben werden. Eine Liste der Betreibergesellschaften finden Sie hier. Die AGB finden auch dann Anwendung, wenn Sie die eBay-Website oder Bereiche davon von anderen Websites aus nutzen, die den Zugang zur eBay-Website vollständig oder ausschnittweise ermöglichen.

Diese AGB treten für alle bei eBay.de, eBay.at und eBay.ch angemeldeten Mitglieder ab dem 1. Juni 2003 in Kraft, sofern das Mitglied der Geltung der neuen AGB nicht innerhalb von zwei Wochen nach Empfang der E-Mail, in dem sie ihm mitgeteilt werden, widerspricht. Für alle Mitglieder, die sich nach dem 4. Mai 2003 unter Zustimmung dieser AGB angemeldet haben, gelten die AGB ab dem Zeitpunkt der Anmeldung.

Indem Sie die Schaltfläche Ich stimme zu anklicken, akzeptieren

Sie die nachfolgenden AGB der eBay International AG und schließen mit dieser einen Vertrag über die Nutzung der eBay-Website, auf der Sie selbstständig Waren und/oder Dienstleistungen anbieten und/oder erwerben können. Weiterführende Informationen, auch hinsichtlich der Gebühren, die für die Nutzung der eBay-Website anfallen, finden Sie hier.

Sie können Ihre Zustimmung zum Nutzungsvertrag und zu diesen AGB innerhalb von zwei Wochen nach Ihrer Zustimmungserklärung schriftlich widerrufen. Schreiben Sie hierfür an die eBay International AG, Bubenbergplatz 5, CH-3011 Bern. Oder senden Sie eine E-Mail an agb@ebay.de. Zur Fristwahrung genügt es, dass Sie Ihren Widerruf rechtzeitig absenden. Wird der Widerruf rechtzeitig erklärt, so sind Sie weder an den Nutzungsvertrag noch an Ihre Zustimmungserklärung zu diesen AGB gebunden. Dieses Widerrufsrecht erlischt jedoch, sobald Sie ein Angebot auf der eBay-Website eingestellt haben oder auf ein dort eingestelltes Angebot geboten bzw. einen dort eingestellten Artikel gekauft haben .

Im Übrigen können Sie den abgeschlossenen Nutzungsvertrag jederzeit kündigen. Für die Kündigungserklärung genügt eine schriftliche Mitteilung an die eBay International AG, Bubenbergplatz 5, CH-3011 Bern, oder eine E-Mail an agb@ebay.de.

Etwaige Beanstandungen oder Beschwerden richten Sie bitte schriftlich an die eBay International AG, vertreten durch Herrn Michael van Swaaij, Bubenbergplatz 5, CH-3011 Bern. Oder senden Sie eine E-Mail an agb@ebay.de.

A. Allgemeine Bestimmungen

§ 1 Marktplatz

Die eBay-Website ist ein Marktplatz, auf dem von den Mitgliedern Waren und Leistungen aller Art (nachfolgend »Artikel«) angeboten, vertrieben und erworben werden können, sofern deren

Angebot, Vertrieb oder Erwerb nicht gegen gesetzliche Vorschriften, diese AGB oder die eBay-Grundsätze verstößt. eBay bietet selbst keine Artikel an und wird selbst nicht Vertragspartner der ausschließlich zwischen den Mitgliedern dieses Marktplatzes geschlossenen Verträge. Auch die Erfüllung dieser über die eBay-Website geschlossenen Verträge erfolgt ausschließlich zwischen den Mitgliedern.

§ 2 Anmeldung

1. Die Nutzung der Teledienste der eBay-Website setzt die Anmeldung als Mitglied voraus. Ein Anspruch auf Anmeldung zu der eBay-Website besteht nicht. Die Anmeldung selbst ist kostenlos. Sie erfolgt durch Eröffnung eines Mitgliedskontos unter Zustimmung u.a. zu diesen AGB. Mit der Anmeldung kommt zwischen eBay und dem Mitglied ein Vertrag über die Nutzung der eBay-Website (im Folgenden: »Nutzungsvertrag«) zustande.

2. Die Anmeldung ist nur juristischen Personen und unbeschränkt geschäftsfähigen natürlichen Personen erlaubt. Insbesondere Minderjährigen ist eine Anmeldung untersagt.

3. Die von eBay bei der Anmeldung abgefragten Daten sind vollständig und korrekt anzugeben, so z.B. Vor- und Nachname, die aktuelle Adresse (kein Postfach) und Telefonnummer, eine gültige E-Mail-Adresse sowie gegebenenfalls die Firma. Die Anmeldung einer juristischen Person darf nur von einer vertretungsberechtigten natürlichen Person vorgenommen werden, die namentlich genannt werden muss. Tritt nach der Anmeldung eine Änderung der angegebenen Daten ein, so ist das Mitglied verpflichtet, die Angaben umgehend gegenüber eBay zu korrigieren.

4. Bei der Anmeldung wählt das Mitglied einen Mitgliedsnamen und ein Passwort. Der Mitgliedsname darf nicht aus einer E-Mail- oder Internetadresse bestehen, nicht Rechte Dritter, insbesondere keine Namens- oder Markenrechte, verletzen

und nicht gegen die guten Sitten verstoßen. Das Mitglied muss sein Passwort geheim halten. eBay wird das Passwort nicht an Dritte weitergeben. Das Mitglied ist von seiner Geheimhaltungspflicht befreit, wenn ein Kooperationspartner von eBay das Passwort benötigt, um dem Mitglied auf dessen Wunsch eine Zusatzdienstleistung zur Verfügung zu stellen. Bei der Inspruchnahme solcher Zusatzdienste kommt eine Vertragsbeziehung zwischen dem Mitglied und dem Kooperationspartner zustande, der die Zusatzdienstleistung anbietet. eBay übernimmt für Kooperationspartner und deren Zusatzdienstleistungen keine Haftung, sofern sie nicht vertragliche Pflichten nach dem mit eBay geschlossenen Nutzungsvertrag sind. eBay wird ein Mitglied nicht per E-Mail oder Telefon nach seinem Passwort fragen. Zur Abfrage des Passworts auf Einlog-Seiten oder in Webformularen nutzt eBay ausschließlich die hier zu findenden URLs.

5. Grundsätzlich steht es dem Mitglied frei, mehrere Mitgliedskonten zu eröffnen. Der Missbrauch von Mitgliedskonten, insbesondere bei der Abgabe von Geboten im Rahmen einer Online-Auktion und/oder bei der Abgabe von Bewertungen im Rahmen des Bewertungssystems, ist verboten (siehe auch § 10 Abs. 2).

6. Ein Mitgliedskonto ist nicht übertragbar.

§ 3 Gegenstand und Umfang des Nutzungsvertrags

7. eBay stellt seinen Mitgliedern den in § 1 beschriebenen Marktplatz zur Verfügung. Die Nutzung des Marktplatzes oder der Umfang, in dem einzelne Funktionen und Services genutzt werden können, kann von eBay an bestimmte Voraussetzungen geknüpft werden, wie z.B. Prüfung der Anmeldedaten, Mitgliedschaftsdauer, Anzahl positiver Bewertungen oder Einkaufs- und Zahlungsnachweise.

8. Der Anspruch des Mitglieds auf Nutzung der eBay-Website und ihrer Funktionen besteht nur im Rahmen des aktuellen Stands der Technik. Zeitweilige Beschränkungen können sich

durch technische Störungen wie Unterbrechung der Stromversorgung, Hardware- und Softwarefehler etc. ergeben. eBay behält sich weiterhin das Recht vor, seine Leistungen zeitweilig zu beschränken, wenn dies erforderlich ist im Hinblick auf Kapazitätsgrenzen, die Sicherheit und Integrität der Server oder zur Durchführung technischer Maßnahmen, die der ordnungsgemäßen oder verbesserten Erbringung der Leistungen dienen. eBay berücksichtigt in diesen Fällen die berechtigten Interessen der Mitglieder.

9. Um Arbeiten am System durchzuführen, gibt es planmäßige und angekündigte Wartungszeiten, in denen bestimmte Funktionen von eBay nicht erreichbar sind. Diese Wartungsarbeiten sind erforderlich, um die Sicherheit sowie die Integrität der Server zu wahren, insbesondere zur Vermeidung schwerwiegender Störungen der Software und gespeicherter Daten. Auf diese angekündigte Wartungszeit wird die Vorschrift unter 4. nicht angewendet. Angebote, die nach dem Beginn der Wartungszeit enden, werden nicht verlängert, obwohl das Bieten oder Kaufen während dieser Zeit nicht möglich ist.

10. Sofern ein unvorhergesehener Systemausfall die Abgabe von Geboten oder das Sofort-Kaufen behindert, werden entsprechende Informationen über die System-Mitteilungen veröffentlicht. Hinsichtlich einer Gutschrift von Gebühren für die betroffenen Angebote und einer Verlängerung dieser Angebote gelten die Grundsätze zu Systemausfällen.

§ 4 Sperrung, Widerruf und Kündigung

11. eBay kann ein Mitglied sperren, wenn konkrete Anhaltspunkte bestehen, dass das Mitglied bei der Nutzung gegen diese AGB, die eBay-Grundsätze oder geltendes Recht verstößt oder wenn eBay ein sonstiges berechtigtes Interesse an der Sperrung eines Mitglieds hat. eBay kann ein Mitglied insbesondere dann sperren, wenn es

· wiederholt im Bewertungssystem gemäß § 4 negative Be-

wertungen erhalten hat und die Sperrung zur Wahrung der
Interessen der anderen Marktteilnehmer geboten ist,

- bei der Anmeldung falsche Angaben gemacht hat,
- im Zusammenhang mit seiner Nutzung der eBay-Website Rechte Dritter verletzt,
- Leistungen von eBay missbraucht oder
- ein anderer wichtiger Grund vorliegt.

eBay berücksichtigt bei der Entscheidung, ob ein Mitglied gesperrt wird, dessen berechtigte Interessen. Statt der Sperrung kann eBay als minder schwere Maßnahme den Umfang der Nutzung beschränken.

12. Sobald ein Mitglied gesperrt wurde, darf dieses Mitglied die eBay-Website nicht mehr nutzen und sich nicht erneut anmelden. Ein gesperrtes Mitgliedskonto (insbesondere das Bewertungsprofil) kann nicht wiederhergestellt werden. Ein Anspruch auf Wiederherstellung besteht nicht. Auf § 19 der AGB wird verwiesen.

13. Das Mitglied kann den Nutzungsvertrag jederzeit kündigen. Für die Kündigungserklärung genügt eine schriftliche Mitteilung an die eBay International AG, Bubenbergplatz 5, CH-3011 Bern, oder eine E-Mail an agb@ebay.de.

14. eBay kann den Nutzungsvertrag jederzeit mit einer Frist von vierzehn Tagen zum Monatsende kündigen. Das Recht zur Sperrung bleibt hiervon unberührt.

§ 5 Angebotsgebühren, Zusatzgebühren und Provisionen

15. Die Anmeldung als Mitglied bei eBay ist kostenlos. eBay verlangt auch keine Gebühren für die Abgabe von Geboten und Annahmeerklärungen oder für den Erwerb von Artikeln.

16. Für das Anbieten von Artikeln erhebt eBay von dem Anbieter eine Angebotsgebühr. Für zusätzliche Leistungen von eBay, insbesondere für die Hervorhebung einzelner Angebote, hat

der Anbieter Zusatzgebühren zu zahlen. Kommt es über die eBay-Website zum Abschluss eines Vertrags mit einem anderen Mitglied, fällt zugunsten von eBay eine Provision an, die von dem Anbieter zu begleichen ist.

17. Die Höhe der einzelnen Gebühren sowie der Provision richtet sich nach der jeweils aktuellen Preisliste.

18. Die einzelnen Gebühren sowie die Provision sind sofort zur Zahlung fällig und können per Kreditkarte oder Einzugsermächtigung beglichen werden. Schlägt der Forderungseinzug fehl, so hat das Mitglied eBay die dafür anfallenden Mehrkosten zu erstatten, soweit es das Fehlschlagen zu vertreten hat.

19. eBay schickt dem Mitglied per E-Mail Rechnungen an seine E-Mail-Adresse. Der Rechnungsbetrag wird außerdem in der Rubrik »Konto« in »Mein eBay« bekannt gegeben. Das Mitglied kommt ohne weitere Mahnung nach einem Zeitablauf von zwei Wochen nach der Einstellung des Rechnungsbetrags in die Rubrik »Konto« in »Mein eBay« in Verzug.

20. Dem Anbieter wird die von ihm zu entrichtende Provision gutgeschrieben, wenn sein Vertragspartner den über die eBay-Website geschlossenen Vertrag nicht ordnungsgemäß erfüllt. Die Gutschrift muss unter Einhaltung des dafür vorgesehenen Verfahrens beantragt werden. Das Mitglied darf gegen eBay-Gebühren und/oder eBay-Provisionen mit Forderungen aus noch nicht erteilten Gutschriften und mit fälligen und/oder zukünftigen Forderungen nur dann aufrechnen, wenn diese Forderungen rechtskräftig festgestellt oder unbestritten sind.

21. Verkäufern ist es verboten, die Gebührenstruktur von eBay zu umgehen. Beispiele für unzulässige Gebührenumgehungen sind in den eBay-Grundsätzen dargestellt.

§ 6 Bewertungssystem und Vertrauenssymbole

22. Der Handel über das Internet birgt Risiken, die in der Natur des Mediums liegen. Da die Identifizierung von Mitgliedern im Internet schwierig ist, kann eBay nicht zusichern, dass je-

des Mitglied die natürliche oder juristische Person ist, für die es sich ausgibt. Trotz unterschiedlicher Sicherheitsmaßnahmen ist es möglich, dass ein Mitglied falsche Adressdaten gegenüber eBay angegeben hat. Das Mitglied hat sich deshalb selbst von der Identität seines Vertragspartners zu überzeugen.

23. Um betrügerische Handlungen zu vermeiden, hat eBay ein öffentliches Bewertungssystem eingerichtet, bei dem sich Mitglieder nach der Durchführung einer Transaktion gegenseitig bewerten. Das Bewertungssystem soll Mitgliedern dabei helfen, die Zuverlässigkeit anderer Mitglieder einzuschätzen. Die Bewertungen werden von eBay nicht überprüft und können ihrer Natur nach unzutreffend oder irreführend sein.

24. Das Mitglied ist verpflichtet, in den von ihm abgegebenen Bewertungen ausschließlich wahrheitsgemäße Angaben zu machen und die gesetzlichen Bestimmungen einzuhalten. Die von den Mitgliedern abgegebenen Bewertungen müssen sachlich gehalten sein und dürfen keine Schmähkritik enthalten.

25. Jede Nutzung des Bewertungssystems, die dem Zweck des Bewertungssystems zuwider läuft, ist untersagt. Insbesondere ist es untersagt

- unzutreffende Bewertungen abzugeben.
- Bewertungen über sich selbst abzugeben oder über Dritte zu veranlassen.
- in Bewertungen Umstände einfließen zu lassen, die nicht mit der Abwicklung des zugrunde liegenden Vertrags in Zusammenhang stehen.
- Bewertungen zu einem anderen Zweck zu verwenden als dem Handel auf dem eBay-Marktplatz.

26. eBay kann Bewertungen löschen, wenn konkrete Anhaltspunkte für einen Verstoß gegen die AGB, die eBay-Grundsätze oder geltendes Recht bestehen. Ein Anspruch auf Wiederherstellung gelöschter Bewertungen besteht nicht.

Die AGBs von eBay zum Nachlesen

27. Beim Vorliegen bestimmter Voraussetzungen vergibt eBay das Powerseller-Symbol und das <u>Symbol Geprüftes Mitglied</u>. Die von eBay vergebenen Symbole dienen ausschließlich dazu, den Handel auf der eBay-Website zu erleichtern und dürfen nur für diese Zwecke verwendet werden.

28. Es ist untersagt, in den Angebotsseiten, auf der »Mich«-Seite und in den eBay Shops Bewertungssymbole, Garantiezeichen oder andere Symbole von Dritten zu verwenden, die den Eindruck der Zuverlässigkeit von Mitgliedern verstärken sollen und die von diesen Dritten zur Einordnung oder Bewertung bereitgestellt werden, es sei denn eBay autorisiert solche Symbole.

§ 7 Verbotene Artikel

29. Es ist verboten, Artikel anzubieten, deren Angebot, Verkauf oder Erwerb gegen gesetzliche Vorschriften oder gegen die guten Sitten verstoßen. Insbesondere dürfen folgende Artikel weder beschrieben noch angeboten werden:

- Artikel, deren Bewerbung, Angebot oder Vertrieb Urheber- und Leistungsschutzrechte, gewerbliche Schutzrechte (z.B. Marken, Patente, Gebrauchs- und Geschmacksmuster) sowie sonstige Rechte (z.B. das Recht am eigenen Bild, Namens- und Persönlichkeitsrechte) verletzen. Das eBay-VeRI Programm unterstützt die Inhaber von gewerblichen Schutzrechten und Urheberrechten bei der Verteidigung ihrer Rechte gegen rechtsverletzende Angebote auf der eBay-Website. Teilnehmer des VeRI Programms sowie andere Inhaber von gewerblichen Schutzrechten und/oder Urheberrechten können eBay Angebote melden, die ihre Rechte verletzen und auf diesem Wege die Entfernung solcher Angebote erreichen.

- Propagandaartikel und Artikel mit Kennzeichen verfassungswidriger Organisationen

- pornografische und jugendgefährdende Artikel

- Waffen im Sinne des Waffengesetzes, insbesondere Schuss-, Hieb- und Stichwaffen jeglicher Art sowie Munition jeglicher Art

- In der Bundesrepublik Deutschland Tabakwaren (z.B. Zigaretten, Zigarren, Feinschnitt), ohne deutsche Steuerzeichen. Tabakwaren mit deutschen Steuerzeichen dürfen nicht zu einem anderen als auf dem Steuerzeichen aufgedruckten Betrag abgegeben werden. Daher dürfen Tabakwaren bei eBay nur als Festpreisartikel angeboten werden

- radioaktive Stoffe, Gift- und Explosivstoffe sowie sonstige gesundheitsgefährdende Chemikalien

- lebende Tiere, Produkte und Präparate geschützter Tierarten sowie geschützte Pflanzen und deren Präparate

- menschliche Organe

- Wertpapiere (insbesondere Aktien), Geldmarkt- oder Finanzinstrumente, Kredite, Darlehen und Finanzierungshilfen, es sei denn, diese werden von Kreditinstituten mit Sitz oder Niederlassung im Inland angeboten

- Schuldscheine und gerichtliche Titel sowie andere Forderungen aus Rechtsgeschäften zum Zwecke des Inkasso

- Gutscheine, die für jedermann kostenlos erhältlich sind

- Artikel, deren Besitz zwar rechtmäßig ist, deren Verwendung aber verboten ist

- Drogen

- Arzneimittel

- Medizinprodukte, soweit deren Verkauf nach den gesetzlichen Regelungen untersagt ist

30. Grundstücke und grundstücksgleiche Rechte dürfen nicht im Rahmen von Auktionen oder Sofort-Kaufen-Angeboten (Festpreis) auf der eBay-Website angeboten werden.

31. eBay behält sich vor, Angebote zu löschen, die gegen geltendes Recht, diese AGB oder die eBay-Grundsätze verstoßen.

§ 8 Allgemeine Grundsätze

32. Das Mitglied ist verpflichtet, bei der Nutzung der eBay-Website sowie der Dienstleistungen von eBay die geltenden Gesetze zu befolgen.

33. Die von dem Mitglied eingestellten Angebote dürfen nicht gegen geltendes Recht, diese AGB oder die eBay-Grundsätze verstoßen.

34. Kommt es auf der eBay-Website zu einem Vertragsschluss zwischen Mitgliedern, teilt eBay den Mitgliedern die zur wechselseitigen Kontaktaufnahme erforderlichen Daten mit.

35. Der Anbieter muss sein Angebot in die entsprechende Kategorie einstellen. Er hat sein Angebot mit Worten und Bildern richtig und vollständig zu beschreiben. Hierbei muss er alle für die Kaufentscheidung wesentlichen Eigenschaften und Merkmale sowie Fehler, die den Wert der angebotenen Ware mindern, wahrheitsgemäß angeben. Zudem muss er über die Einzelheiten der Zahlung und Lieferung vollständig informieren. Der Anbieter muss in der Lage sein, die angebotenen Waren dem Käufer unverzüglich nach Vertragsschluss zu übereignen. Unternehmer, die Waren oder Dienstleistungen an Verbraucher anbieten, sind verpflichtet, diesen die gesetzlich vorgeschriebenen Verbraucherschutzinformationen zu erteilen und sie über das gesetzliche Widerrufsrecht zu belehren, sofern ein solches besteht.

36. Die Beschreibung sowie die dabei verwendeten Bilder dürfen nicht Rechte anderer verletzen und müssen sich ausschließlich auf das Angebot beziehen. Werbung für nicht bei eBay angebotene Ware ist unzulässig. Die Zulässigkeit von Links regelt die Richtlinie zum Thema Verlinkungen und Verweise.

37. Der Preis der jeweiligen Angebote versteht sich als Endpreis einschließlich eventuell anfallender Mehrwertsteuer und weiterer Preisbestandteile. Der Verkaufspreis umfasst nicht die Liefer- und Versandkosten. Verkäufern ist es nicht erlaubt, zu-

sätzlich zum Verkaufspreis eBay-Gebühren und/oder Provisionen auf Käufer umzulegen und von diesen einzufordern.

38. Es ist eBay-Mitgliedern untersagt, die durch die Nutzung des eBay-Marktplatzes erhaltenen Adressen, Kontaktdaten und E-Mail-Adressen für andere Zwecke als die vertragliche und vorvertragliche Kommunikation zu nutzen. Insbesondere ist es untersagt, mit diesen Daten kommerzielle Werbung zu betreiben oder unerwünscht Werbung zuzusenden (Spam).

39. eBay behält sich das Recht vor, innerhalb seiner Grundsätze die Ordnung auf seinem Marktplatz zu ändern, soweit dies den Mitgliedern unter Berücksichtigung der berechtigten Interessen von eBay zumutbar ist.

B. Online-Auktionen

§ 9 Vertragsschluss

40. Indem ein Mitglied als Anbieter zwecks Durchführung einer Online-Auktion einen Artikel auf die eBay-Website einstellt, gibt es ein verbindliches Angebot zum Vertragsschluss über diesen Artikel ab. Dabei bestimmt der Anbieter eine Frist, binnen derer das Angebot durch ein Gebot angenommen werden kann (Laufzeit der Online-Auktion). Das Angebot richtet sich an den Bieter, der während der Laufzeit der Online-Auktion das höchste Gebot abgibt und etwaige zusätzlich festgelegte Bedingungen im Angebot (z.B. bestimmte Bewertungskriterien) erfüllt.

41. Der Bieter nimmt das Angebot durch Abgabe eines Gebots an. Das Gebot erlischt, wenn ein anderer Bieter während der Laufzeit der Online-Auktion ein höheres Gebot abgibt. Maßgeblich für die Messung der Laufzeit der Online-Auktion ist die offizielle <u>eBay-Zeit</u>. eBay gibt selbst keine Gebote ab und nimmt keine Gebote der Mitglieder entgegen.

42. Mit dem Ende der von dem Anbieter bestimmten Laufzeit der Online-Auktion oder im Falle der vorzeitigen Beendigung durch den Anbieter kommt zwischen dem Anbieter und dem das höchste Gebot abgebenden Bieter ein Vertrag über den Erwerb des von dem Anbieter in die eBay-Website eingestellten Artikels zustande.

43. Angebote auf der eBay-Website können unter bestimmten Voraussetzungen auch mit der Sofort-Kaufen-Option (Festpreis) versehen werden. In diesem Fall kommt ein Vertrag über den Erwerb des Artikels unabhängig vom Ablauf der Angebotszeit und ohne Durchführung einer Online-Auktion bereits dann zu dem in der Option bestimmten Festpreis zustande, wenn ein anderes Mitglied diese Option ausübt. Die Option kann von jedem Mitglied ausgeübt werden, solange noch kein Gebot auf den Artikel abgegeben wurde.

44. Für den Fall, dass die Vertragsabwicklung zwischen dem Anbieter und dem Mitglied nicht gelingt, behält sich eBay vor, dem Anbieter auch die E-Mail-Adresse des Bieters mit dem nach Ablauf der Online-Auktion zweithöchsten Gebot mitzuteilen, damit der Anbieter mit diesem in Vertragsverhandlungen eintreten kann.

§ 10 Grundsätze für Online-Auktionen

45. Solange ein Artikel in einer Online-Auktion angeboten wird, darf ein Mitglied den Bietern, die auf diesen Artikel geboten haben, Artikel vergleichbarer Art und Güte nur in weiteren Angeboten auf der eBay-Website anbieten, nicht aber auf anderem Weg, z.B. per E-Mail (Abziehen von Bietern). Dies gilt auch über die Angebotsdauer hinaus.

46. Mitglieder dürfen den Verlauf der Online-Auktion nicht durch die Abgabe von Geboten unter Verwendung eines weiteren Mitgliedskontos oder durch die gezielte Einschaltung eines Dritten manipulieren. Insbesondere ist es dem Anbieter während der Angebotsdauer untersagt, selbst Gebote auf die von ihm eingestellten Angebote abzugeben.

47. Derselbe Artikel darf nicht gleichzeitig in parallel laufenden Online-Auktionen angeboten werden. Dies gilt nicht, soweit das Mitglied mehrere Artikel gleicher Art und Güte anbieten kann. Diese dürfen aber höchstens in 10 parallel laufenden Online-Auktionen gleichzeitig angeboten werden.
48. Der Anbieter hat die Möglichkeit, die Online-Auktion als Powerauktion zu veranstalten. In einer Powerauktion kann ein Artikel in beliebiger Menge angeboten werden. In diesem Fall müssen alle Artikel von gleicher Art und Güte sein (z.B. nach Größe, Farbe, Muster, Fabrikat etc.).
49. Die Abgabe von Geboten mittels automatisierter Datenverarbeitungsprozesse (z.B. so genannten »Sniper«-Programmen) ist verboten.

C. Sonstige Formate

§ 11 Sofort-Kaufen-Artikel (Festpreisartikel)

50. Mitglieder können Angebote unter bestimmten Voraussetzungen als Sofort-Kaufen-Artikel (Festpreisartikel) einstellen. Diese können von Mitgliedern unmittelbar zu dem angegebenen Preis erworben werden. Es handelt sich hierbei nicht um ein Angebot im eBay-Auktionsformat. Durch die Nutzung des Sofort-Kaufen-Formats (Festpreisformats) kommt es unmittelbar zum Vertragsschluss. Mit der Einstellung eines Sofort-Kaufen-Artikels (Festpreisartikels) gibt das Mitglied ein verbindliches Angebot zum Verkauf dieses Artikels zu einem Festpreis an den Interessenten ab, der die gegebenenfalls zusätzlich in dem Angebot festgelegten Bedingungen (z.B. bestimmte Bewertungskriterien) erfüllt. Ein Vertragsschluss über den Erwerb des Artikels kommt zustande, sobald ein Mitglied die in dem Angebot enthaltenen Bedingungen erfüllt, die Schaltfläche **Sofort-Kaufen** anklickt und den Vorgang mit seinem Passwort bestätigt.

Die AGBs von eBay zum Nachlesen

51. Im Rahmen des Auktionsformats gibt es weiterhin die Sofort-Kaufen-Option (siehe § 9 Abs. 4). Diese führt bei Nutzung ebenfalls zum unmittelbaren Vertragsschluss.

52. eBay behält sich die Umbenennung des mit »Sofort-Kaufen« beschriebenen Formats vor.

§ 12 Anzeigenformat

53. Zukünftig werden wie in einem Kleinanzeigenteil einer Tageszeitung auch Artikel in Form des Anzeigenformats beworben werden können. Dieses Anzeigenformat dient ausschließlich als Werbefläche. Interessenten für solche Artikel können sich unmittelbar mit dem Anzeigenden in Verbindung setzen.

54. Verträge können im Anzeigenformat nicht auf dem eBay-Marktplatz geschlossen werden.

D. Online-Shops

§ 13 Allgemeine Beschreibung eines Online-Shops

55. Das Mitglied kann unter bestimmten Voraussetzungen auf der eBay-Website einen eigenen Online-Shop einrichten, in dem sämtliche Online-Auktionen und Sofort-Kaufen-Artikel (Festpreisartikel) in einer separaten Liste des jeweiligen Shop-Inhabers aufgeführt werden.

56. Die Mitglieder sind für die in ihren Shops eingestellten Online-Auktionen und Sofort-Kaufen-Artikel (Festpreisartikel) sowie die Einhaltung sämtlicher gesetzlicher Vorgaben selbst verantwortlich.

57. Die Einrichtung des Online-Shops ist kostenfrei. eBay behält sich jedoch vor eine monatliche Shop-Gebühr einzuführen.

§ 14 Grundsätze für Online-Shops

58. Bei der Einrichtung eines Online-Shops wählt das Mitglied einen Shop-Namen, der von dem Mitgliedsnamen abweichen

kann. Der Shop-Name darf nicht aus einer E-Mail- oder Internetadresse bestehen. Außerdem darf der der Shop-Name keine Rechte Dritter verletzen und nicht gegen die guten Sitten verstoßen. eBay hat das Recht bei einer etwaigen Verletzung von Rechten Dritter oder einem etwaigen Verstoß gegen die guten Sitten den Shop-Namen zu löschen oder zu ändern.

59. Die von eBay bei der Einrichtung des Shops abgefragten Daten sind vollständig und korrekt anzugeben, müssen jedoch nicht mit den im Mitgliedskonto angegebenen Daten identisch sein. Tritt bezüglich dieser Daten später eine Änderung ein, so ist das Mitglied verpflichtet, die Angaben umgehend zu korrigieren.

E. Verkaufsagent

§ 15 Verkaufsagent

60. eBay-Mitglieder können die Berechtigung erlangen, mit dem eBay Verkaufsagenten-Logo im eigenen Namen für Dritte Artikel auf dem eBay-Marktplatz zu verkaufen. eBay bietet die Nutzung des Verkaufsagenten-Programms auf freiwilliger Basis und jederzeit widerruflich an. Ein Anspruch auf Nutzung des Programms besteht nicht. Der Verkaufsagent haftet gegenüber eBay für alle anfallenden Gebühren und Provisionen.

61. Die Voraussetzungen für die Zulassung als Verkaufsagent finden Sie hier.

62. Die Nutzung des Verkaufsagenten-Programms ist kostenlos. eBay behält sich jedoch vor, diesen Zusatzdienst möglicherweise in Zukunft kostenpflichtig zu gestalten.

63. eBay behält sich das Recht vor, eBay-Mitglieder trotz Erfüllung der Voraussetzungen nicht als Verkaufsagenten zuzulassen. Bereits zugelassenen Verkaufsagenten kann die Verwendung des Verkaufsagenten-Programms untersagt werden, sofern eBay ein berechtigtes Interesse an der Untersagung

hat. Als Verkaufsagent erhalten Sie die nicht übertragbare Erlaubnis, das eBay Verkaufsagenten-Logo wie folgt zu verwenden:

- in den Artikelbeschreibungen Ihrer Online-Angebote bei eBay
- auf ihrer Internet-Webseite
- auf Ihrer »Mich«-Seite bei eBay
- auf Gegenständen, die Sie explizit hierfür von eBay erhalten haben
- bei anderer Verwendung nur nach vorheriger Einwilligung durch eBay

Nach Rücknahme der Zulassung als Verkaufsagent darf das Verkaufsagenten-Logo nicht weiter verwendet werden.

64. Der Verkaufsagent ist verpflichtet, Artikel für Dritte im eigenen Namen zu verkaufen. Jede vertragliche Konstruktion, die darauf abzielt, den Verkaufsagenten von seinen vertraglichen Pflichten gegenüber dem Höchstbieter zu entbinden, ist untersagt und führt zur unmittelbaren Sperrung des Mitglieds als Verkaufsagent.

65. Die Regelungen in § 10 Abs. 2 der Allgemeinen Geschäftsbedingungen von eBay gelten für den Verkaufsagenten mit der weiteren Maßgabe, dass Artikel, die von dem Verkaufsagenten für Dritte angeboten werden, durch den Verkaufsagenten selbst und den Dritten nicht beboten werden dürfen. Der Verkaufsagent hat deshalb z.B. durch vertragliche Regelungen dafür zu sorgen, dass der Dritte nicht auf Artikel bietet, die durch den Verkaufsagenten für Rechnung des Dritten eingestellt werden.

F. Schlussbestimmungen

§ 16 Vertragsübernahme durch Dritte

eBay ist berechtigt, mit einer Ankündigungsfrist von vier Wochen seine Rechte und Pflichten aus diesem Vertragsverhältnis ganz oder teilweise auf einen Dritten zu übertragen. In diesem Fall ist das Mitglied berechtigt, den Nutzungsvertrag nach Mitteilung der Vertragsübernahme per Email an agb@ebay.de zu kündigen.

§ 17 Freistellung

Das Mitglied stellt eBay von sämtlichen Ansprüchen frei, die andere Mitglieder oder sonstige Dritte gegenüber eBay geltend machen wegen Verletzung ihrer Rechte durch von dem Mitglied in die eBay-Website eingestellte Angebote und Inhalte oder wegen dessen sonstiger Nutzung der eBay-Website (einschließlich der von ihm abgegebenen Bewertungen). Das Mitglied übernimmt hierbei auch die Kosten der notwendigen Rechtsverteidigung von eBay einschließlich sämtlicher Gerichts- und Anwaltskosten. Dies gilt nicht, soweit die Rechtsverletzung von dem Mitglied nicht zu vertreten ist.

§ 18 Systemintegrität und Störung der eBay-Website

66. Das Mitglied ist nicht berechtigt, Mechanismen, Software oder sonstige Scripts in Verbindung mit der Nutzung der eBay-Website zu verwenden, die das Funktionieren der eBay-Website stören können. Das Mitglied darf keine Maßnahmen ergreifen, die eine unzumutbare oder übermäßige Belastung der eBay-Infrastruktur zur Folge haben können. Es ist dem Mitglied nicht gestattet, von eBay generierte Inhalte zu blockieren, zu überschreiben oder zu modifizieren oder in sonstiger Weise störend in die eBay-Website einzugreifen.

67. Die auf der eBay-Website abgelegten Inhalte dürfen ohne vorherige Zustimmung der Rechteinhaber weder kopiert oder verbreitet, noch in sonstiger Weise genutzt oder vervielfältigt werden. Dies gilt auch für ein Kopieren im Wege von »Robot/

Crawler«-Suchmaschinentechnologien oder durch sonstige automatische Mechanismen. Das Layout der eBay-Websites und diese Allgemeinen Geschäftsbedingungen dürfen nur mit vorheriger schriftlicher Zustimmung von eBay vervielfältigt und/oder auf anderen Websites genutzt werden.

→ § 19 Haftungsbeschränkung

68. Gegenüber Unternehmern haftet eBay für Schäden, außer im Fall der Verletzung wesentlicher Vertragspflichten, nur, wenn und soweit eBay seinen gesetzlichen Vertretern oder leitenden Angestellten Vorsatz oder grobe Fahrlässigkeit zur Last fällt. Für sonstige Erfüllungsgehilfen haftet eBay nur bei Vorsatz und soweit diese wesentliche Vertragspflichten vorsätzlich oder grob fahrlässig verletzen. Außer bei Vorsatz oder grober Fahrlässigkeit gesetzlicher Vertreter, leitender Angestellter oder vorsätzlichem Verhaltens sonstiger Erfüllungsgehilfen von eBay besteht keine Haftung für den Ersatz mittelbarer Schäden, insbesondere für entgangenen Gewinn. Außer bei Vorsatz und grober Fahrlässigkeit von eBay, deren gesetzlichen Vertreter und leitenden Angestellten, ist die Haftung auf den bei Vertragsschluss typischerweise vorhersehbaren Schaden begrenzt.

69. Gegenüber Verbrauchern haftet eBay nur für Vorsatz und grobe Fahrlässigkeit. Im Falle der Verletzung wesentlicher Vertragspflichten, des Schuldnerverzugs oder der von eBay zu vertretenden Unmöglichkeit der Leistungserbringung haftet eBay jedoch für jedes schuldhafte Verhalten seiner Mitarbeiter und Erfüllungsgehilfen. Außer bei Vorsatz und/oder grober Fahrlässigkeit von gesetzlichen Vertretern, Mitarbeitern und sonstigen Erfüllungsgehilfen ist die Haftung von eBay der Höhe nach auf die bei Vertragsschluss typischerweise vorhersehbaren Schäden begrenzt.

70. Die vorgenannten Haftungsausschlüsse und Beschränkungen gegenüber Unternehmern oder Verbrauchern gelten nicht im Fall der Übernahme ausdrücklicher Garantien durch eBay

und für Schäden aus der Verletzung des Lebens, des Körpers oder der Gesundheit sowie im Fall zwingender gesetzlicher Regelungen.

§ 20 Schriftform, anwendbares Recht und Gerichtsstand

71. Sämtliche Erklärungen, die im Rahmen des mit eBay abzuschließenden Nutzungsvertrags übermittelt werden, müssen in Schriftform oder per E-Mail erfolgen. Die E-Mail-Adresse von eBay lautet agb@ebay.de. Die postalische Anschrift von eBay ist eBay International AG, Bubenbergplatz 5, CH-3011 Bern. Die postalische Anschrift sowie die E-Mail-Adresse eines Mitglieds sind diejenigen, die als aktuelle Kontaktdaten im Mitgliedskonto des Mitglieds von diesem angegeben wurden. eBay behält sich vor, die oben genannte E-Mail-Adresse nach eigenem Ermessen zu ändern. In diesem Fall informiert eBay das Mitglied über die Änderung der E-Mail-Adresse.

72. Soweit der Nutzer Unternehmer ist, unterliegt der Nutzungsvertrag einschließlich dieser AGB dem materiellen Recht der Bundesrepublik Deutschland unter Ausschluss des UN-Kaufrechts. Soweit der Nutzer Verbraucher ist, unterliegen der Nutzungsvertrag und die AGB dem Recht der Bundesrepublik Deutschland, soweit dem keine zwingenden gesetzlichen Vorschriften, insbesondere Verbraucherschutzvorschriften entgegenstehen.

73. Sofern es sich bei dem Mitglied um einen Kaufmann im Sinne des Handelsgesetzbuchs, ein öffentlich-rechtliches Sondervermögen oder eine juristische Person des öffentlichen Rechts handelt, ist Berlin ausschließlicher Gerichtsstand für alle aus dem Nutzungsvertrag und diesen AGB entstehenden Streitigkeiten.

§ 21 Änderung dieser AGB, Salvatorische Klausel

74. eBay behält sich vor, diese AGB jederzeit und ohne Nennung von Gründen zu ändern. Die geänderten Bedingungen werden dem Mitglied per E-Mail spätestens zwei Wochen vor

Die AGBs von eBay zum Nachlesen

ihrem Inkrafttreten zugesendet. Widerspricht das Mitglied der Geltung der neuen AGB nicht innerhalb von zwei Wochen nach Empfang der E-Mail, gelten die geänderten AGB als angenommen. eBay wird dem Mitglied in der E-Mail, welche die geänderten Bedingungen enthält, auf die Bedeutung dieser Zweiwochenfrist gesondert hinweisen.

75. Sofern eine Bestimmung dieser AGB unwirksam ist, bleiben die übrigen Bestimmungen davon unberührt. Die unwirksame Bestimmung gilt als durch eine solche ersetzt, die dem Sinn und Zweck der unwirksamen Bestimmung in rechtswirksamer Weise wirtschaftlich am nächsten kommt. Gleiches gilt für eventuelle Regelungslücken.

Wenn Sie die Antwort auf Ihre Frage in diesen AGB nicht finden oder zu den AGB Fragen haben, können Sie sich mit eBay in <u>Verbindung setzen</u>. Ich habe die <u>Datenschutzerklärung</u> gelesen und willige in den dort dargelegten Umgang mit meinen Daten ein.

Index

Numerics
3-Fenster-Technik 221
4MyAuction 212

A
Agentenangebote 219
Allgemeine Geschäftsbedingungen
 von eBay 219, 225
Angebot vorzeitig beenden 219
Angebote nach Preis sortieren
 lassen 28
Angebotsformate 55
Angebotsgebühr 219
AOL 123, 170
Artikelbeschreibung 187
 Beobachten 61
 E-Mail-Adresse einfügen .. 171
 Links 170
Artikelbeschreibung ändern ... 139
Artikelbezeichnung 77, 181
Artikeleinstellung überprüfen ... 91
Artikellisten 220
Artikelstandort 83
Artikelsuche 220
AuctionSniper 216
Auktionator 211
Auktionaut 213
Auktionen widerrufen 140
Auktion für sich entscheiden ... 63
Auktionsbuddy 213
Auktionsdauer 82
Auktionspushing 130
Auslandsüberweisungen 161
Auto-Feedback 1.5 213

B
Barzahlung 157, 192
BayWatcher Pro 214
Beste Auktionszeiten 147
Beste eBay-Zeiten 83
Besucherzähler 87, 185
Bewertung des Verkäufers 62
Bewertung über Auktions-
 partner 220
Bewertungen 53
Bewertungsprofile von
 Mitgliedern 31
Bewertungssystem 22, 35
Bezahlung 49, 62
Bietagenten 59, 216
Bieten 67, 220
Bieter sperren 148
Bilder
 Auflösung 98, 202
 Dateiformat 168
 Einbinden 166
 einfügen 133
 Externen Link setzen 174
 Größe 168
 Laden 167

Qualität 168
Über i-IPX einbinden 84
über URL verlinken 84
Bildformate 85
Bild-Symbol 220

D

Datenschutz 119
Dauer von Auktionen 82
Digitalkamera 97, 195

E

eBay Profiseller 3.0 209
eBay Turbo Lister 206
eBay-Accounts 121
eBay-Bilderservice iPIX 33
eBay-Gebühren 152
eBay-Mitgliedsname . . 43, 46, 121, 129
eBay starten 24
eBay-Toolbar 205
eBay-Verkehr im Urlaub 122
Einbinden von Fotos 81
Einkauf von Waren 107
Einstellgebühren und
 Verkaufsprovisionen 48
E-Mail-Adresse Manuell
 einbinden 143
E-Mail-Konto einrichten 42
Erhöhungsschritte 220
EU-Standard-Überweisung 161

F

Fake-Account 129
Favoriten-Seite 53
Fehlerhafte Ware 192
Fernabsatzgesetz 111, 155
Festpreisangebote 102
Festpreishandel 21
Fotos laden 167
Freemail 122
Freeway-Paketmarke 165
FTP-Client 167
FTP-Pilot 167

G

Galeriebilder 86
Gebot abgeben 58, 67
Gebote auf eigene Artikel 221
Gebote in letzter Sekunde 221
Gebote zurückziehen 60
Gebots- und Artikelerinnerung .206
Gebühren an Käufer weiterleiten 95
Gebühren sparen 102
Gebühren übernimmt der
 Verkäufer 95
Gefälschte Personenangaben . .119
Geprüftes Mitglied 39, 221
Gewährleistung 104, 147
Gewerblicher Kauf 111
Gewinn 105
gmx 170

H

Handel über Festpreise 21
Höchstbetrag 59

Höchstgebot erhöhen 153
HTML-Befehle 171
   Übersicht 175
HTML-Text-Editor 79, 143

I

Identische Artikel hintereinander
   anbieten 144
ID-Karte 31
iloxx 90
iloxx-Treuhandservice 158
iPIX 33
In eBay nach Produkten suchen 25
Informationen zum Verkäufer
   einsehen 31

K

Kategorien 27
Kauf von Privat 110
Kaufen / Beobachten 52
Kaufen-Option 56
Käuferschutz 110
Kaufvertrag 22
Klassisches Auktionsprinzip 21
KlickTel 211
Kontakt
   Mit Verkäufer 62
   Zum Kunden 94
   Zum Verkäufer aufnehmen . 62
Konto-Seite 53
Kostenlose E-Mail-Adressen-
   Anbieter 123
Kreditkartenkonto 158
Kriminalität 108

L

Lieferungsmöglichkeiten 89

M

Manipulationen 119
Markenprodukt 182
Maximalen Betrag eingeben ... 59
Mein eBay 50, 205, 221
Meine Daten / Einstellungen ... 53
Mich-Seite 54, 131
Mindestgebot 21
Mitgliederverwaltung 121
Mitgliedschaft bei eBay 39
Möglichkeiten der Bezahlung .. 49

N

Nebenkosten 192

O

Offline-Tool 206
Online-Auktionen 21

P

PayPal 158, 159
Persönliche Daten 159
Postident-Verfahren 39, 130
Power-Auktionen 100
Powerseller 156
Powersuche 223
Preisnachlässe kritisch
   betrachten 108

Index

Prinzip von Auktionen 56
Probleme mit dem Käufer 153
Provisionsrückerstattung 154
Pseudo-eBay-Mitgliedschaft ...130

R

Registrierte Mitglieder 221
Rücknahme eines Gebots 221

S

Schnäppchenjäger 4.0 für eBay .212
Schufa 119
Schutz als Käufer 90
Schutz als Verkäufer 91
Shilling 130
Sicherheit bei eBay 130
Sniper 120, 216, 222
Sofort-Kaufen-Option . 21, 56, 82, 222
Software-Tools für eBay 205
Startpreis 223
Strato 170
Streichen eines Gebots 223
Suchbegriffe eingeben 132, 183
Suchen 223
Suchmaschine 182
Superseller 214

T

T-Online 121, 170
Tradewatcher 215
Transaktionsende 157
Treuhandservice 90, 158

U

Überbieten 223
Überweisungen innerhalb der EU 161
Überweisungen außerhalb der EU 162

V

Verbraucherschutz im Versandhandel 111
Verkaufen 73
Verkaufen zum Festpreis 74
Verkaufen-Seite 52
Verkäufer bewerten 62
Verkäufer kontakten 38
Verkäufer prüfen 155
Verkäuferkonto einrichten 48
Verkauf optimieren 181
Verkaufsprovision 223
Versandkosten 90
Versandkostentabellen 162
Versandmöglichkeiten weltweit ..91
Verwalten, Be- und Nacharbeiten von Auktionen mit Software 205
Voraussetzungen für Mitgliedschaft 41
Vorkasse 157

W

Wareneinkauf kaufmännisch gestalten 107
web.de 122
Webhosting 170

Webshop 99
Webshop mit eBay vorantreiben 99
Webspace 98, 169
Webspace einrichten und
  nutzen 170
Widerrufs- und Rückgaberecht 152
Wiedereinstellen eines Artikels . 223

Z

Zahlungsmethoden 87
Zahlungsmodalitäten 192
Zahlung über Treuhandservice . 90
Zahlungs- und Versand-
  modalitäten 62
Zeitpunkt für Gebot optimieren . 63,
  67
Zubehör für die Fotosession . . 197
Zurückziehen von Geboten . . . 146,
  147
Zusätzlichen Account
  einrichten 151